新文京開發出版股份有限公司

NEW WCDP

新世紀‧新視野‧新文京 — 精選教科書‧考試用書‧專業參考書

New Wun Ching Developmental Publishing Co., Ltd.

New Age · New Choice · The Best Selected Educational Publications — NEW WCDP

第二版

法律 與生活

SECOND EDITION

LAW & LIFE

馬翠華 —— 編著

　　由於近年來法律糾紛非常多，有些是車禍或詐欺、婚姻…等，為舒緩案量及促進當事人自主決定，國家積極推動調解制度。雖然成果不錯，大約有七、八成的成立案件，但是根本之道是法治應建立在人心，方能消解紛爭於無形。蓋筆者在行政或司法機關調解中發現有許多個案是因為不諳法令而觸法。再者，國家高普特考的法律科目，因國家舉才之試題多屬實務性，此乃考用合一的國考，一經錄取馬上要執行國家法令使然。然而考生僅在法條間努力研讀，雖錄取，卻未能體現實務面之操作。又大專院校雖有法律課程，但有造就多數法匠之嫌，因此本書完全以實務面之案例為引導及分析，期盼補足理論與實務之落差。

　　筆者近年到東南亞國家訪視臺商，發現東南亞部分國家有超前強盛，也有逐漸強盛者，反觀國內外籍學生與婚姻移民來自東南亞者頗多，本書特有專章探討東南亞現況與勞動法。再者，多年來南海主權問題一直糾纏在多數國家間，我國是沿海國家，一份南海仲裁書，一場廣大興命案及釣魚台事件，在在突顯 1982 年《聯合國際海洋法公約》有許多必須了解之處，本書因應國際、政治、法制面之變遷而鋪成一些個案，期盼讀者能全面性掌握東海、南海、臺灣海峽等亞太發展情勢。

　　近年來立法院三讀增修之法律甚多，爰將部分相關的重要焦點事件納入書中解析，包括：《人口販運防治法》、《入出國移民法》、《家事事件法》、《勞工職業災害保險及保護法》、《洗錢防制法》等。由於社會變遷帶動個人以至人類各個層次社會現象與社會結構的巨變，法院審查違法行為的標準不斷破傳統的提高，例如原住民保留地「轉手」變成非原住民的商業性露營區，最高法院大法庭裁定：原保地假人頭買賣無效。而 2023 年 Me Too 熱潮帶動性平三法修正，本書特將其修法方向列出，以供讀者參閱。另有感於社會爭議事件龐雜，爰將特殊感人的調解事件予以改編放入案例中，略表一二，期待讀者對法外情的 ADR 制度更深度了解，進而廣泛使用，尤其是勞資爭議調解，彰顯司法或行政機關體制正向與積極的功能，其免費服務之德政，值得重視與推廣。

本書能夠順利付梓，要感謝新文京開發出版股份有限公司的協助，該公司明知現今少子化形成出版業的困境，而仍然願意讓本書出版，令人感佩；當然也必須對所有提供意見之個人及團體的先進與朋友們，表示尊敬與謝意，沒有他們的協助，本書也不可能發行。本書編著者雖傾盡四十年的產官學理論與實務經驗，仍感有所不足、亦唯恐有偏誤之處，尚祈學術界及實務界先進不吝指正與賜教。冀望本書的出版，能讓有關法律問題課程之授課教師、選讀學生及實際從事法務工作的讀者，甚至立志高普特考的考生，均有所助益。

馬翠華 謹識

馬翠華

學歷證照

- 中山大學亞太所法律組博士／中正大學法學院碩士
- 全國高考人事行政及格／經濟部乙等特考及格／警察特考及格
- 103 年勞動部授證勞資爭議調解人
- 高雄市性別人才資料庫—性別專家學者
- 勞動部勞動教育講師人才庫—勞動教育專家學者

現職

- 高雄大學&附設樂齡大學／慈惠護專教師
- 屏東勞工大學&屏東科技大學產投勞動課程教師
- 高雄市政府觀光局工會、地政局工會、輪船公司工會、工務局違章建築處理大隊工會 法務長兼勞教講師
- 新住民生活職能關懷協會&翻譯工會勞動與性平法令講座
- 傳統推拿工會、理燙美容工會性平與性騷擾防治講師
- 勞動部勞動力發展署「企業人力資源提升計畫」企業內訓講座
- 高雄屏東台南地方法院勞動事件法勞動調解委員
- 高等法院高雄分院家事&民事調解委員
- 女性領導協會理事
- 高雄市卓越政策研究協會監事

經歷

- 義守大學&高雄師範大學兼任助理教授
- 臺灣機械公司人事管理師／高雄市政府勞工局所屬訓就中心&勞動檢查所&教育局所屬國中&高中&交通局車船管理處人事主任&性平委員&職安委員&考核委員&勞資會議資方代表

- 全國產職總工會副秘書長
- 高市汽車商會同業公會監事
- 東南亞協會理事
- 2019 國立教育廣播電台幸福南臺灣「法律你我他」單元主講人

主要講授課程

1. 勞動

- 勞資爭議調解應用實務／勞動權益應用實務／職業安全&職災補償與賠償／勞基&勞保&勞退／勞動人權保障與實踐／法學緒論／性別平等與性騷擾防治法／勞資關係法制／法律與生活／憲法／校園法律常識與案例分享／全球化的勞工處境／全球化之下的勞工權益分析／企業勞動爭議與調解實務／企業管理法令與制度

2. 其他

- 中高齡就業促進法／老人福利法／家庭暴力防治法／性別與教育／促進工作平等措施／銀髮族法律大補貼／勞工健康與養生

主要著作

- 勞資關係／勞工行政與勞工立法／國民年金勞基勞保勞退／勞退勞基勞保／勞工行政與法規大意／勞工法規大意題酷／勞工立法實戰模擬／民法概要

主要表揚事蹟

- 2009 年獲得高雄縣及高雄市品德楷模評選第一名

目錄
CONTENTS

《第三章》刑事法

《第五章》 性別平等與性騷擾

《第六章》 海洋法

《第七章》 勞動基準法與勞動事件法

第八章　東協國家法規

第九章　消費者保護相關法律

第一章

憲 法

第一節　憲法入門
第二節　案例探討

LAW & Life

第一節　憲法入門

壹、憲法基本概念

　　《憲法》是國家所有的實定法規範中，位階最高，從而其法的效力優越於其他法規範，具有拘束包含立法機關在內的全國各機關及人民之效力者。例如：人民有結婚自由，在不違反公序良俗或強制禁止規定下均受憲法保障。然而，近年來異國婚姻遽增，主管機關為避免假結婚危及社會秩序而有婚姻面談的機制，係屬合憲性之行政行為。以越南為例：

　　我國駐越南代表處就外籍配偶與本國人民結婚，申請來臺居留，並驗證結婚文件，此屬該代表處之權責，而代表處應依面談結果，判斷雙方就婚姻重要事實之陳述是否一致，決定核准與否。雖兩造在越南已辦妥該國結婚登記，難即率認其等婚姻並非虛偽，若代表處依面談結果，認兩造婚姻並非真實，而不受理其等申請結婚之證明文件，以防範外籍人士以假結婚方式來臺從事不法行為，此舉措尚無逾越《憲法》第 22 條所保障基本人權之程度[1]。

貳、憲法基本原則

一、民主共和國原則

　　《憲法》第 1 條：「中華民國...為民有、民治、民享之民主共和國[2]。」

　　民有：指民族主義，無世襲的或永續的統治階級。

　　民治：指民權主義，統治者的正當性權源來自人民的同意。

　　民享：指民生主義，統治者應以人性為基礎，以民生為目的，一方面發達國營實業，一方面節制私人資本。

---

[1]　臺灣高等法院臺南分院 102，家上，67。

[2]　亞伯拉罕‧林肯在蓋茨堡演說強調一個理想的政府，就是「民有、民治、民享」的政府。1919 年孫中山先生認為等同其提倡之民族、民權，民主主義之實現目的。1921 年 6 月，孫中山先生演說《三民主義之具體辦法》時說：「…就把它譯作：民有、民治、民享。of the people 就是民有，by the people 就是民治，for the people 就是民享。…」資料來源：https://zh.wikipedia.org/zh-tw，查詢日期：2021 年 6 月 28 日。

二、國民主權原則（民主原則）

《憲法》第 2 條：「中華民國之主權屬於國民全體。」

《憲法》第 17 條：「人民有選舉、罷免、創制及複決之權。」

《憲法》第 129 條至第 132 條：普通、平等、直接、無記名投票。

《公民投票法》第 1 條前段規定：「依據憲法主權在民之原則，為確保國民直接民權之行使，特制定本法。」即明揭公民投票法之制定，依據憲法主權在民之原則，目的在於促進民主原則及保障國民主權[3]。

三、法律保留原則

係指對涉及人民權利或義務事項，應由法律定之。例如：闖紅燈要處罰，是基於道路交通管理處罰條例規範；殺人放火之罪刑在刑法有規範。

法律保留原則是由民主國原則及法治國原則推導出，其目的係確保國家行為獲得法律授權。另《憲法》第 23 條文義，於符合比例原則範圍內，國家可因若干理由於「以法律限制基本權利」。例如：重婚之禁止。

四、明確性原則

係指行政行為應有預見可能性、衡量可能性及審查可能性，使人民有所預見與遵循。[4]法律明確性原則目的在於限制不確定法律概念之運用，避免國家藉由抽象詞彙恣意解釋法律，而違反法安定性的要求，而使人民無所適從。[5]例如：《臺灣地區與大陸地區人民關係條例》第 15 條第 1 款「使大陸地區人民非法進入臺灣地區」中的「非法」一詞，乃屬於不確定法律概念，必須遵守明確性原則：

司法權在行使審判權時，自應妥適運用法律解釋方法並善盡說理義務，以符罪刑法定原則與法明確性原則，並貫徹人權保障的憲政原則[6]。

---

[3] 臺北高等行政法院判決 109 年度訴字第 815 號。

[4] 《行政程序法》第 5 條明文「行政行為之內容應明確」之意旨所在。

[5] 釋字第 491 號解釋：「苟其意義非難以理解，且為受規範者可得預見，並可經由司法審查加以確認」。對於判斷法律條文是否符合法律明確性原則提出一個明確的審查標準法律作為一般性的規範，難免運用較為抽象之名詞作為規範之構成要件，例如運用「不確定法律概念」或「概括條款」。

[6] 臺灣高等法院 104，上訴，2569 判決。

縱然在私法領域之解僱條款也必須遵守明確性原則：

例如：雇主之懲戒權除基於法律明文（例如：《勞動基準法》第 12 條）外，即須基於事業主之特別規定，且雇主的裁量權除受《勞動基準法》第 71 條之限制外，亦應遵循明確性原則（即雇主應於工作規則事先明示公告其規則，而使勞工可預見之）、權利濫用禁止原則、勞工法上平等待遇原則、相當性原則（比例原則）、一事不再理（禁止雙重處分）、懲戒程序公平性及禁止溯及既往原則為之，程序並應合理妥當，以維勞工權益。授權明確性在行政機關的行政行為也必須遵守。例如：指法規命令基於法律之授權而生，且授權法律須明確表明母法授權之「內容」、「目的」與「範圍[7]」。

　　即便是行政機關的法規命令也必須明列法律授權之依據，且不得逾越法律授權之內容、目的、範圍及其立法精神。按《毒品危害防制條例》第 2 條第 3 項規定「前項毒品之分級及品項，由法務部會同行政院衛生福利部組成審議委員會，每三個月定期檢討，報由行政院『公告』調整、增減之。」其中的「公告」即具法規命令之屬性。例如行政院於民國 106 年公告事項略以，新增「甲基-α-吡咯啶苯己酮(MPHP，"Methyl-α-pyrrolidinohexiophenone")」為第二級毒品。其中公告依據就是上開條例之條項，增加的是「甲基-α-吡咯啶苯己酮」為二級毒品。

五、憲法位階最高性

　　「憲法為法律之母」，最早的憲法概念，源自十三世紀的英格蘭，當時國王的命令就是一切。迄至十七世紀洛克強調人人平等，任何人都不能侵害其他人的生命、健康、財產與人身自由。之後由孟德斯鳩接手詮釋國家權力應透過行政、立法與司法分權來彼此相互制衡，防止政府權力過度擴張，也就是「三權分立」的概念。

　　從法治國法的位階而言，憲法位階最高，法律次之，命令更次之。現代立憲主義國家的產生，就是為了抑制統治者主觀的恣意專斷，因而主張以憲法為最高位階之法，由上而下所構築的法體系來層層規制國家權力的運作。凡與憲法牴觸者均無效。

---

[7]　臺灣臺中地方法院 102，勞訴，108 判決。

　　例如某公司的《勞動契約法》第 50 條規定：「乙方（員工）發生職業災害，甲方（公司）概不負責。」若乙發生職業災害，公司拒付醫療及工資款項，該條款效力如何？基於私法自治原則，勞動契約可以自由與自願訂定，雖然勞動法並無規定勞資雙方不能約定公司對於職災不負責之條款，但基於我國《憲法》第 152 條至 154 條有提及勞動權保護，故而憲法既有對勞動者保護規範，透過憲法之解釋，則民法要貫徹憲法的規定，等同民法有此規定。當然透過《民法》第 72 條違反公序良俗之法律行為屬無效，也可處理此問題。

參、我國違憲審查制度

一、大法官職權

　　我國憲法規定進行違憲審查的機關是司法院大法官，並且採用集中審查制度。大法官違憲審查客體有憲法、法律、判例、命令。例如：《司法院大法官審理案件法》第 5 條第 1 款得聲請解釋憲法事項為「中央或地方機關，於其行使職權，適用憲法發生疑義，或因行使職權與其他機關之職權，發生適用憲法之爭議，或適用法律與命令發生有牴觸憲法之疑義者[8]。」

二、憲法訴訟法概念[9]

　　《司法院大法官審理案件法》於民國 107 年改名稱為《憲法訴訟法》，主要是採行「裁判憲法審查」制度，以保障基本權。該制度使大法官憲法審查效力擴及於法院確定終局裁判，而總統、副總統彈劾案件之審理是採相對高密度規範。

肆、隱私權是憲法保護層次

　　隱私權的概念，自 18 世紀末期於美國萌芽後，不斷演進、成熟，聯合國所頒布《世界人權宣言》第 12 條揭示：「任何人的隱私、家庭、住宅和通訊不得任意干涉之旨，已是普世的基本人權之一」。例如新聞自由與個人隱私權之衝突，

---

[8] 自釋字第 371 號解釋至第 590 號解釋予以補充，大法官解釋所述對《司法院大法官審理案件法》第 5 條釋憲程序已經趨於穩定，惟對於解釋客體，大法官於釋字第 582 號解釋理由書、第 445 號解釋理由書採取「實質援用」、「重要關聯性」理論加以擴張審查範圍。

[9] 《司法院大法官審理案件法》更名，將於民國 111 年 1 月 4 日施行。107 年 12 月《司法院大法官審理案件法》經立法院三讀通過修正更名為《憲法訴訟法》，新法於 111 年 1 月 4 日施行，在此之前仍適用《司法院大法官審理案件法》本法。參見司法院網站：憲法訴訟新制簡介。

追新聞是否侵犯隱私必須個案認定，不得僅以滿足一般大眾窺淫興趣即認有正當之公益，而允許新聞媒體假新聞自由之名，行侵害隱私之實。

憲法保障之新聞自由與隱私權之間產生衝突時，必然有一方之權利主張必須退讓，並透過進一步的價值衡量，來探求超越憲法對個別基本權保護要求的整體價值秩序，而必須於具體個案的法律適用進行「個案取向衡量」，具體衡量個案中新聞自由、隱私權之法益與相對的基本權限制，據以決定系爭法律的解釋適用，以追求個案中相衝突之基本權之最適調和與實踐[10]。

　　隱私權保障個人生活私密領域免於他人侵擾及對個人資料自主控制之權利，其目的在追求人性尊嚴與個人主體性之維護及人格發展之完整。我國憲法雖未將隱私權明文列舉保障，但基於人性尊嚴的理念，維護個人主體性及人格發展的完整，保障個人生活私密領域免於他人侵擾及個人資料的自主控制，司法院釋字第603、689 等多號解釋，均肯認其屬應受《憲法》第 22 條所保障的基本人權。

伍、國民法官

　　所謂「國民法官制度」，是指來自各行各業、擁有不同價值觀與經驗的一般國民加入審判程序，參與聽訟、問案及最後判決形成的過程。國民法官可與法官共同討論，確保國民根據當事人主張及證據聚焦於爭點討論，審判時由國民法官6 人、法官 3 人組成，確保國民評議程序中的意見受法官重視，且得不受干擾自主表達意見。[11]挑選方式乃由地方政府在年滿 23 歲以上、設籍 4 個月符合資格的國民中，抽選一定人數的「備選國民法官」，並把這份初選名冊交給地方法院（《國民法官法》第 17 條），但是年滿 70 歲或學校老師或學生等特定人員可以拒絕擔任國民法官。依照《國民法官法》第 5 條規定，除了少年犯、毒品案件外，檢察官起訴最輕本刑在十年以上有期徒刑之罪或故意犯罪而發生死亡結果，「應行」國民參與審判。

---

[10] 臺灣高等法院 103，上訴，1763。

[11] 參見司法院網站。

陸、最高法院設大法庭

　　《法院組織法》於民國 108 年 1 月 4 日修正公布，增訂最高法院應設大法庭，裁判法律爭議，同年 7 月 4 日施行。大法庭提案機制為最高法院各庭「自行提案」及「當事人聲請提案」二種。「自行提案」又因提案事由不同，分為「歧異提案」與「原則重要性提案」，前者係「義務提案」，後者為「裁量提案」。惟不論何種提案，必以受理之案件有採該法律見解為裁判基礎者，始有提案之必要；而在歧異提案，除就應遵守有關訴訟程序之法令，作出的不同判斷外，必須是受理之案件與先前數裁判，就相同性質之事實，其法律問題所持之見解歧異，始有提案之義務（108，台聲，113）。大法庭制度的最大功能，一方面可透過大法庭的途徑，統一終審法院各個庭之間的法律見解，另一方面，則可透過審級制度的途徑，拘束下級審法律見解。

　　112 年憲判字第 4 號－有責配偶訴請離婚案，《民法》第 1052 條第 2 項但書規定限制有責配偶訴請離婚，原則上合憲，但重大事由時間持續過長導致個案過苛則牴觸憲法，須 2 年內修法。[12]大法官認為當婚姻關係發生破綻已至難以維持而無回復可能時，該婚姻僅是形式掛名而已，亦可能不利長期處於上開狀態下之未成年子女身心健全發展。因此，唯一有責之配偶一方請求裁判離婚的自由應受保障。

第二節　案例探討

案例 1　因反核絕食靜坐合憲嗎？灌食絕食者，是否違反人身自由？

阿美對核能政策反對到底，在公共場所絕食靜坐，表達不滿，A 主管機關發現阿美有虛脫會有生命危險而強制灌食，但是阿美用微薄意識表示不要灌食，A 的行為合憲嗎？【104 年律師題目改編】

---

12 《民法》第 1052 條第 2 項，有前項以外之重大事由，難以維持婚姻者，夫妻之一方得請求離婚。但其事由應由夫妻之一方負責者，僅他方得請求離婚。

💡 問題意識

A 灌食的行為是否屬人身自由之拘束？國家核能政策的進行有反對意見是屬言論自由的一環嗎？

💡 爭點分析

國家核能政策，是一個全國性的關於核能使用的能源政策，透過從礦石提取核燃料並進行發電、豐富和儲存、核燃料再處理。核能政策通常包括能源利用的調控和與核燃料循環標準[13]及對於能源政策的支持或反對涉及言論表達自由。

言論自由(Freedom of speech)，一種基本人權，指公民可以按照個人意願的表達意見和想法的法定政治權利。[14]《世界人權宣言》第 19 條及《美國憲法第一修正案》與臺灣《憲法》第 11 條均明定保障言論自由的權利[15]。

本案涉及《憲法》第 8 條正當程序之規範。[16]歷年大法官會議認為人身自由是重要基本人權應是受高度保障，除有法律規範外，還必須踐行正當法律程序。[17]由於 A 不是刑事被告人，但是仍需踐行憲法的正當法律程序，不過短暫的灌食就例外。

依據《行政執行法》第 37 條第 1 項第 1、2 款規定，對於人之管束限於「一、瘋狂或酗酒泥醉，非管束不能救護其生命、身體之危險，及預防他人生命、身體之危險者。二、意圖自殺，非管束不能救護其生命者。」基此，行政機關對於非管束不能救護其生命、身體之危險的人可以強制管束，俾利救治。惟該管束，不得逾 24 小時。

---

[13] https://zh.wikipedia.org/zh-tw。查詢日期：2020 年 1 月 1 日。

[14] https://zh.wikipedia.org/zh-tw。查詢日期：2020 年 1 月 1 日。

[15] 《憲法》第 11 條規定，人民有言論、講學、著作及出版之自由。

[16] 《憲法》第 8 條規定，人民身體之自由應予保障。除現行犯之逮捕由法律另定外，非經司法或警察機關依法定程序，不得逮捕拘禁。非由法院依法定程序，不得審問處罰。非依法定程序之逮捕、拘禁、審問、處罰，得拒絕之。人民因犯罪嫌疑被逮捕拘禁時，其逮捕拘禁機關應將逮捕拘禁原因，以書面告知本人及其本人指定之親友，並至遲於二十四小時內移送該管法院審問。本人或他人亦得聲請該管法院，於二十四小時內向逮捕之機關提審。法院對於前項聲請，不得拒絕，並不得先令逮捕拘禁之機關查覆。逮捕拘禁之機關，對於法院之提審，不得拒絕或遲延。人民遭受任何機關非法逮捕拘禁時，其本人或他人得向法院聲請追究，法院不得拒絕，並應於二十四小時內向逮捕拘禁之機關追究，依法處理。

[17] 大法官釋字 384 及 708 號解釋。

　　本文認為阿美言論自由受憲法保障，雖是自主絕食，但基於其生命權之保護，應可管束救護。但有反對見解者，乃基於人的自由區分為消極自由與積極自由，其中不進食是消極自由之行為，若強行灌食違反其意願，基於人性尊嚴及尊重人格自由應做不同的處理[18]。

延伸閱讀　【個資保護與禁止醫療暴力】

1. 行政機關因執行救護工作而侵害個人資料之隱私，是屬合法行為：

   例如：《個人資料保護法》第 15 條、《緊急救護辦法》第 3、6 條、《警察職權行使法》第 7 條等規定參照，警察機關為協助救護人員執行緊急救護任務，對無意識狀態且無任何方法可供查明身分之昏倒送醫民眾，按捺其指紋比對身分，係換得該當事人更重要之生命、身體、健康權利的保護，對隱私權益侵害與欲達成目的利益尚屬衡平，應可認為警察機關基於警政、社會行政等特定目的，於執行職務必要範圍內蒐集指紋個人資料，符合《個人資料保護法》規定。

2. 因 COVID-19 疫情嚴峻且時間過長，陸續發生確診者或疑似確診者，或其家屬對於救護人員、醫事人員謾罵或肢體施暴。如何處置？《醫療法》民國 106 年 5 月 10 日修正將醫療暴力行為納入刑事處罰之範疇，且為公訴罪。《醫療法》之執行業務者包括「醫療行為」、「救護業務」。最高法院 109 年台上字第 742 號刑事判決更明確定義：《醫師法》第 28 條所稱「醫療業務」，係指以醫療行為為職業而言，不問是主要業務或附屬業務，凡職業上予以機會，為非特定多數人所為之醫療行為均屬之。且醫療業務之認定，並不以收取報酬為其要件。

---

[18] 參見大法官釋字 689 及 603 號解釋，不妨害公益下尊重個人主體性及人格自由發展。人性尊嚴包括人的自由意志受尊重。

案例 2 **無證據批評他人，是否應負誹謗罪？**

甲為直播節目主持人，某日，友台乙於影音平台上批評甲，影射其長期收受利益，並利用社會輿論為特定團體牟利，致甲急公好義之形象受損。甲一怒之下，狀告乙誹謗。庭訊中，乙無法證實甲有收受該團體之利益或捐款之證據，僅表示消息來自網友丙於網路論壇上發表之言論，丙亦承認該消息無法證實為真，僅是氣話。請問法官在調和言論自由與名譽權衝突的基礎上，乙應負誹謗罪之刑責嗎？

💡 問題意識

《憲法》第 11 條保障人民之言論自由，乃在保障意見之自由流通，使人民有取得充分資訊及自我實現之機會，包括政治、學術、宗教及商業言論等。名譽權亦屬《憲法》第 22 條所保障之基本權，此時憲法上基本權間所保護涵蓋之範圍有重疊情勢，產生互相排斥的基本權衝突問題。對此，憲法賦予立法者一定之立法形成自由，以調和基本權衝突，《刑法》第 310 條亦屬之[19]。

💡 爭點分析

言論自由為人民之基本權利，但為兼顧對個人名譽、隱私及公共利益之保護，法律尚非不得對言論自由依其傳播方式為合理之限制。[20]對誹謗之事，能證明其為真實者，不罰，係保障言論內容與事實相符者，並藉以限定刑罰權之範圍。

惟行為人雖不能證明言論內容為真實，但依其所提證據資料，認為行為人有相當理由確信其為真實者，即不能以誹謗罪之刑責相繩，亦不得以此項規定而免除檢察官或自訴人於訴訟程序中，依法應負之舉證責任，或法院發現其為真實之義務[21]。

---

[19] 釋字第 509 號解釋對於《刑法》第 310 條之解釋意旨。

[20] 《刑法》第 310 條第 1 項及第 2 項誹謗罪即係保護個人法益而設，為防止妨礙他人之自由權利所必要，符合《憲法》第 23 條規定之意旨。

[21] 《刑法》第 310 條第 1 項：「意圖散布於眾，而指摘或傳述足以毀損他人名譽之事者，為誹謗罪。」第 3 項：「對於所誹謗之事，能證明其為真實者，不罰。但涉於私德而與公共利益無關者，不在此限。」另參見姚明憲法題型破解。我國大法官雖未言及，但一般認為，釋字第 509 號解釋採美國法上之「真實惡意原則」，從寬保障言論自由，以避免人民因爭辯過程有錯誤而須負刑事責任，使得人民在表意前先作過度言論自由自我審查而造成「寒蟬效應」。

乙應負誹謗罪刑事責任：

　　依釋字第 509 號解釋指出之舉證責任分配原則，甲或檢察官為原告之一方須舉證「有相當理由確信其為真實者」。學者有認為，為避免名譽權被廉價犧牲，應依行為人、相對人身分之不同以及言論內容對相對人之名譽及公益影響之程度，建構不同之查證義務。例如：記者所為之報導更為有影響力，應較一般人所為言論有更高之查證義務，以符合比例原則。本案乙僅為一般網友，不具類似記者更方便取得相關資訊之能力及專業新聞媒體影響力，惟仍不能免除其能力所及之查證義務。乙僅憑丙隨意之網路留言加以傳述，有惡意詆毀甲信譽應負誹謗罪之刑事責任。

延伸閱讀　【被遺忘權】

　　被遺忘權是名譽權與隱私權的衍生，搜尋引擎業者各自運用獨特的演算法，將搜尋索引中的網頁進行排序，為使用者提供實用而相關之搜尋，是言論自由之表現，不可請求刪除：

搜尋引擎業者所提供之檢索結果，縱屬商業上意見表達或以營利為目的，仍應受《憲法》第 11 條之言論自由所保障，不得任意加以限制或刪除，否則勢將戕害搜尋引擎業者之表現自由與中立性，進而影響公眾之認知及判斷，甚至危及民主憲政之基礎。（參見臺灣高等法院 106 上 1160 號民事判決）

　　本文認為業界之商業權保障若違背商業倫理，相對人是否仍有容忍義務，並非無可非議處。

案例 3　被噪音騷擾，該如何維護自身權益？

A 住宅社區旁有一廟宇，香火鼎盛，香客絡繹不絕。該廟宇時常舉辦祭祀活動，出巡隊伍沿街遊行時鑼鼓喧天，鞭炮聲震耳欲聾。某甲住宅與廟宇距離甚近，因不堪生活環境安寧嚴重受妨害，遂向某市政府主管機關檢舉。主管機關經派員測量該噪音超出管制標準，遂以違反《噪音管制法》

命該廟宇限期改善。廟宇嗣後並未有所改善，遂被主管機關按次連續處罰，惟依然故我，造成某甲生活作息大亂，精神不濟，請求主管機關令該廟宇於遊行時禁止其使用鑼鼓、鞭炮及其他擴音設施。請問某甲得否直接以基本權為據，請求主管機關禁止廟宇繼續使用擴音設備？

💡 問題意識

《憲法》第 22 條概括基本權，應包含「精神安寧權」之基本權。

💡 爭點分析

1. 「健康權」定義學者有不同的見解：

健康權在我國憲法內雖未明文規定，但通說認為健康權為《憲法》第 22 條概括基本權所保障之基本權，而非依附於基本國策或生存權下的基本權利。學者有認為包括「身體不受傷害權」、「個人身體自主權」、「健康資訊請求權」。

2. 釋憲實務見解[22]：

「精神安寧權」為一種精神性之人格權與「身體健康權」屬外在、物質性之人格權相對應，內在的精神上愉悅利益與外在的物質利益，共同構成人民生活世界的主要追求對象。精神上的富足與安寧受《憲法》第 22 條保障，具有基本權的地位。此觀最高行政法院 107 年度判字第 698 號判決最為明確：

按噪音係主觀性感覺，感受程度因個人身心狀況而異，故聲響是否屬噪音，是否已達侵害他人健康、居住安寧，其要件上自須該噪音客觀上已超出受該噪音污染之居住社群一般人生活所能忍容之程度，始可屬不法侵害他人居住安寧之人格法益，而得請求法院予以除去，尚不得單以個人主觀

---

[22] 大法官在釋字第 414、472、476、512、577、701、711、744 號解釋中，均對健康權的概念作出一定之描述。但上開解釋審查個別法規時，並非以個人健康權的角度出發，而係就客觀面的「建構足以保護國民健康環境與制度的權利」出發進行討論。故此，本文認為，此即類似大法官欲建構的制度性保障。羅昌發大法官在釋字第 701 號解釋之協同意見書中，引用經濟社會文化權利公約的一般性意見闡述健康權的概念，認為健康權具有「自由權」、「受益權」以及「個人權」的性質，而國家則具有「尊重」、「保護」以及「實現」的義務。《憲法》第 22 條為概括基本權之規定，保障非列舉基本權。此概括基本權規定有利於基本權保障體系之完善，避免掛一漏萬，造成基本權保護之疏漏。然而此一規定亦有可能使司法者擴張基本權概念而侵害立法權，造成權力分立界線的模糊。故有學者認為，《憲法》第 22 條保障之一般自由權或行為自由權限於對個人自我認同、人格存續發展、維持私密生活等事項具有重要關聯之自主決定。

感受據以認定。是垃圾車於清運垃圾時所播放之音樂在街上測得逾法定環境音量標準，雖屬違法，但如果傳至民眾家中，音量未逾法定標準，或逾法定標準之程度，客觀上不致造成侵害，即無從請求法院除去。

3. 某甲得請求禁止廟宇繼續使用擴音設備：

某甲因噪音干擾至生活作息大亂，精神不濟，其精神安寧權已受重大侵害，惟基於釋字第 469 號解釋意旨所闡釋之「保護規範理論」，現行法已有噪音管制法之法律作為國家保護人民之保護規範，若無立法怠惰等急迫情形，某甲應優先引用《噪音管制法》相關規定向主管機關主張，而不得直接以《憲法》第 22 條概括基本權之精神安寧權為據，請求禁止廟宇繼續使用擴音設備。

承上，於他人居住區域發出超越一般人社會生活所能容忍之噪音，應屬不法侵害他人居住安寧之人格利益，如其情節重大，被害人非不得依《民法》第 195 條第 1 項規定請求賠償相當之金額。[23]基此，本案甲另外可提起損害賠償之訴。

案例 4 開車撞人後離開，須負何種罰則？

小強駕駛汽車撞到阿美，因為小強未保持安全車距，撞倒前方正在騎車的阿美。在肇事以後，小強躲在路人中觀看後離開，受傷阿美報警後案送檢察署，小強抗辯法律並沒有規定必須留下資料或是照顧傷者，所以不算肇事逃逸，是否有理由？

問題意識

在駕駛人無過失和車禍不嚴重的案件中，駕駛人若直接離去，仍屬「肇事逃逸」。美國聯邦最高法院大法官何姆茲曾說過，法律的生命不是邏輯，而是經驗。李惠宗教授曾提到只強調邏輯會有更多弊端。[24]本文認為法律之生命在於運用邏輯經驗以能解決社會或國家問題。

---

[23] 最高法院 92 年台上字 164 號民事判決。
[24] 李惠宗(2009)，案例式法學方法論，臺北：新學林出版股份有限公司，頁 54。

💡 爭點分析

　　肇事逃逸的「肇事」是指發生、引起交通事故而言，包括出於行為人之故意、過失及無過失責任，均包括在內。其中必須探討者是無故意、無過失之肇逃問題，有無「情輕罰重」之酷刑存在？

1. 司法院大法官 108 年 5 月 31 日釋字第 777 號解釋以前：

　　最高法院 98 年度台上字第 5046、5743 號判決均認為對於被害人並未採取救護或其他必要措施並報請警方處理，或未待救護人員抵達，遂逕自駕車而去者，均有使被害人擴大傷害之危險，均屬肇事逃逸之行為。

　　刑法肇事逃逸罪之立法理由，係「為維護交通安全，加強救護，減少被害人之死傷，促使駕駛人於肇事後，能對被害人即時救護。」則行為人於事故後，縱離去現場，如不影響即時救護之期待，且不足認係逃逸。

　　《道路交通管理處罰條例》第 62 條第 1 項：「汽車駕駛人駕駛汽車肇事，無人受傷或死亡而未依規定處置者，處新臺幣 1,000 元以上 3,000 元以下罰鍰；逃逸者，並吊扣其駕駛執照 1 個月至 3 個月。」、同條第 4 項：「前項駕駛人肇事致人受傷而逃逸者，吊銷其駕駛執照；致人重傷或死亡而逃逸者，吊銷其駕駛執照，並不得再考領[25]。」

　　最高法院 104 年度台上字第 3236 號刑事判決：「按《刑法》第 185 條之 4 規定，縱肇事者曾返回現場，使自己陷於犯行被發現風險，惟若在現場時未留下任何資料供警方查明，則其返回現場實與逃逸未在場並無不同，否則任何肇事者於事後只要曾停車或短暫在現場查看，不論其有無盡到救護之義務均可免責。」基此，肇事者必須在現場讓被害人、執法人員或其他相關人員（例如：救護員）知道自己的身分。本案小強躲在人群中圍觀是構成肇事逃逸罪。

---

[25] 《道路交通管理處罰條例》第 62 條規定，汽車駕駛人駕駛汽車肇事，無人受傷或死亡而未依規定處置者，處新臺幣 1,000 元以上 3,000 元以下罰鍰；逃逸者，並吊扣其駕駛執照一個月至三個月。前項之汽車尚能行駛，而不儘速將汽車位置標繪移置路邊，致妨礙交通者，處駕駛人新臺幣 600 元以上 1,800 元以下罰鍰。汽車駕駛人駕駛汽車肇事致人受傷或死亡者，應即採取救護措施及依規定處置，並通知警察機關處理，不得任意移動肇事汽車及現場痕跡證據，違反者處新臺幣 3,000 元以上 9,000 元以下罰鍰。但肇事致人受傷案件當事人均同意時，應將肇事汽車標繪後，移置不妨礙交通之處所。

2. 司法院大法官 108 年 5 月 31 日釋字第 777 號解釋以後：

車禍肇事致人死傷而逃逸罪，不以行為人對於事故之發生應負過失責任為必要[26]，因此讓無故意過失者負肇事逃逸罪之目的是「及時救人」。然而容易發生情輕罰重事件。

大法官釋字 777 號解釋，認為 88 年與 102 年的刑法規定「肇事」語意不清，違反明確性原則。且非因駕駛人故意或過失所造成的事故也構成「肇事」，非一般人容易理解或預見，是違反明確性原則及反比例原則，宣告自解釋公布日起失效[27]。

綜上，法律用語必須降低其不明確性才能提高客觀性與可預見性[28]。

🏵 附註

中華民國 110 年 5 月 28 日總統華總一義字第 11000050241 號令

第 185-4 條

駕駛動力交通工具發生交通事故，致人傷害而逃逸者，處六月以上五年以下有期徒刑；致人於死或重傷而逃逸者，處一年以上七年以下有期徒刑。犯前項之罪，駕駛人於發生交通事故致人死傷係無過失者，減輕或免除其刑。

---

[26] 查臺灣花蓮地方法院 99 年交簡字第 30 號刑事判決略以，駕駛車輛肇事導致人死亡，經他人追及並告知其已肇事之情事後，竟仍逃逸，雖然其駕車肇事導致死亡之事實並無過失責任，但與是否構成肇事逃逸罪責無涉（最高法院 99 年度台上字第 4200 號判決意旨參看）。基此，車禍肇事隨無過失，但會有肇事逃逸之責。

[27] 解釋爭點：《刑法》第 185-4 條之構成要件是否違反法律明確性原則？其刑度是否違反比例原則？解釋文－中華民國 88 年 4 月 21 日增訂公布之《刑法》第 185-4 條規定：「駕駛動力交通工具肇事，致人死傷而逃逸者，處六月以上五年以下有期徒刑。」（102 年 6 月 11 日修正公布同條規定，提高刑度為一年以上七年以下有期徒刑，構成要件均相同）其中有關「肇事」部分，可能語意所及之範圍，包括「因駕駛人之故意或過失」或「非因駕駛人之故意或過失」（因不可抗力、被害人或第三人之故意或過失）所致之事故，除因駕駛人之故意或過失所致之事故為該條所涵蓋，而無不明確外，其餘非因駕駛人之故意或過失所致事故之情形是否構成「肇事」，尚非一般受規範者所得理解或預見，於此範圍內，其文義有違法律明確性原則，此違反部分，應自本解釋公布之日起失其效力。88 年上開規定有關刑度部分，與憲法罪刑相當原則尚無不符，未違反比例原則。102 年修正公布之上開規定，一律以一年以上七年以下有期徒刑為其法定刑，致對犯罪情節輕微者無從為易科罰金之宣告，對此等情節輕微個案構成顯然過苛之處罰，於此範圍內，不符憲法罪刑相當原則，與《憲法》第 23 條比例原則有違。此違反部分，應自本解釋公布之日起，至遲於屆滿 2 年時，失其效力。

[28] 李惠宗(2009)，案例式法學方法論，臺北：新學林出版股份有限公司，頁 54。

案例 5 觸犯公司勞動契約，是否應賠違約金？

甲員工與乙公司是僱傭關係，在勞動契約中約定：

1. 任職後不得結婚（單身條款）。

2. 二年內不得離職（最低服務年限）。

3. 離職後二年內不得從事相同或類似工作（競業禁止）。

以上，甲方若違反上開約定，願意負擔 200 萬元的違約金？

事實發生狀況：

甲三個月結婚，六個月生子，一年後離職，離職後立刻至性質相似的電子公司工作，乙因甲犯上述三條約定，是否可請求 600 萬元？

💡 問題意識

《憲法》第 15 條、第 22 條均是基本人權保障範圍。人民的工作權、財產權均受憲法保障。

💡 爭點分析

1. 單身條款的約定無效（參照《民法》72 條及《性別工作平等法》第 11 條與《就業服務法》第 15 條）。

2. 雇主支付相當金額之訓練費用可以要求最低服務年限，例如：航空公司對於空服員之訓練。[29] 又最低服務年限條款均會搭配「懲罰性違約金」，但是否可歸責於勞工應個案認定。例如臺北地院 106 年勞簡上字第 29 號判決，雇主認為有培訓員工，但培訓的內容是讓員工了解旅行社的產品、業務流程，並沒有額外的專業訓練，不屬於專業培訓，無最低服務年限之適用。基此，雇主有支付額外的專業訓練，才能要求最低服務年限。本案甲若無接受乙支付之相當金額之訓練費用，則無最低服務年限的適用。

---

[29] 《勞動基準法》第 15-1 條規定，未符合下列規定之一，雇主不得與勞工為最低服務年限之約定：一、雇主為勞工進行專業技術培訓，並提供該項培訓費用者。二、雇主為使勞工遵守最低服務年限之約定，提供其合理補償者。前項最低服務年限之約定，應就下列事項綜合考量，不得逾合理範圍：一、雇主為勞工進行專業技術培訓之期間及成本。二、從事相同或類似職務之勞工，其人力替補可能性。三、雇主提供勞工補償之額度及範圍。四、其他影響最低服務年限合理性之事項。違反前二項規定者，其約定無效。勞動契約因不可歸責於勞工之事由而於最低服務年限屆滿前終止者，勞工不負違反最低服務年限約定或返還訓練費用之責任。

3. 勞資雙方於勞動契約中可以約定競業禁止條款，惟依《民法》第 247-1 條的規定，契約條款內容之約定，其情形如顯失公平者，該部分無效。

4. 法院就競業禁止條款是否有效之爭議所作出之判決，可歸納出下列衡量原則：(1)企業或雇主須有依競業禁止特約之保護利益存在；(2)勞工在原雇主之事業應有一定之職務或地位；(3)對勞工就業之對象、期間、區域或職業活動範圍，應有合理之範疇；(4)應有補償勞工因競業禁止損失之措施；(5)離職勞工之競業行為，是否具有背信或違反誠信原則之事實[30]。

　　承上，本案員工若非重要職務，則無簽訂競業禁止之必要。因此乙不能請求違約金。

案例 6 原住民的家園，應有更周全的保護？

臺灣原住民族是指原居於臺灣的民族，由 17 世紀漢族移民移入前，即已定居在此。乙不是原住民，但是為了經營山區溫泉生意，想買原住民甲的山坡地，於是甲與原住民丙簽了借名登記契約，由丙向甲買地，甲先設定地上權給乙後，再移轉登記給丙，請問效力如何？

問題意識

　　原住民保留地假人頭買賣無效。

爭點分析

　　1624 年荷蘭殖民時期，描述原住民族是居住在大小不同的獨立部落當中。原住民族地區目前已核定的地區包括 24 個山地鄉、6 個直轄市山地原住民區及 25 個平地原住民地區（鎮、市），共 55 個鄉（鎮、市）。政府設置原保地的目的，是在保障原住民生計，因此依法原保地只能轉賣給原住民，即使合法轉賣後也仍須依照原本的農林用地使用規定。但根據原住民委員會最新統計，全臺 26 萬多公頃的原住民保留地中，已經有超過 1 萬公頃遭到非原住民違規使用及非法占用，學者估計實際流失狀況更加嚴重[31]。

---

30 《勞動基準法》第 9-1 條。行政院勞工委員會(89)台勞資二字第 0036255 號函。

31 維基百科。https://zh.wikipedia.org，查詢日期：2023 年 4 月 17 日。

　　《山坡地保育利用條例》第 37 條第 2 項「原住民取得原住民保留地所有權，如有移轉，以原住民為限」，及《原住民保留地開發管理辦法》第 18 條第 1 項「原住民取得原住民保留地所有權後，除政府指定之特定用途外，其移轉之承受人以原住民為限」，這些規定係為保障原住民族文化權與經濟土地發展，落實保障原住民族國策，俾原住民保留地確定由以原住民族文化與身分認同為基礎之原住民族掌握，合於保障原住民族國策公益目的所採取之必要手段[32]。

　　本案是以假人頭方式移轉給非原住民乙的買賣行為，業經最高法院民事大法庭 108 年度台上大字第 1636 號裁定：「非原住民以借名登記、簽訂買賣契約、設定地上權及所有權轉移的行為，違反禁止規定，依《民法》第 71 條本文規定，應屬無效」（圖 1-1）。

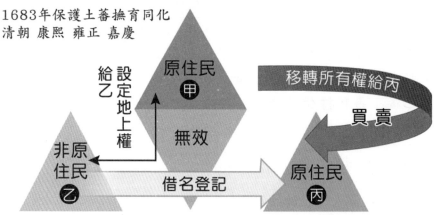

圖 1-1 ▶ 非原住民就山坡地的借名登記無效

<hr>

[32] 參見 108 年度台上大字第 1636 號裁定。

課後練習
EXERCISE

選擇題

( )1. 關於歐陸法系和英美法系的區別，下列敘述何者錯誤？ (A)屬於歐陸法系的國家不以歐洲國家為限 (B)歐陸法系國家之判決對後案沒有法律拘束力，但有事實上拘束力 (C)歐陸法系法官審判時的主要法源是成文法 (D)英美法系為案例法國家，因此沒有成文法。

( )2. 依憲法及司法院大法官解釋，關於言論自由的敘述，下列何者錯誤？ (A)言論自由在於保障資訊之自由流通，使人民有取得充分資訊及自我實現之機會 (B)商業廣告係利用傳播方法，宣傳商品效能，以達招徠銷售為目的，不受言論自由之保障 (C)公共場所於不妨礙其通常使用方式之範圍內，亦得供人民之言論表達及意見溝通 (D)言論自由具有實現自我、溝通意見、追求真理之功能。

( )3. 依司法院釋字第 735 號解釋，有關不信任案，下列敘述何者錯誤？ (A)立法院於臨時會中審議不信任案，非憲法所不許 (B)不信任案提出 72 小時後，應於 48 小時內以不記名投票程序表決之 (C)立法院職權行使法第 37 條關於不信任案提出、進行審議程序之規定，屬立法院國會自律事項 (D)不信任案制度係為建立政黨黨紀，化解政治僵局，落實責任政治，並具穩定政治之正面作用。

( )4. 下列判決文字運用了何種解釋方法？「依其規定之內容乃須有所謂的『治理』…。而所謂『治理』乃指『管理』（趙錫如主編辭海第 576 頁）…」 (A)文義解釋 (B)體系解釋 (C)歷史解釋 (D)目的解釋。

( )5. 下列何者不屬於《憲法》第 107 條所定之中央立法並執行之事項？ (A)幣制 (B)國防 (C)振濟、撫卹及失業救濟 (D)國際貿易政策。

( )6. 下列何者非《憲法增修條文》第 10 條明定之「基本國策」事項？ (A)重視水資源之開發利用 (B)推行全民健康保險 (C)尊重軍人對社會之貢獻 (D)維護新住民之人格尊嚴。

（　）7. 依憲法及增修條文規定，關於大法官之組成及職權，下列敘述何者正確？　(A)《憲法》本文規定司法院有解釋憲法之權　(B)《憲法》本文規定司法院設大法官 15 人，掌理解釋憲法之事項　(C)《憲法增修條文》明文規定，所有司法院大法官都享有 8 年任期之保障　(D)《憲法增修條文》明文規定，司法院大法官有統一解釋法律及命令之權。

（　）8. 依司法院大法官解釋，人民參加下列何種考試，不在《憲法》第 18 條應考試權的保障範圍內？　(A)公務人員初等考試　(B)公務人員特種考試一般警察人員考試　(C)專門職業及技術人員普通考試導遊人員考試　(D)大學入學指定科目考試。

（　）9. 依憲法本文及增修條文之規定，下列何者與民主共和國原則沒有直接關係？　(A)民有民治民享　(B)主權屬於國民全體　(C)國防以維護世界和平為目的　(D)總統、副總統由人民直接選舉。

（　）10. 依司法院大法官解釋，授權明確性原則之內涵，不包括下列何者？　(A)授權之目的應具體明確　(B)授權之期間應具體明確　(C)授權之內容應具體明確　(D)授權之範圍應具體明確。

第二章

行政法

第一節　基本概念
第二節　案例探討

LAW & Life

第一節　基本概念

壹、行政概念

係指立於法律之下，除私法及監察以外之國家作用。

貳、行政命令

行政機關基於法律授權，得發布細節性或技術性之行政命令，以補充法律之不足。

參、給付行政

又稱福利行政，指提供人民給付、服務或給與其他利益之行政作用。

肆、依法行政原則

依法行政，是支配法治國家立法權與行政權關係之基本原則，亦為一切行政行為必須遵循之首要原則。《行政程序法》第 4 條規定：「行政行為應受法律及一般法律原則之拘束。」此為依法行政原則之概念。依法行政原則向來區分為法律優越及法律保留二項原則。

一、法律優越原則

法律優越原則謂行政行為或其他一切行政活動，均不得與法律相牴觸。

二、法律保留原則

法律保留原則，謂在法律保留之範圍內，行政機關沒有法律授權所為之行政處分屬違法行為。

伍、行政裁量與不確定法律概念

一、行政裁量

行政機關因法律授權，本於行政目的而選擇不同的行為方式或法律規定多種處罰方法或裁罰金額有彈性，賦予行政機關考量具體個案為裁量。

例如 1：《道路交通管理處罰條例》第 53 條：「（第 1 項）汽車駕駛人，行經有燈光號誌管制之交岔路口闖紅燈者，處新臺幣 1,800 元以上 5,400 元以下罰鍰。（第 2 項）前項紅燈右轉行為者，處新臺幣 600 元以上 1,800 元以下罰鍰。」基此，在 600 元與 1,800 元間警察有裁量權。

例如 2：各機關職缺辦理公開甄選時，本諸行政裁量權得就參與甄選人員之資格訂定條件，惟甄選機關自訂定甄選人員資格條件經公告後，自應遵循辦理，以符公開及誠信原則；救濟金發放屬給付行政事項亦屬地方自治事項，需地機關之行政裁量權，應視其財力狀況及實際情形發給。

二、不確定法律概念

係指法律意義抽象不明確，多見於構成要件部分。《個人資料保護法》第 16 條第 1 項第 2 款規定，得為特定目的外之利用：「二、為維護國家安全或增進公共利益所必要。」其中公共利益為不確定法律概念，必須個案認定。再者，在勞資關係中雖然《勞動基準法》第 12 條第 4 款規定，違反勞動契約或工作規則，情節重大者可以解僱，但禁止雇主恣意解僱勞工。反觀公務機關的救助行為亦同。參見下列函釋：

公務機關提供資料予辦理冬令救濟、急難活動之救助團體、寄發賀卡或提供資料予外國使領館通知其僑民行使其公民之選舉權及探視被收容等情形，宜依具體個案情形分別認定之[1]。

在私法領域中常見「不確定法律概念」之條款，例如：曾服公務貪污不能擔任董事，而曾擔任立法委員是否屬公務，透過個案認定如下：

---

[1] 法務部 102 年 01 月 14 日法律字第 10203500050 號函。

《私立學校法》第 19 條第 2 款規定:「有左列情形之一者,不得充任董事:二、曾服公務因貪污、瀆職,經判決確定或通緝有案,尚未結案者。」同法第 25 條第 2 項規定:「董事長、董事有前項第 3 款或第 19 條第 1 款、第 2 款之犯罪嫌疑經被提起公訴者,應即停止其職務。」其中「服公務」者,係屬不確定法律概念,基於《私立學校法》第 19 條第 2 款規定之文義解釋,並參酌《立法委員行為法》及《公務員服務法》等相關規定,擔任立法委員職務者,應可認屬《私立學校法》第 19 條第 2 款規定所稱「服公務」之範圍[2]。

陸、行政處分

　　行政處分,係指行政機關就公法上具體事件所為之決定或其他公權力措施而對外直接發生法律效果之單方行政行為。[3]行政處分有不當或違法可透過行政救濟撤銷原處分,但不能停止該行政處分的執行力。

例如:納稅義務人對復查決定之應納稅額,未繳納半數,而提起訴願者,稽徵機關應移送法院強制執行,而原行政處分之執行,除法律另有規定外,不因提起訴願而停止。

柒、無效之行政處分

　　有瑕疵之行政處分,依其程度可分為無效處分及得撤銷處分,其中無效處分的救濟規定在《行政訴訟法》第 6 條。而所謂無效之行政處分,係指行政行為具有行政處分之形式,但其內容具有明顯、嚴重瑕疵而自始、當然、確定不生效力。

《行政程序法》第 111 條:「行政處分有下列各款情形之一者,無效:一、不能由書面處分中得知處分機關者。二、應以證書方式作成而未給予

---

[2] 法務部 96 年 08 月 09 日法律字第 0960025178 號函。

[3] 《訴願法》第 92 條。大法官釋字第 423 號解釋意旨「行政機關行使公權力,就特定具體之公法事件所為對外發生法律上效果之單方行政行為,皆屬行政處分,不因其用語、形式以及是否有後續行為或記載不得聲明不服之文字而有異。

證書者。三、內容對任何人均屬不能實現者。四、所要求或許可之行為構成犯罪者。五、內容違背公共秩序、善良風俗者。六、未經授權而違背法規有關專屬管轄之規定或缺乏事務權限者。七、其他具有重大明顯之瑕疵者。」無效之行政處分，自始不發生效力。

承上，就行政處分之無效原因，採重大明顯瑕疵說，第 1 至 6 款是重大明顯之例示，第 7 款則為重大明顯之概括規定。所謂「重大明顯」，係指其瑕疵之程度重大，任何人一望即知（最高行政法院 97 年度判字第 1 號判決意旨參照）。

捌、行政救濟

所謂行政救濟，是指人民遭受國家機關瑕疵行政行為之侵害時，受侵害人民得依法提出訴願或行政訴訟之制度。但僅以公法事件為限。例如土地徵收乃行政處分之一種，補償亦屬徵收程序範圍，土地所有權人如對政府徵收其土地或發給補償金之時間有所爭執，應循訴願、行政訴訟程序解決，非審理私權之普通法院可審認。但有例外，假如某甲的土地曾核准徵收但已失其效力，因此請求確認土地所有權仍屬於自己，並排除需用土地人某乙之侵害，性質上為民事訴訟，不屬行政救濟範圍[4]。

玖、調戲或猥褻

考量近年來同性猥褻案件日益增多，109 年 12 月 29 日立法院三讀通過修正《社會秩序維護法》第 83 條，明定以猥褻的言語、舉動或其他方法，調戲他人者，處 6,000 元以下罰鍰，調戲同性或異性均適用。修正《社會維序維護法》第 87 條，加暴行於人者、互相鬥毆或意圖鬥毆而聚眾者，最重處 18,000 元罰鍰。

拾、公法與私法區別差異

公法與私法之區分在於訴訟救濟系統不同。私法爭議透過普通法院救濟。公法行為，例如行政機關所為之行政處分有瑕疵，人民可提起訴願（不當或違法）及行政訴訟（違法）救濟。基此，其救濟前提必須是行政機關所為單方公法行為致人民權利受損，但實務上，公法與私法常有混淆。

---

[4] 臺灣最高法院 64，台上，1261 號判決。

　　不服行政處分者，應先踐行訴願程序，但交通事件則先踐行裁決及聲明異議後才進入行政訴訟，因修法後改為「重新審查」代替訴願前置；另稅務必須先踐行複查程序、藥事案件必須先踐行複核程序、勞工保險案件必須先踐行爭議審議則為例外。

　　行政訴訟自民國 101 年 9 月 6 日起改採三級二審，新制於地方法院設立行政訴訟庭審理簡易訴訟程序及交通裁決等事件，建置地方法院行政訴訟庭相關配套措施各地方法院均應設置行政訴訟庭，高等行政法院只設在臺北、臺中及高雄 3 個地區；另外在各地方法院設立行政訴訟庭。

拾壹、信賴保護原則

　　信賴保護原則攸關憲法上人民權利之保障，公權力行使涉及人民信賴利益而有保護之必要者，不限於授益行政處分之撤銷或廢止，即行政法規之廢止或變更亦有其適用。[5]信賴保護原則係《行政法》上之重要原則，依該原則，如行政行為罔顧人民值得保護之信賴而使其遭受不可預計之負擔或喪失利益，且非基於保護或增進公共利益之必要或因人民有忍受之義務者，不得為之，否則應給予損失補償，惟適用該原則須具備下列條件：（一）須有令人民信賴的行政行為、（二）須人民因信賴而作出具體的信賴行為、（三）須人民之信賴值得保護。[6]例如：學生隱匿「應予開除學籍」致授予學位，有事實瑕疵，學校可撤銷該違法的行政處分，且無信賴保護原則的適用。（法務部法律字第 1030350188 號）

第二節　案例探討

案例 1　因過勞導致中風喪失工作能力，能否提出行政救濟？

甲於 2003 年起任職於 B 大樓管理委員會擔任保全人員，嗣 B 管委會於 2009 年 8 月 1 日與 C 公寓大廈管理維護股份有限公司簽約，由 C 公司負責管理維護，甲為留用續任人員。甲之平均工資為月薪新臺幣 17,500 元。受僱期間，甲因全年無休過勞，於 2009 年 8 月 23 日下午 1 時許值班時腦

5　司法院大法官 525 號解釋。

6　吳庚、盛子龍(2020)，行政法之理論與實用（增訂十六版），臺北：三民。林錫堯(2016)，行政法要義（四版），臺北：元照出版。法務部 83 年 01 月 11 日(83)法律字第 00527 號函。

梗塞中風，雖經送醫急救，仍致身體左半側、左手及左腳麻痺癱瘓，經鑑定為中度肢體障礙，喪失原有工作能力，屢經提起行政救濟均遭駁回。

💡 問題意識

公寓大廈保全人員與公寓大廈是何種法律關係？行政機關審定為職業病，但雇主認為非職業災害。

💡 爭點分析

《憲法》第 15 條規定：「人民之生存權、工作權及財產權，應予保障。」第 153 條規定：「國家為改良勞工及農民之生活，增進其生產技能，應制定保護勞工及農民之法律，實施保護勞工及農民之政策。（第一項）婦女兒童從事勞動者，應按其年齡及身體狀態，予以特別之保護。（第二項）」基於上開意旨，憲法乃以保障勞工權益，加強勞雇關係，促進社會與經濟發展為目的，規定關於工資、工作時間、休息、休假、退休、職業災害補償等勞工勞動條件之最低標準。

保全人員在工作職場上往往呈現許多模糊地帶的隱憂，例如：排班問題或職業災害問題，103 年 11 月 21 日大法官會議釋 726 號解釋傾向保障保全人的見解，[7]要求雇主必須履行《行動基準法》第 84 條之 1 有關勞雇雙方對於工作時間、例假、休假、女性夜間工作有另行約定程序及報請當地主管機關核備，若無核備縱有約定也無效，必須回歸《勞動基準法》之規定，不過實際上保全人員多數屈從於低薪。

本案不論 B 管理委員會或 C 公司均認為甲非其勞工且非職業災害，故而自甲受災後不予理置，甲歷經 5 年行政救濟，從訴願至行政訴訟，在行政訴訟程序中法官囑職業災害署重新審定，業經勞動部職災署於 104 年 3 月 20 日審定為職

---

[7] 《勞動基準法》第 84 條之 1 有關勞雇雙方對於工作時間、例假、休假、女性夜間工作有另行約定時，應報請當地主管機關核備之規定，係強制規定，如未經當地主管機關核備，該約定尚不得排除同法第 30 條、第 32 條、第 36 條、第 37 條及第 49 條規定之限制，除可發生公法上不利於雇主之效果外，如發生民事爭議，法院自應於具體個案，就工作時間等事項另行約定而未經核備者，本於落實保護勞工權益之立法目的，依上開第 30 條等規定予以調整，並依同法第 24 條、第 39 條規定計付工資。自《勞動基準法》第 84 條之 1 有關勞雇雙方對於工作時間、例假、休假、女性夜間工作有另行約定時，應報請當地主管機關核備之規定，係強制規定，如未經當地主管機關核備，該約定尚不得排除同法第 30 條、第 32 條、第 36 條、第 37 條及第 49 條規定之限制，除可發生公法上不利於雇主之效果外，如發生民事爭議，法院自應於具體個案，就工作時間等事項另行約定而未經核備者，本於落實保護勞工權益之立法目的，依上開第 30 條等規定予以調整，並依同法第 24 條、第 39 條規定計付工資。

業病及二級失能確定。但甲的家屬向 B 或 C 協商後續民事賠償事宜，均遭拒絕，爰向法院提告，確認原告與被告僱傭關係存在，要求補發 98 年至復職日止之工資與利息，未料敗訴，因甲沒錢打官司未上訴而確定，依然悲劇收場，此乃行政及司法系統各自獨立互不受拘束使然。

　　甲於 2020 年死亡，於 2009 年至 2020 年終身失能，僅靠勞保局核給 80 萬元度殘生，使原低收入戶家庭更陷淒涼，期盼 2021 年 4 月 23 日立法院三讀通過的《勞工職業災害保險及保護法》能落實職災勞工的生活保障。

💡 附註[8]

一、保全人員的工時安排應合理化：

（一）每日正常工作時間不得超過 10 小時；連同延長工作時間，1 日不得超過 12 小時。2 出勤日之間隔至少應有 11 小時。

（二）保全業之一般保全人員每月正常工時上限為 240 小時，每月延長工時上限為 48 小時，每月總工時上限為 288 小時。

（三）人身保全及運鈔車保全，每 4 週內正常工作時間不得超過 168 小時。

（四）因天災、事變或突發事件，雇主有使勞工在正常工作時間以外工作之必要者，得將工作時間延長之。但應於延長開始後 24 小時內通知工會；無工會組織者，應報當地主管機關備查。延長之工作時間，雇主應於事後補給勞工以適當之休息。

二、護理師的花花班

　　護理師三班制（早中晚班）？是輪班？還是花花班？

（一）輪班：把 24 小時分成三等份並長期固定班別，或三個月輪替一次。

（二）花花班：一週內輪值 2 種或 3 種班別，例如：今天是小夜班，明天是白班，後天是大夜班。各輪值班別中還要加班，其最大問題是「沒有合理的休假與休息時間」。

（三）修法：更換班次時，至少應有連續 11 小時之休息時間。但因工作特性或特殊原因，經公告者得變更休息時間不少於連續 8 小時[9]。

8　參見保全業之保全人員工作時間審核參考指引。

9　《勞動基準法》第 34 條。

案例 2 **某私大教師被認定行為不檢被解聘，此解聘是否符合法律原則？**

A 私立大學教師阿美被學校認定行為不檢，有損師道，教評會作成解聘決議，並以 x 公文函報教育部核准，該部以 y 公文函同意照辦，A 大學以 z 公文函通知阿美終止聘任關係，請問 A 與阿美是何種關係？

💡 問題意識

《教師法》對於私立學校教師的工作權保障程度為何？私立大學對於教師的解聘是否符合法律原則[10]？

💡 爭點分析

《教師法》第 16 條規定，教師聘任後，有下列各款情形之一者，應經教師評審委員會審議通過，並報主管機關核准後，予以解聘或不續聘；其情節以資遣為宜者，應依同法第 27 條規定辦理：

一、 教學不力或不能勝任工作有具體事實。

二、 違反聘約情節重大。

---

[10] 《教師法》第 14 條規定，教師有下列各款情形之一者，應予解聘，且終身不得聘任為教師：一、動員戡亂時期終止後，犯內亂、外患罪，經有罪判決確定。二、服公務，因貪污行為經有罪判決確定。三、《性侵害犯罪防治法》第 2 條第 1 項所定之罪，經有罪判決確定。四、經學校性別平等教育委員會或依法組成之相關委員會調查確認有性侵害行為屬實。五、經學校性別平等教育委員會或依法組成之相關委員會調查確認有性騷擾或性霸凌行為，有解聘及終身不得聘任為教師之必要。六、受兒童及少年性剝削防制條例規定處罰，或受《性騷擾防治法》第 20 條或第 25 條處罰，經學校性別平等教育委員會確認，有解聘及終身不得聘任為教師之必要。七、經各級社政主管機關依《兒童及少年福利與權益保障法》第 97 條規定處罰，並經學校教師評審委員會確認，有解聘及終身不得聘任為教師之必要。八、知悉服務學校發生疑似校園性侵害事件，未依《性別平等教育法》規定通報，致再度發生校園性侵害事件；或偽造、變造、湮滅或隱匿他人所犯校園性侵害事件之證據，經學校或有關機關查證屬實。九、偽造、變造或湮滅他人所犯校園毒品危害事件之證據，經學校或有關機關查證屬實。十、體罰或霸凌學生，造成其身心嚴重侵害。十一、行為違反相關法規，經學校或有關機關查證屬實，有解聘及終身不得聘任為教師之必要。教師有前項第 1 款至第 3 款規定情形之一者，免經教師評審委員會審議，並免報主管機關核准，予以解聘，不受《大學法》第 20 條第 1 項及《專科學校法》第 27 條第 1 項規定之限制。教師有第 1 項第 4 款至第 6 款規定情形之一者，免經教師評審委員會審議，由學校逕報主管機關核准後，予以解聘，不受《大學法》第 20 條第 1 項及《專科學校法》第 27 條第 1 項規定之限制。教師有第 1 項第 7 款或第 10 款規定情形之一者，應經教師評審委員會委員三分之二以上出席及出席委員二分之一以上之審議通過，並報主管機關核准後，予以解聘；有第 8 款、第 9 款或第 11 款規定情形之一者，應經教師評審委員會委員三分之二以上出席及出席委員三分之二以上之審議通過，並報主管機關核准後，予以解聘。

A 私立學校與阿美教師間是聘用契約之私法關係，受私法自治之支配，如學校依據《教師法》第 16 條之規定解聘教師，性質上係屬私法效果之行政處分，如阿美對於解聘處分不服，可以提起行政救濟。

近年來《教師法》之修正對於教師工作權之保障趨向具體明確規範，解聘透過教育主管機關核准，因此保障程度偏高。但對於私立學校教師之財產權或其他重大處分，並無具體之保障，部分學校會以各種欲加之罪何患無辭之手法變相減薪，私立學校教師多數屈從。例如：某私立高級學校教師甲，因配合教育部多元學習課程設計，提供多元方案教學方法，因教師同意學生於期末報告性產業，而被處分一大過一小過一申誡及減薪，僅透過學校教評會決議就減薪的程序（無性別專家列席，到底多元學習的界線是什麼？），是否恰當？校方處置過程強調無解聘已是大德了，容有探討空間。因此，對於教師法保障之財產權應列入主管機關監督範圍，以利教師尊嚴與權利之保障。

案例 3 任意拋棄廢棄物而被罰款，被罰者可以提行政訴訟嗎？

假如 A 政府環保局清潔稽查員在 2020 年 9 月 23 日發現阿美在路旁拋棄廢棄物，於是依據通令：亂丟垃圾一律處新臺幣 6,000 元。處罰阿美 5,000 元。阿美不服，提起訴願及行政訴訟，請問判決應如何處理？

🔖 問題意識

行政裁量權的威力如何判斷？

🔖 爭點分析

法律條文之結構可以分為構成要件及法律效果兩段。

所謂行政裁量或裁量處分之概念，是指行政法規是立法機關授權行政機關在法定要件該當時，可以按照個別具體情況決定法律效果。前提必須將具體個案涵射在構成要件中才決定法律效果。

行政裁量可以分為兩種情況，一為選擇裁量，另一為決定裁量。其中選擇裁量是指行政機關可以在多種處罰中選擇一種或數種之處分。至於決定裁量則是構成要件實現後行政機關可以自由決定要不要處罰，參照表 2-1。因此，依據《廢

棄物清理法》第 27 條第 1 項第 1 款之規定，[11]在路旁拋棄廢棄物是有害環境衛生之禁止行為。同法第 50 條第 1 項第 3 款規定[12]，可處新臺幣 1,200 元以上 6,000 元以下罰鍰。因此 A 機關應該有選擇裁量權（參見表 2-1）。

表 2-1 ▶

規定	選擇裁量	決定裁量
《醫療法》： 超收醫療費用的撤銷開業執照		V
《電影法》： 電影片妨害公序良俗責令修改或逕予刪除或禁演	V	
《醫師法》： 醫師違法或不當得處一月以上一年以下停業處分或撤銷執照	V	V

案例 4　記者跟追他人，是新聞自由還是侵犯隱私權？

阿明是報社記者，主跑娛樂新聞；於 2008 年 7 月間二度跟追並拍攝出名的電腦集團阿強及阿美，阿強與阿美請律師寄存證信函制止，但是無果。案經 A 警察局以違反《社會秩序維護法》第 89 條第 2 款「無正當理由，跟追他人，經勸阻不聽者，處新臺幣 3,000 元以下罰鍰」規定，裁處罰鍰 1,500 元。阿明透過法定程序提出不服之意思表示。

問題意識

　　隱私權與新聞自由的衝擊，孰重孰輕？《社會秩序維護法》第 89 條第 2 款規定，使新聞採訪者之跟追行為受到限制，是否違憲？

---

[11] 《廢棄物清理法》第 27 條規定，在指定清除地區內嚴禁有下列行為：一、隨地吐痰、檳榔汁、檳榔渣，拋棄紙屑、菸蒂、口香糖、瓜果或其皮、核、汁、渣或其他一般廢棄物。二、污染地面、池塘、水溝、牆壁、樑柱、電桿、樹木、道路、橋樑或其他土地定著物。三、於路旁、屋外或屋頂曝曬、堆置有礙衛生整潔之物。四、自廢棄物清除、處理及貯存工具、設備或處所中搜撿經廢棄之物。但搜撿依第 5 條第 6 項所定回收項目之一般廢棄物，不在此限。五、拋置熱灰燼、危險化學物品或爆炸性物品於廢棄物貯存設備。六、棄置動物屍體於廢棄物貯存設備以外處所。七、隨地便溺。八、於水溝棄置雜物。九、飼養禽、畜有礙附近環境衛生。十、張貼或噴漆廣告污染定著物。十一、其他經主管機關公告之污染環境行為。

[12] 《廢棄物清理法》第 50 條規定，有下列情形之一者，處新臺幣 1,200 元以上 6,000 元以下罰鍰。經限期改善，屆期仍未完成改善者，按日連續處罰：一、不依第 11 條第 1 款至第 7 款規定清除一般廢棄物。二、違反第 12 條之規定。三、為第 27 條各款行為之一。

💡 爭點分析

　　憲法保障人身自由及個人隱私，身為名人是否無受保障？自應從新聞採訪之正當性考量，若不顧職業倫理或罔顧法的規範，則社會大亂，當事人恐只有自殺一途。

　　法務部曾函示：凡個人客觀上顯然無欲公開其隱私活動，而有合理期待時，對侵害個人隱私權之行為，分依《刑法》第 315-1 條或《社會秩序維護法》第 83 條第 1 款處罰之，因此「於他人公開活動時，利用工具窺視或偷拍隱私部位」，是否涉及刑事責任，應依具體個案認定之。基此，隱私是受法律保護。

本案可從大法官解釋文 689 號得知，警察依法行政並無違憲情事：

《社會秩序維護法》第 89 條第 2 款規定，旨在保護個人之行動自由、免於身心傷害之身體權、及於公共場域中得合理期待不受侵擾之自由與個人資料自主權，而處罰無正當理由，且經勸阻後仍繼續跟追之行為，與法律明確性原則尚無牴觸。新聞採訪者於有事實足認特定事件屬大眾所關切並具一定公益性之事務，而具有新聞價值，如須以跟追方式進行採訪，其跟追倘依社會通念認非不能容忍者，即具正當理由，而不在首開規定處罰之列。於此範圍內，首開規定縱有限制新聞採訪行為，其限制並未過當而符合比例原則，與《憲法》第 11 條保障新聞採訪自由及第 15 條保障人民工作權之意旨尚無牴觸。又系爭規定以警察機關為裁罰機關，亦難謂與正當法律程序原則有違。

　　承上，警察依法行政並無違憲之要件臚列如下：

1. 行動自由被侵害（包括不受侵擾之自由與個人資料自主權）。

2. 採訪事件與公益無關。

3. 新聞無價值且社會通念不可以容忍跟追方式。

4. 裁罰之機關為法定機關。

案例 5　無法承受職場霸凌的自願退休有被迫性？

阿美自 79 年 6 月 19 日起受僱於 A 商銀，因長期被分配工作不均及職場霸凌，於 111 年 6 月底提出退休之申請，之後分別於 111 年 7 月 8 日及 111 年 7 月 15 日提出撤回退休申請，並於 111 年 7 月 19 日以電子郵件檢附撤回退休申請單，但是 A 商銀均未理睬，人資部門並於 111 年 7 月 21 日回覆拒絕撤回退休申請，且告知阿美最後工作日為 111 年 8 月 8 日，阿美爰於 111 年 7 月 27 日申請勞資爭議調解，雙方於 111 年 8 月 11 日經勞資爭議調解不成立，阿美不服，提起訴願。【勞動法訴字第 1110018680 號改編】

💡 問題意識

　　勞工因被霸凌提出退休申請，公司對霸凌事實，應介入調查與了解。

💡 爭點分析

　　勞工依《勞動基準法》第 53 條規定自請退休，其性質為形成權，一經勞工向雇主行使即發生法律上效力，且不得撤回。惟查，依《民法》第 95 條第 1 項規定，非對話而為意思表示者，其意思表示，以通知達到相對人時，發生效力。所謂達到，係指意思表示達到相對人之支配範圍，置於相對人隨時可了解其內容之客觀狀態而言（最高法院 96 年度台上字第 2792 號裁定意旨參照）。阿美主張其於 111 年 6 月底向 A 商銀提出退休之申請，但是事後有撤回，到底阿美有無明確向 A 商銀表明退休日期，仍待釐清。本件訴願決定，提醒非對話通知必須遵守民法第 95 條之規定，A 商銀應注意勞工自願退休權的時間。

案例 6　有失能證明還不能領失能給付嗎？

阿美（訴願人）的訴願書表明她是絕對符合腎功能失能的條件，只是在等待醫院安排手術和洗腎的時間，且這時間都是在退休前發生的，所以阿美認為勞保局給付失能給付屬合理合法，阿美有提供 A 醫院新陳代謝科及腎臟科醫師所開立的證明。請問勞保局為何不給付？

問題意識

勞保局核給的現金給付，屬行政處分，不服勞保局的核定，應準備訴願書，向勞動部提起訴願。但是訴願前應注意請求權的時效，以及有無請領資格。

爭點分析

1. 依據《勞工保險條例施行細則》第 69 條第 1 項及勞工保險失能給付標準附表「胸腹部臟器」失能審核。

2. 阿美於 101 年 4 月 11 日起永久失能。但是阿美於 101 年 3 月 4 日退休退保已領取老年年金給付，核定不予給付。阿美所附診斷證明書載「於 101 年 4 月 13 日開始接受每週 3 次血液透析治療迄今」依「胸腹部臟器」失能審核：慢性腎衰竭需長期透析治療之患者，應於初次（第一次）接受透析治療（洗腎）之日審定等級，足顯訴願人所患係 101 年 3 月 4 日退職退保後之事故。

結論

本案並非阿美的失能不能請求，而是請求時無勞保資格，因阿美於 101 年 4 月 13 日才開始洗腎認證，註期日已無勞保資格。

案例 7　不是中華民國的國民，在臺灣電死，要賠償嗎？

民國 107 年大陸地區 A 男來臺騎單車環島，被路燈電擊死亡，A 的家屬跨海來臺訴訟，勝訴機會如何？

問題意識

大陸地區人民有無《國家賠償法》的適用？

爭點分析

臺灣高雄地方法院民事判決 109 年度重國字第 3 號略以：

按「公共設施因設置或管理有欠缺，致人民生命、身體、人身自由或財產受損害者，國家應負損害賠償責任。」國家賠償法第 3 條第 1 項，定有明文。經查，原告 2 人均為中國大陸地區人民，……起訴狀及所附中華人民

共和國居民戶口簿、上海市獨生子女證、國籍公證書、出生公證書可證，是本件……應有國家賠償法之適用。本院函詢主管中國大陸地區事務之大陸委員會關於中國大陸地區人民應直接適用國家賠償法或依國家賠償法第 15 條之規定，適用國家賠償法，經大陸委員會以 109 年 7 月 29 日陸法字第 1099906751 號函覆本院：國家賠償法對於中國大陸地區人民是否適用，並無明文規定，但基於人權保障及人道理念，應適用國家賠償法等語，準此，本件直接適用國家賠償法之規定。

案經臺灣高等法院高雄分院民事判決 110 年度重上國字第 5 號駁回上訴。最後移付調解[13]。

事後，行政院通令各部會，依《國籍法》定義，中國大陸人民不具中華民國國籍、非屬中華民國國民，自不享有或負擔中華民國國民的權利義務，凡舊函釋與此牴觸者，應自即日起停止適用或不再援用。然而，法的位階上，勢必要透過修法，方能解決法秩序之爭議。行政院也表示，修法後，可用境外人請求。[14]不過似乎還要留意《臺灣地區與大陸地區人民關係條例》第 2 條第 1 項第 3、4 款規定，本條例用詞，定義如下：……三、臺灣地區人民：指在臺灣地區設有戶籍之人民。四、大陸地區人民：指在大陸地區設有戶籍之人民。基此，行政院以國籍法為判斷事物本質性，恐須再通盤檢討兩岸條例的修改方向。然而，此又涉及兩岸政治議題。

2013 年 7 月，司法院諸位大法官在《釋字第 710 號解釋》之相關意見書中，大法官陳春生說，「一、大陸地區人民之法地位較為特殊，大陸地區人民依憲法增修條文既非外國人、又非本國人（不具中華民國國籍）、亦非無國籍人，故其自由權利之保障與限制，無法立即與本國人或外國人一概而論。2023 年（民國 112 年）5 月 22 日 — 行政院院臺法長字第 1121023848 號函釋（現行有效函釋）中國大陸人民不具中華民國國籍、非屬中華民國國民，自不享有或負擔中華民國國民的權利義務。[15]

---

[13] 臺灣高等法院高雄分院 111 年度上移調字第 90 號。

[14] https://udn.com/news/story/6656/7205784。

[15] https://zh.wikipedia.org/wiki/%E4%B8%AD%E8%8F%AF%E6%B0%91%E5%9C%8B%E5%9C%8B%E6%B0%91

課後練習
EXERCISE

選擇題

( ) 1. 法律與道德有相似及相異之處，下列敘述何者錯誤？ (A)道德與法律相同，均是一種成文規範 (B)道德的成立或變遷與法律不同，不需經過一定程序修改 (C)法律是以國家公權力作為後盾，道德則無 (D)道德有時會影響法院對於個別法律的解釋。

( ) 2. 關於行政機關之適用法律，下列敘述何者正確？ (A)行政機關適用法律須經人民申請，始得為之 (B)行政機關原則上應獨立適用法律，不受上級指揮監督 (C)行政機關於法定範圍內，行使合義務之裁量權 (D)行政機關在執行法律之際，不得發布命令。

( ) 3. 《道路交通管理處罰條例》規定，汽車駕駛人無駕駛執照而駕駛者，處新臺幣 6,000 元以上 12,000 元以下罰鍰，並當場禁止其駕駛。下列敘述何者正確？ (A)主管機關對於個案中違規駕駛人裁處罰鍰之額度，享有自由行使裁量之權限 (B)主管機關對於是否當場禁止違規駕駛人駕駛，應依法律授權目的行使裁量權 (C)對於初次違規之駕駛人，主管機關皆應裁處最低罰鍰額度，以符合比例原則 (D)對於具有特殊情形之個案，不適用統一裁罰基準表決定罰鍰額度，並未違法。

( ) 4. 關於法明確性原則之敘述，下列何者錯誤？ (A)法規內運用不確定法律概念或概括條款，一概違反明確性原則 (B)法律雖以抽象概念表示，不論其為不確定法律概念或概括條款，均須無違明確性之要求 (C)對人民權益影響越大者，授權之明確程度應越高 (D)法律文義非難以理解，且為受規範者所得預見，並可經由司法審查加以確認者，即不違明確性原則。

( ) 5. 行政機關限制人民財產權，應受下列何者之限制？ (A)行政保留原則 (B)法官保留原則 (C)憲法保留原則 (D)法律保留原則。

( ) 6. 行政機關之行為，必須受到法律及一般法律原則之拘束，此為下列何項原則之內涵？ (A)信賴保護原則 (B)依法行政原則 (C)比例原則 (D)平等原則。

（　）7. 依行政程序法規定，下列何者不屬於比例原則之內涵？　(A)行政行為應有法律之依據　(B)行政行為應有助於行政目的之達成　(C)若有多種行政行為均同樣能達成行政目的，行政機關應選擇對人民權益損害最少者　(D)行政行為所造成之損害不得與欲達成行政目的之利益顯失均衡。

（　）8. 有關瑕疵行政處分效力之敘述，下列何者正確？　(A)無效行政處分，不發生救濟可能性；得撤銷之行政處分得由人民訴請行政法院撤銷　(B)行政處分違反公共秩序善良風俗者，無效　(C)無效行政處分，係自發現無效事由時起，向將來失效；得撤銷行政處分經撤銷後，有溯及失效的效果　(D)行政機關作成瑕疵行政處分，不得本於職權撤銷該處分，僅得由行政法院為之。

（　）9. 下列何者不得依行政執行法規定，移送強制執行？　(A)交通違規罰單　(B)支付命令　(C)怠金　(D)核課稅額通知書。

（　）10. 下列何種行政處分之瑕疵，依行政程序法規定得以補正？　(A)應經人民申請而未經申請之行政處分　(B)由行政處分書面不能得知處分機關之行政處分　(C)相對人不存在之行政處分　(D)違反專屬管轄之行政處分。

MEMO

第三章

刑事法

LAW & Life

第一節　刑法入門

壹、刑法之基本概念

《刑法》是公法，以規範國家刑罰權為內容，例如：禁止殺人，違反者處死刑、無期徒刑或有期徒刑。《刑法》屬國內法、成文法與實體法。

貳、犯罪之意義

是指危害他人、社會或者國家的行為。判斷一行為是否為犯罪行為的主流標準是刑法三段論證法，即構成要件該當性、違法性、有責性。例如：《刑法》第271 條殺人罪之成立，客觀上須有殺人的行為，且行為人於主觀上須具有使人死亡之「知與欲」，才會構成。當要件構成後必須探討違法性，例如：執行死刑者是基於公務而為阻卻違法。最後檢討有責性，例如：未滿十四歲者及心神喪失者為無責任能力人。

參、刑法上之行為

刑法上之行為仍係行為人之意思所支配之行動。

肆、構成要件該當性、違法性、罪責

一、構成要件該當性

是在罪刑法定原則之下，行為人之不法行為符合刑法所規定的犯罪要件，且行為與結果之間有因果關係或具有客觀歸責性（結果犯），在主觀上也符合刑法所規定的主觀上故意或過失。《刑法》第 12 條規定，行為非出於故意或過失者，不罰。過失行為之處罰，以有特別規定者，為限。

（一）故意

行為人對於構成犯罪之事實，明知並有意使其發生者，為故意。行為人對於構成犯罪之事實，預見其發生而其發生並不違背其本意者，以故意論。[1]例如：甲與乙是情敵，甲故意用王水潑乙，致乙死亡。

（二）過失

行為人雖非故意，但按其情節應注意，並能注意，而不注意者，為過失。行為人對於構成犯罪之事實，雖預見其能發生而確信其不發生者，以過失論。[2]例如：A 行經路口沒有減速慢行，B 超速搶快左轉，撞倒 A。前因 A 未減速慢行，B 可以主張「A 有過失」。但 B 超速搶快是主因，B 要負擔 80%的責任；A 未減速是次原因，A 負擔 20%的責任，原本 B 要賠 10 萬元，因肇責比例 80%，所以只賠 8 萬元[3]。

二、違法性

指行為人實現構成要件之犯罪之行為。但有阻卻違法事由者不罰，例如：依法律命令之職務行為、正當防衛、緊急避難及超法規阻卻違法事由。

三、罪責

對於行為人違法行為予以非難，並以刑罰制裁。但有阻卻責任事由不罰或減輕其刑，例如：80 歲老婦偷拿高麗菜 7 粒，可以減輕刑責。

伍、錯誤

行為人主觀之認識與客觀存在或發生之事實不相符合。例如：甲誤乙的傘是自己的而攜回，不成立竊盜罪。行為人主觀上認識與客觀上存在或發生之事實，二者間不相一致之情形，乃刑法上所稱「錯誤」。

---

[1] 《刑法》第 13 條。

[2] 《刑法》第 14 條。

[3] 參考雲林地方法院 102 年度虎簡字第 39 號民事判決。

一、客體錯誤

「客體錯誤」係指行為人對於行為客體發生誤認，以致其本身雖以為所加害的為其所認識之客體，而實際上卻為不同之客體。以刑法上之殺人罪為例，行為人係侵害他人之生命法益，亦即一個人的生命因被殺而喪失，則其行為客體只要是「自然人」即可，至於此「人」之姓名、身分、年齡、性別如何，並非殺人罪應細究之重點。是倘甲要殺乙，卻誤丙為乙而殺之，不論採德、日或我國之「客體等價說」或「法定符合說」理論，均不阻卻故意，甲仍成立殺人罪。[4]另若對於並非為匪之人，誤認為匪而開槍射擊，自屬認識錯誤，而非打擊錯誤[5]。

二、打擊錯誤

打擊錯誤，係指行為人對於特定之人或物加以打擊，誤中他人等情形。[6]例如：A 與 B 發生衝突，工地主任丙○○居中勸阻，因 B 持酒瓶打擊 A 時，不慎敲擊丙頭部，酒瓶破裂之碎片割傷丙眼部，致丙受有右眼眼球破裂併外傷性白內障及右眼目瞼裂傷，視力狀況低於萬國視力表零點零一以下之重傷害之事實。因此，B 係犯《刑法》第 284 條第 1 項後段之過失傷害致重傷罪。

陸、未遂犯

一、概念

犯罪行為人有犯罪意思並著手實施犯罪事實，但未發生犯罪事實結果，犯罪未得逞。《刑法》第 25 條規定，已著手於犯罪行為之實行而不遂者，為未遂犯。例如：三人以上共同以網際網路對公眾散布而詐欺取財未遂罪之立法理由，乃認近年來詐欺案件頻傳，且趨於集團化、組織化，甚至結合網路、電信、通訊科技，每每造成廣大民眾受騙，此與傳統犯罪型態有別，若僅論以普通詐欺罪責，實無法充分評價行為人之惡性。參酌德國等外國立法例，均對於特殊型態之詐欺犯罪定有獨立處罰規定，爰增訂加重詐欺罪，並考量此等特殊詐欺型態行為之惡

---

[4] 最高法院 108 年度台上字第 801 號刑事判決。

[5] 最高法院 28 年渝上字第 1008 號刑事判例。

[6] 最高法院 28 年渝上字第 1008 號刑事判例。

性、對於社會影響及刑法各罪衡平，將本罪法定刑定為一年以上七年以下有期徒刑，得併科 100 萬元以下罰金，且處罰未遂犯[7]。

二、判斷未遂犯之基準

我國刑法所定各類犯罪，既遂與未遂均有處罰之規定，但是既、未遂之區別標準，並未明定，即須由法院在具體個案上，斟酌一切情事，作符合法律文義及法律規範意旨之價值判斷，以發揮法律功能；且不宜逕以學術上結果犯、行為犯之分類，定位各類型犯罪，進而判斷有無成立未遂犯可能；更不能將本質上不同、獨立之各類型犯罪，僅因立法者基於立法經濟之考量將之併入同一法律條文規範者，率認應以相同之標準判斷其犯罪之既、未遂[8]。

柒、共同正犯

正犯區分為單獨正犯與共同正犯兩種，其中共同正犯，係指兩人以上基於犯意聯絡及行為分擔，分工協力實現犯罪構成要件；而所謂犯意聯絡，不限於明示通謀為必要，即相互間有默示之合致亦可，但必須綜合客觀事證認定之，例如：A 與 B 共同殺死 C，則 A、B 為共同正犯，共同正犯是對於整個犯罪過程具有操縱性之犯罪支配地位之人，其對於犯罪行為是否進行、如何進行，及犯罪結果、犯罪目的之實現，具有決定性之角色及功能，其通常能依照自己意願阻止或加速實現構成要件，屬於犯罪過程中之關鍵角色。[9]另，共同正犯與共犯不同，共犯是行為人參與別人的犯罪，共犯又可區分為教唆犯與幫助犯兩種。

捌、想像競合犯

想像競合犯，乃一行為而觸犯數罪名，亦即行為人以一行為，而侵害數個相同或不同之法益，具備數個犯罪構成要件，為充分保護被害法益，避免評價不足，乃就行為所該當之數個構成要件分別加以評價，而論以數罪。但因行為人祇有單一行為，較諸數個犯罪行為之侵害性為輕，揆諸「一行為不二罰」之原則，

---

[7] 最高法院 109 年台上字第 2001 號刑事判決。

[8] 最高法院 109 年台上字第 2851 號刑事判決。

[9] 臺南地方法院 105 年易字第 69 號刑事判決。

法律乃規定「從一重處斷」即為已足，為科刑上或裁判上一罪。[10]例如：甲向乙、丙、丁擲炸彈，致乙、丙、丁死亡，為一行為觸犯數罪名，有三個故意殺人之想像競合犯。

玖、原因自由行為

　　行為人利用自行招致之無責任能力狀態遂行犯罪行為。可區分為故意性及過失性原因自由行為。評價上多數人認為原因階段與行為階段均須論罪。最高法院99 年度台上字第 6035 號判決略以：

原因自由行為之行為人，於精神、心智狀態正常之原因行為階段，即須對犯罪事實具有故意或應注意並能注意或可得預見，始符合犯罪行為人須於行為時具有責任能力方加以處罰之原則。

　　另最高法院 108 年度台上字第 1292 號刑事判決略以：

所謂「原因自由行為」，係指行為人因為故意或過失使自己陷於無責任或限制責任能力之狀態，並在此一狀態下實行該當構成要件之違法行為。《刑法》第 19 條第 3 項並將原因自由行為予以明文化，其類型可分為「故意之原因自由行為」與「過失之原因自由行為」兩大類，再細分為本具有犯罪故意，因故意或過失使自己陷於精神障礙之狀態，而實行犯罪之情形，及原不具犯罪故意，因故意或過失使自己陷於精神障礙之狀態後，於主觀上有預見法益遭侵害之可能，卻違反客觀注意義務，致發生犯罪結果等。是原因自由行為之行為人，於精神、心智狀態正常之原因行為階段，對犯罪事實具有故意或應注意並能注意或可得預見，即符合犯罪行為人於行為時具有責任能力而須加以處罰；而行為人雖因己身之飲酒、用藥等，致於為法益侵害行為時有精神障礙之情形，苟無證據足資證明其於飲酒、用藥之初，尚未陷入精神障礙狀態前，即對嗣後精神障礙狀態中之侵害法益行為有故意或預見可能，其嗣後侵害法益之行為即非原因自由行為，仍有《刑法》第 19 條第 1 項、第 2 項之減免其刑規定適用。

---

[10] 最高法院 108 年台上字第 3563 號刑事判決。

拾、期待可能性

　　期待可能性的思想源自 1897 年 3 月 23 日德國之「癖馬案」，因馬車伕發現馬車的馬常有尾巴繞韁繩現象，並告知雇主要換馬匹，奈何雇主不換且以解僱威嚇馬車伕，該車伕只好出車致該馬惡鬧發作撞路人骨折，但法院認為該車伕無罪，因欠缺期待可能性[11]。

　　期待可能性的理論是 19 世紀末（1896 年）由宣導規範責任論的學者提出研究行為人主觀方面（有責性）的理論。係根據行為人行為時能否期待該行為人實施合法行為的可能性判斷有無責任。[12]超法規的期待可能性事由包括緊急避難、執行上級違法命令、不堪忍受長期家暴而殺夫等[13]。

拾壹、委託自白

　　《毒品危害防制條例》、《槍砲彈藥刀械管制條例》、《貪污治罪條例》都有關於「自白」減刑的相關規定，但是自白可以委託他人嗎？實務見解認為自白的認定可從寬，自白的形式必須嚴謹。[14]蓋刑事訴訟法無規定自白的形式。

　　所謂「自白」，係指對自己之犯罪事實全部或主要部分為肯定供述之意，且係出於主動或被動、簡單或詳細、一次或多次，縱自白後又否認（新法於最後審理時則必須承認），均得稱為自白，且未規定自白之形式，即法律上並不排除被告或犯罪嫌疑人可「委託他人代為自白」，惟因上開條例之自白規定攸關被告可否減輕刑事責任寬典，因此「委託自白」必須符合下列三個要件[15]：

1. 自白應出於被告或犯罪嫌疑人之真意或同意他人代為自白。

2. 「委託自白」之內容應對犯罪事實全部或主要部分為肯定供述。

3. 「委託自白」之意思表示必須正確並完整傳達予相關偵、審機關，以便核實印證。

[11] 梁恆昌(1994)，刑法實例研究，臺北：五南圖書出版公司，頁 50。

[12] 百度百科，https://www.bing.com。查詢日期：109 年 12 月 3 日。

[13] 錢葉六(2015)，期待可能性理論的引入及限定性使用，法學研究，6，頁 116-135。

[14] 最高法院刑事判決 110，台上，2395。

[15] 同上註。

第二節　案例探討

案例 1　離職前刪除公司電腦資料是否犯法？

甲是 A 公司董事長特助，因私德不佳，與女秘書阿美在董事長辦公室不雅行為，而被解僱。甲懷恨於心，離職前將自己電腦及筆電內的公司簡報檔、會議記錄等資料全部刪除。

💡 問題意識

離職前將公司電腦資料刪除構成妨害電腦使用罪。

💡 爭點分析

甲侵害之刑責：

《刑法》第 359 條　破壞電磁紀錄罪

無故取得、刪除或變更他人電腦或其相關設備之電磁紀錄，致生損害於公眾或他人者，處五年以下有期徒刑、拘役或科或併科 20 萬元以下罰金。查最高法院 104 年度台上字第 3392 號刑事判決略以：

《刑法》第 359 條之破壞電磁紀錄罪，係指行為人無故取得、刪除或變更他人電腦或其相關設備之電磁紀錄，致生損害於公眾或他人。所稱「刪除」，固係指反於電磁紀錄製成之方法，將電磁紀錄完全或部分消除之謂。

次查最高法院 107 年度台上字第 1096 號刑事判決略以：

因電磁紀錄具有記載錄製使用者發送、接收、輸入、觀察、處理電子訊號過程的功能，並不具公示性，亦非在他人監督下所為，應專屬於使用者個人所獨有的擬制空間，無論其以文字或影音方式呈現，均足以顯示使用者在特定期間內所見所聞、所思所欲，具有排他性的價值感，自應受隱私權、財產權的保護。

甲離職前無工作交接：

通常公司配發的電腦屬於公用財產，是讓員工為公務使用，不能隨意將業務資料刪除，且公司主張該類資料僅有甲男負責管理，其他人並無保存，甲應構成破壞電磁紀錄罪[16]。

案例 2 **銀行行員擅自增加自己存款數目，犯了什麼罪？**

甲為某銀行職員，利用職務之便，將指令輸入電腦，增加自己之存款數目，是否成立犯罪？

💡 問題意識

　　監守自盜行為是違法行為。86 年《刑法》新增的電腦詐欺罪（第 339-1 條、第 339-2 條、第 339-3 條），係以自動設備或電腦系統作為侵害客體。變造文書，係指不變更原有文書之本質，僅就文書之內容有所更改者而言[17]。

💡 爭點分析

1. 甲成立電腦詐欺罪（§339-3）

　　本罪是以取得他人的財產或財產上的不法利益為主，保護財產法益，是結果犯，必須滿足得到他人財產或財產上不法之利益才會成立本罪，為公訴罪。甲無正當權利，輸入假的資料或不實指令到電腦裡，造成他人財產有增加、減少或變更數目，因而取得他人財產或不法之利益。

---

[16] 《刑法》第 358 條無故輸入他人帳號密碼、破解使用電腦之保護措施或利用電腦系統之漏洞，而入侵他人之電腦或其相關設備者，處三年以下有期徒刑、拘役或科或併科 30 萬元以下罰金。第 359 條無故取得、刪除或變更他人電腦或其相關設備之電磁紀錄，致生損害於公眾或他人者，處五年以下有期徒刑、拘役或科或併科 60 萬元以下罰金。第 360 條無故以電腦程式或其他電磁方式干擾他人電腦或其相關設備，致生損害於公眾或他人者，處三年以下有期徒刑、拘役或科或併科 30 萬元以下罰金。第 361 條對於公務機關之電腦或其相關設備犯前三條之罪者，加重其刑至二分之一。第 362 條製作專供犯本章之罪之電腦程式，而供自己或他人犯本章之罪，致生損害於公眾或他人者，處五年以下有期徒刑、拘役或科或併科 60 萬元以下罰金。第 358 條至第 360 條之罪，須告訴乃論。

[17] 最高法院 29 年上字第 1785 號刑事判決。

2. 甲成立變造文書罪（§210）

《刑法》第 210 條規定，偽造、變造私文書，足以生損害於公眾或他人者，處五年以下有期徒刑。同法第 220 條規定，在紙上或物品上之文字、符號、圖畫、照像，依習慣或特約，足以為表示其用意之證明者，關於本章及本章以外各罪，以文書論。錄音、錄影或電磁紀錄，藉機器或電腦之處理所顯示之聲音、影像或符號，足以為表示其用意之證明者，亦同。最高法院 73 年台上字第 3885 號刑事判例略以：

影本與原本可有相同之效果，如將原本予以影印後，將影本之部分內容竄改，重加影印，其與無制作權人將其原本竄改，作另一表示其意思者無異，應成立變造文書罪。刑法上變造文書，係指不變更原有文書之本質，僅就文書之內容有所更改而言，故必先有他人文書之存在，而後始有變造之可言，電磁紀錄是準文書，故甲變更電腦紀錄中自己存款數目，自屬變造準文書。

3. 甲成立背信罪（§342 I）

背信罪，必須違背任務之行為，具有為圖取不法利益，或圖加不法損害之意思，為構成要件，若本人利益之受損害，乃基於正當原因，並非不法，則因缺乏犯罪意思要件之故，即難律以本罪。[18]查最高法院刑事判例 29 年上字第 674 號判例略以：

背信罪之主體限於為他人處理事務之人，如為自己之工作行為，無論圖利之情形是否正當，原與該條犯罪之要件不符。

本案甲為銀行員與銀行間有僱傭關係，甲基於不法所有意圖，濫用權限，違背任務，致銀行產生財產上之損害，成立背信罪。

4. 競合

甲所為變造文書罪、電腦詐欺罪、背信罪之保護法益具同一性，成立法規競合，電腦詐欺罪吸收變造文書罪，電腦詐欺罪與背信罪為擇一關係，成立電腦詐欺罪。

---

[18] 最高法院 53 年台上字第 2429 號刑事判決。

案例 3 吃薑母鴨後酒駕撞死路人，該如何定罪？

酒駕致人死亡的罪責分析。甲吃薑母鴨後涉酒駕撞死路人乙，觸犯《道路交通管理處罰條例》及《刑法》第 185-3 條第 2 項後段之規定，應如何定罪？

問題意識

薑母鴨是含酒類食物，用餐後勿騎車或開車。

爭點分析

汽車駕駛人，無駕駛執照駕車、酒醉駕車、吸食毒品或迷幻藥駕車、行駛人行道或行經行人穿越道不依規定讓行人優先通行，因而致人受傷或死亡，依法應負刑事責任者，加重其刑至二分之一，《道路交通管理處罰條例》第 86 條第 1 項定有明文。另酒駕致死傷的行為優先適用《刑法》之規定。查臺灣苗栗地方法院 105 年度交訴字第 49 號刑事判決略以：

100 年 11 月 30 日修正公布、同年 12 月 2 日生效施行之《刑法》第 185-3 條第 2 項規定，依其立法理由，係對於酒駕行為之處罰方式，增訂因酒駕行為而致人於死或重傷，分別處以較高刑責之規定，即對酒駕肇事致人於死傷行為獨立規範構成要件之情形，故增訂第 2 項加重結果犯之刑罰。《刑法》第 185-3 條第 2 項自應優先於同法第 276 條第 1 項過失致死罪而適用（臺灣高等法院暨所屬法院 101 年法律座談會刑事類提案第 11 號研討結果參照）

次查最高法院 102 年度台上字第 4783 號判決略以：

100 年 11 月 30 日增訂《刑法》第 185-3 條第 2 項前段，已就行為人服用酒類不能安全駕駛動力交通工具而駕駛，因而致人於死之犯行，為較重刑罰之規定，則汽車駕駛人酒醉駕車肇事致人於死，即無依道路交通管理處罰條例上開規定加重其刑之適用。

是本件被告甲所犯應依法條競合優先適用《刑法》第 185-3 條第 2 項後段之規定，且其酒醉駕車，因而致人死亡，該當《道路交通管理處罰條例》第 86 條第 1 項規定之加重條件，然該行為既已依《刑法》第 185-3 條第 2 項前段之罪論處，為免雙重評價過度處罰，即不能再依《道路交通管理處罰條例》上開規定予以加重其刑[19]。

案例 4 冒用他人姓名資料規避刑責，犯了什麼罪？

甲為規避員警查緝無照駕車一事，於 A 市政府警察局交通大隊員警詢問時，冒用其胞兄乙之姓名年籍資料，向警方佯稱其為乙，並謊報乙之姓名及年籍資料，調查筆錄、高酒精濃度呼氣測試報告、指紋卡片、解送嫌疑人健康狀況調查表、執行拘提逮捕告知本人通知書、臺灣高雄地方檢察署訊問筆錄等文書，先後偽造，該當何罪？

💡 問題意識

冒名頂替涉及刑事罪罰？

💡 爭點分析

《刑法》第 217 條所稱之「偽造署押」，係指行為人冒用本人名義在文件上簽名或為《民法》第 3 條第 3 項所稱指印之類似簽名行為。[20]故倘行為人以簽名之意，於文件上簽名，且該簽名僅在表示簽名者個人身分，以作為人格同一性之證明，除此之外，再無任何其他用意者，即係刑法上所稱之「署押」；然若於作為人格同一性之證明之外，尚有其他法律上之用意者，即應該當刑法上之「文書」。本案甲犯偽造署押罪，處有期徒刑參月，如易科罰金，以新臺幣 1,000 元折算壹日。

例如：臺灣苗栗地方法院 90 年度交簡上字第 12 號判決略以：

---

[19] 臺灣雲林地方檢察署檢察官起訴書 108 年度偵字第 7727 號。

[20] 最高法院 80 年度台非字第 277 號判決。臺灣橋頭地方法院 109 年度簡字第 404 號刑事簡易判決。

原審以「被告甲○○」酒醉駕駛，處罰金 2 萬元。惟上訴人甲○○並非本件之行為人，應係他人持上訴人身分證冒名應訊，處罰之對象應有錯誤，爰請撤銷原判決，另為妥適之判決等語。按起訴之效力，不及於檢察官所指被告以外之人，《刑事訴訟法》第 266 條定有明文；又法院審判之對象，是否即為檢察官所指之被告，固應以起訴書所載被告之姓名、性別、年齡、籍貫、職業或其他足資辨別之特徵為準，然被告是否起訴，仍應以檢察官所指為刑罰對象之被告為其依據。縱犯罪行為人以偽名或冒用他人名義應訊，致檢察官以冒名者之姓名、年籍起訴，然檢察官起訴之被告，仍為實際於偵查中應訊之該犯罪行為人，即以該犯罪行為人為公訴之刑罰對象，並非該被冒名頂替之人。縱檢察官誤以被冒名頂替人之姓名、年籍起訴，然該人既非檢察官公訴之刑罰對象，即非起訴效力所及，法院自不得對其加以審判。

綜上，冒名者非犯罪行為人，無犯罪之人法院自不能審判。

案例 5 放任寵物擅闖馬路導致騎士死亡，飼主是否應負刑責？

2014 年 12 月間阿美的小狗豆豆，沒看清左右有無來車，就跳進馬路橫向，直奔在馬路上被騎士阿強撞到，而阿強撞到小狗後倒下的位置是阿成的車道，故而被阿成的大貨車後輪輾過而慘死在大貨車底下，檢察官起訴，法院判飼主阿美過失致死罪。

🔆 問題意識

寵物闖禍傷人的事件頻傳，除了可依據《動物保護法》，處罰款，若不改善，寵物依法給予安樂死處置以外，飼主可能要負刑事及民事之法律責任。

🔆 爭點分析

何謂寵物？依《動物保護法》的第 3 條第 5 款的立法解釋，是指「犬、貓及其他供玩賞、伴侶之目的而飼養或管領之動物。」同法條第 7 款規定，「飼主：指動物之所有人或實際管領動物之人」。同法第 5 條第 1 項規定，「動物之飼主，以年滿二十歲者為限。未滿二十歲者飼養動物，以其法定代理人或法定監護人為飼主」。

　　阿成有無罪責？汽車駕駛人對於防止危險發生之相關交通法令之規定，業已遵守，並盡相當之注意義務，以防止危險發生，始可信賴他人亦能遵守交通規則並盡同等注意義務，若因此而發生交通事故，方得以信賴原則為由，免除過失責任。

　　至所謂信賴原則，在道路交通事故之刑事案件上，係指參與交通行為之一方，遵守交通法規秩序，得信賴同時參與交通行為之對方或其他人，亦必會遵守交通法規秩序，不致有違反交通法規秩序之行為發生。因此，對於對方或其他人因違反交通法規秩序之行為所導致之危險結果，即無注意防免之義務，從而得以免負過失責任；惟對於該對方或其他人不致發生違反交通法規秩序之行為，若無期待可能性，或行為之一方對於危險結果之發生，若稍加注意即能認識並予避免者，仍不能免除其注意義務，即無上開原則之適用[21]。

　　就本件而言，業經「車輛行車事故鑑定委員會」鑑定後，認為大貨車的司機阿成是在正常情形下駕駛車輛，阿強突然闖入他的車道來不及反應，因此無責。

延伸閱讀　　**【人與牛相撞事件，有無法律責任？】**

　　2021 年 1 月，在某縣鄉下地方，開車撞牛並肇逃的車主，應有《道路交通管理處罰條例》第 62 條 1 項，可罰 1,000~3,000 元。至於養牛人家，因未善盡圈養責任，則有同條例第 84 條被罰 300~600 元的可能。

案例 6　**長期被鄰居噪音干擾影響生活，如何控訴？**

阿美被指控長期在深夜或不特定期間，以不詳硬物密集敲擊其與阿強住處之共用壁，以此發出噪音之強暴方式，妨害阿強睡眠及居住安寧之權利。阿強訴請偵查及起訴[22]。

---

[21] 最高法院 86 年度台上字第 2462 號判決；最高法院 105 年度台上字第 3279 號判決。
[22] 臺灣臺中地方法院 108 年易字第 726 號刑事判決。

🏆 問題意識

　　現今社會高樓大廈林立，人口密集居住，個人難免因生活之必要而產生部分聲響，進而影響他人之居住安寧，若是輕微自有容忍義務，但是惡意製造噪音影響他人生活起居，或者刻意於深夜、凌晨時段製造噪音，干擾他人睡眠，自應認為行為人係惡意妨害他人住居安寧之權利，而有強制罪。

🏆 爭點分析

　　何謂噪音？《噪音管制法》所稱之噪音，係指超過管制標準之聲音，為該法第 3 條所明定。再者，《噪音管制法》乃為維護國民健康及環境安寧，提高國民生活品質而制定，其管制標準則由中央主管機關訂定並公告之，為《噪音管制法》第 1 條及第 7 條第 2 項所明定[23]。

　　阿美自 106 年 6 月 19 日起至 107 年 6 月 3 日止，接續在其住處內，持不詳硬物密集敲擊其與阿強住處之共用壁，據阿美於偵查中供稱：「我有自 106 年 6 月 19 日起至 107 年 6 月 3 日止，在我的住處內對著阿強家的牆壁敲打，我敲打的時間不固定，都是敲我們的公用牆」。法院認為阿美基於強制之犯意，自民國 106 年 6 月 19 日起至 107 年 6 月 3 日止，接續在其自己住處內，持不詳硬物密集敲擊其與阿強住處之共用壁，以此發出噪音之強暴方式，妨害阿強睡眠及居住安寧之權利，構成以強暴、脅迫使人行無義務之事或妨害人行使權利者，構成強制罪，依《刑法》第 304 條規定，可處三年以下有期徒刑、拘役或 9,000 元以下罰金。傷害人的身體或健康者，構成傷害罪，依同法第 277 條規定，則可處五年以下有期徒刑、拘役或 50 萬元以下罰金。

　　本案涉及鄰居睡眠權利，曾有法院特別提到：「按規律的睡眠是個人生存的前提，人類若欠缺適量的睡眠，將有可能導致情緒不穩定、憂鬱、壓力、焦慮、工作效率下降等後遺症」。是以擁有不受超越一般人社會生活所能容忍干擾之睡眠，應係人得正當合理行使之權利[24]。

---

[23] 臺灣臺中地方法院 105 年訴字第 2967 號民事判決。

[24] 同上註。

延伸閱讀　　**【強迫推銷的法律責任】**

　　司法院官版呼籲禁止強迫行銷，許多業務員訪問交易對象是年輕人或學生或專找比較不會拒絕的客戶鎖定後強制推銷，消費者應注意下列規定：

1. 《社會秩序維護法》第 68 條

　　有左列各款行為之一者，處三日以下拘留或新臺幣 12,000 元以下罰鍰：

一、 無正當理由，於公共場所、房屋近旁焚火而有危害安全之虞者。

二、 藉端滋擾住戶、工廠、公司行號、公共場所或公眾得出入之場所者。

三、 強買、強賣物品或強索財務者。

2. 《刑法》第 304 條　強制罪

　　以強暴、脅迫使人行無義務之事或妨害人行使權利者，處三年以下有期徒刑、拘役或 9,000 元以下罰金。

　　前項之未遂犯罰之。

3. 《消費者保護法》第 2 條第 11 款

　　訪問交易：指企業經營者未經邀約而與消費者在其住居所、工作場所、公共場所或其他場所所訂立之契約。【如同網購，原則有 7 天無條件退貨的權利】

　　例如臺灣桃園地方法院刑事 107 年度壢簡字第 1217 號簡易判決：

被告杜○豪於民國 107 年 05 月 20 日 20 時 30 分許，在桃園市○○區○○路○○○號前，向路過該處之越南籍外籍勞工 PHAMTHUY VI（中文姓名范○微）以每 1 組新臺幣 199 元價格推銷小米酒造型筆（1 組 2 枝），經范○微表明無意購買後，杜○豪又向范○微要求資助 100 元車資讓其回花蓮，范○微以其身上沒錢為由婉拒，並欲離開該處返回其任職之公司宿舍。杜○豪竟基於強制之犯意，以其身體擋在范○微前方貼近范○微，以其衣服碰觸及范○微衣服方式施強暴，妨害范○微行使返回公司之權利。於同日 20 時 49 分許，經警到場查獲。案經臺灣桃園地方法院檢察署檢察官偵查後聲請，以簡易判決處刑。

案例 7 80歲老人綁票勒索且撕票，應負何種罪責？

阿強是年紀滿 80 歲的老人，但是不學無術，思想偏激，揮霍無度，2020年 8 月 1 日綁架甲的兒子乙，索求 300 萬元，因警方追緝而撕肉票，阿強罪責如何？

💡 問題意識

臺灣面臨國人老化指數飆高不下，跟日本一樣成為「超高齡化社會」，假設80 歲老人作姦犯科有刑事責任嗎？

💡 爭點分析

刑事責任能力是指接受法律制裁之能力，刑事責任能力是承擔刑事責任的前提條件。自然人的刑事責任能力分為完全責任能力、減輕責任能力及無責任能力。依據《刑法》第 18 條規定，未滿十四歲人之行為，不罰。十四歲以上未滿十八歲人之行為，得減輕其刑。滿八十歲人之行為，得減輕其刑。本案阿強故意侵犯乙的生命權且滿八十歲，應負刑事責任，但可以減輕刑責。

依據《刑法》第 348-1 條規定，擄人後意圖勒贖者，以意圖勒贖而擄人論。暨同法第 347 條第 1 項規定，意圖勒贖而擄人者，處無期徒刑或七年以上有期徒刑。[25]同法第 348 條第 1 項規定，犯前條第一項之罪而故意殺人者，處死刑或無期徒刑。同法第 64 條規定，死刑不得加重。死刑減輕者，為無期徒刑。同法第 65 條規定，無期徒刑不得加重。無期徒刑減輕者，為二十年以下十五年以上有期徒刑。本案雖有罪責，但是阿強可減輕刑責。

---

[25] 《刑法》第 347 條規定，意圖勒贖而擄人者，處無期徒刑或七年以上有期徒刑。因而致人於死者，處死刑、無期徒刑或十二年以上有期徒刑；致重傷者，處無期徒刑或十年以上有期徒刑。第 1 項之未遂犯罰之。預備犯第 1 項之罪者，處二年以下有期徒刑。犯第 1 項之罪，未經取贖而釋放被害人者，減輕其刑；取贖後而釋放被害人者，得減輕其刑。其中《刑法》第 347 條第 5 項於 91 年 1 月 30 日修正時之立法理由所示，「因為擄人勒贖係屬一種非常惡劣的罪行，本應從重量刑，但為顧及被害人的人身安全，同時也希望犯罪人能心存慈悲，有所悔悟，而主動釋放被害人，免生『撕票』的悲劇，以保護被害人的人身安全，故而只要擄人勒贖後，不論是否取贖，如釋放被害人，均得減輕其刑，至於已經取贖之刑度如何減輕，則歸由法官去裁量」等旨，為顧及遭擄之被害人人身安全，如經談妥條件或擔保後，將被害人釋放者，其情形相當於本項後段所謂「取贖後而釋放被害人」，仍得適用本項後段規定，依具體個案審酌是否減輕其刑。最高法院刑事判決 108 年度台上字第 355 號。

延伸閱讀

延伸閱讀 1　80 歲老婦持凶器「鐮刀」，割下 7 顆高麗菜

　　臺灣雲林地方法院 108 年度易字第 358 號刑事判決略以，（一）犯罪事實：A 於民國 108 年 1 月 4 日 14 時 30 分許，途經 B 所耕種位於雲林縣麥寮鄉麥豐村台 71 線海豐堡汽車旅館後方之菜園時，見四下無人之際，竟意圖為自己不法之所有，基於竊盜之犯意，持客觀上足供凶器使用之鐮刀 1 把（未扣案），至上開菜園內，竊取 B 所有之高麗菜 7 粒，經 B 發現，報請員警到場處理，而當場查獲並扣得高麗菜 7 粒。（二）被告是攜帶鐮刀竊取高麗菜，當屬攜帶兇器無誤。核被告所為，係犯 108 年 5 月 29 日修正前《刑法》第 321 條第 1 項第 3 款之攜帶兇器竊盜罪。（三）被告為 26 年 12 月生之人，於犯罪時已滿八十歲，有其個人戶籍資料查詢結果在卷，依《刑法》第 18 條第 3 項規定，減輕其刑。

延伸閱讀 2　79 歲老翁殺死 74 歲老婦

　　臺灣屏東地方法院刑事判決 106 年度重訴字第 7 號刑事判決略以，79 歲董男因土地糾紛，去年竟持木棍活活打死 74 歲鄰居江姓老婦人，歷審痛斥董男手段凶殘、惡性重大且犯後態度不佳，將他判處無期徒刑，案經上訴，最高法院駁回。另董男犯案時 79 歲未滿 80 歲無法減刑，考量他針對老婦致命要害攻擊，使她無反抗機會，且董男事後不僅否認犯行，還要求證人不可以陳述事實，他犯後態度不佳，惡性重大，將他判處無期徒刑[26]。

延伸閱讀 3　心理或智能障礙者不得被判處死刑或執行死刑

　　1984 年 5 月 25 日聯合國經濟及社會理事會決議批准公布之《保障死刑犯人權保證條款》第 3 條規範對於精神障礙者不得執行死刑。聯合國人權事務委員會復於 2005 年決議，所有仍維持死刑之締約國，不得對任何精神或智能障礙者判處或執行死刑；及中華民國（臺灣）政府落實國際人權公約初次報告之審查國際獨立專家通過的結論性意見與建議，要求我國直到完全廢除死刑之前，對心理或

---

[26] 中時新聞網https://www.chinatimes.com/realtimenews/20180824002819-260402?chdtv。查詢日期：2020 年 12 月 7 日。

智能障礙者不得被判處死刑或執行死刑等意旨，認量處被告無期徒刑應足以儆其惡[27]。

本文認為心神喪失或思覺失調者殺人手段太殘忍及頻率過高，宜對於監護人科以適度合理的刑責，蓋社會大眾生命法益應有某程度的安全需求。

延伸閱讀 4　思覺失調症殺人無罪並強制治療 5 年（按病情嚴重性而定）終止後的處置？

曾有法院認為思覺失調症殺人無罪並強制治療 5 年（按病情嚴重性而定）之主要依據是《刑法》第 19 條第 1 項、第 87 條第 1 項、第 3 項前段及司法院大法官會議釋字第 471 號解釋理由書之意旨。審查標準是斟酌憲法上比例原則，以其派生之適當性原則、必要性原則（又稱侵害最小原則）及相當性原則（又稱狹義比例原則），以貫徹現代法治國家保障人身自由之基本原則（參見臺灣嘉義地方法院刑事判決 108 年度重訴字第 6 號）。然而，被殺者的生命已喪失及其家庭權保障如何平衡？再者，強制治療 5 年後未癒，應如何處置？宜再檢討，也凸顯國家長照服務很重要。

延伸閱讀 5　悶死腦性麻痺女兒的長照悲歌

甲與乙結婚後生下腦性麻痺女兒丙，終身無法自理，甲、乙照顧 50 年，乙病由甲續行照顧，2019 年某夜丙長夜因病痛哀號，甲悲從心生，認為丙不宜再受折磨，於是悶死丙、自己吞安眠藥自殺，但被救醒後自首，法院依《刑法》第

---

[27] 臺灣高等法院臺南分院 104 年度上重更（一）字第 4 號刑事判決。摘述：《刑法》第 19 條第 1 項係規定行為時因精神障礙或其他心智缺陷，因而欠缺辨識能力（不能辨識其行為違法之能力）或控制能力（欠缺依其辨識而行為之能力）之期待可能性，乃明定其為無責任能力之人，而予不罰，同條第 2 項則屬於期待可能性降低之態樣，亦即行為人之辨識能力或控制能力並無不能或欠缺，但因其辨識能力或控制能力有顯著減低之情形，法律上乃賦予審判者就該特殊人格者減輕其刑之裁量；至於同法第 57 條係規定科刑時應審酌一切情狀，尤應注意該條所列 10 款事項以為科刑輕重之標準。所謂「一切情狀」係指該條所列 10 款事項以外其他與被告犯罪有關之各種事實情況與因素而言。前後二法條所規範目的，一為刑事責任能力之問題，一為刑罰裁量權之問題，迥然有異。故在現行《刑事訴訟法》之架構下，法院對於《刑法》第 19 條與第 57 條之涵攝適用，屬於截然不同之程序，不但程序上應分別進行調查及辯論，實體上也處於不同適用脈絡。縱使被告不具備《刑法》第 19 條減輕責任能力之要件，仍應依同法第 57 條規定，審慎量刑。雖然《刑法》第 57 條所例示之 10 款事由中，未將被告行為時之精神狀態列為量刑時必須審酌之事項，但觀諸同條以概括規定要求法院應審酌「一切情狀」，以及被告精神狀態確實具有減輕刑責之理由，法院仍應將被告具有精神障礙之事實，列入量刑因素之中，避免量刑結果構成恣意剝奪生命權之違法。故法院對於有精神障礙者予以宣告死刑，除應嚴格審查行為人有無符合《刑法》第 19 條之減輕事由外，並應再依同法第 57 條審酌「一切情狀」，詳加考量。

271 條、59 條、62 條輕判 2 年 6 月。本文認為法院雖輕判，但親情之痛仍無法彌補，安樂死的規範宜快速檢討立法。

案例 8 隨口罵人「看門狗」，是否構成公然侮辱？

桃園的阿強及花無缺是 A 大樓保全人員，2020 年 1 月 2 日住戶阿美停車問題與阿強爭吵，阿美性情很急，便隨口大罵阿強及花無缺是「看門狗」，是否構成公然侮辱？

問題意識

禁止對他人公然侮辱。於特定或不特定多數人得以共見共聞之狀態下，未指明具體事實，而以言語或舉動為內容足以貶損他人社會評價之輕蔑行為，從而如僅謾罵他人而未指明具體事實，應屬公然侮辱。

爭點分析

1. 人格尊嚴受憲法保障

《憲法》第 11 條規定：「人民有言論、講學、著作及出版之自由。」可知，言論自由為憲法明文列舉之基本權利，至堪重要。至於名譽，係對個人人格，因身分、能力、學識、職業、家庭等因素所為之評價，影響人格尊嚴之形成，甚至有謂之為「人之第二生命」雖非憲法上明文之基本權利，但《民法》第 18 條及第 195 條則將之列為一般人格權加以保護，亦得認為係《憲法》第 22 條所概括保障之基本權利[28]。

2. 言語或文字或舉動均構成公然侮辱

臺灣新北地方法院 104 年度易字第 660 號刑事判決略以，名譽係指個人人格在社會生活上所受之尊重，其為社會上對於個人人格之評價。依《刑法》第 309 條公然侮辱罪之規定，對於特定人或可得推知之人公然侮弄辱罵，不問以言語、文字或舉動等方式為之，因已貶損個人人格，侵害個人之名譽，均可構成本罪。

---

[28] 臺灣高等法院刑事判決 102 年度上易字第 484 號。

3. 公然侮辱罪責

　　《刑法》第 309 條公然侮辱人者，處拘役或 300 元以下罰金。以強暴犯前項之罪者，處一年以下有期徒刑、拘役或 500 元以下罰金。公然侮辱罪其成要件如下：(1)公然：及於公共場所，或不特定人等聚集之處；(2)所侮辱之字眼，需為抽象之詞有嚴重詆毀個人之尊嚴形象，即可成立。基此，公然侮辱之現行犯，任何人均可逮捕，幫被害人逮捕該現行犯者，無罪。參照最高法院 28 年上字第 2974 號判決略以：

　　某氏當眾辱罵某甲，不得謂非公然侮辱人之現行犯，無論何人皆有逮捕之權。則上訴人徇某甲之請，當場將其逮捕，本為法令所許，除於逮捕後不即送官究辦，另有單純私禁之故意外，要不成立妨害自由罪。

　　綜上，公然侮辱罪為告訴乃論之罪，亦即有告訴權人應於知悉犯人之時起，六個月內（《刑事訴訟法》第 237 條）以書狀或言詞向檢察官或司法警察官提出告訴（《刑事訴訟法》第 242 條）。本案阿美的行為構成公然侮辱罪。

延伸閱讀

延伸閱讀 1　議員假藉質詢行侮辱之實，涉公然侮辱罪嗎？

　　近日公務員不滿被質詢在臉書嗆議員「去吃大便」[29]，有關地方議員質詢責任爭議，前司法院大法官釋字第 165 號，對於地方議會議員在會議時就有關會議事項所為之言論，應受保障，對外不負責任。但就無關會議事項所為顯然違法之言論，仍難免責。然而，民意代表的報復性質詢呢？公務員面臨惡質之質詢是否要忍受？例如：民國 98 年某機關女性公務員因請生理假，被議員質詢是吃香喝辣；員工因糖尿病截肢，議員質詢認定是職災；公務員一年請假 4 天，被議員污為一年請假 136 天[30]。該機關態度：只要被質詢，就是觀感不好，要被調動。因此，身分保障與名譽或隱私權在惡質環境下是否有平等對待？容有探討空間。

---

[29] https://tw.news.yahoo.com，查詢日期：2020 年 11 月 23 日。

[30] 該議員將公假、生理假、公出均列入請假日數累計，若非不諳法令就是惡意質詢，動機可議。嗣後該公務員有提刑事告訴。

延伸閱讀 2　虛擬空間匿名化身代號爭議[31]

一、案例：甲在臉書多人之社團內以極為不堪之言語並多次辱罵乙，對乙名譽損害甚大，甲犯後非但不思尋求道歉和解，反飾詞狡卸之犯後態度甚為不佳等一切情狀，甲公然侮辱，量處拘役肆拾日，如易科罰金以新臺幣 1,000 元折算壹日。[32]這是網路常見之糾紛，業經法院判定有罪在案。

二、以案說爭點：[33]因科技進步快速，許多虛擬世界都在線上活動，進入資訊社會後，衍生網路社群之虛擬世界，在此虛擬空間之匿名、化身或代號，因非必然可連結至實體世界之特定人或可得推知之人，則對該匿名、化身或代號之公然侮辱，究否可取得與實體世界人格相同之名譽權保障，而對該公然侮辱之行為論以本罪刑責，自非無疑。衡以此種網路匿名、化身或代號之虛擬身分，於網路之虛擬世界中，或可能具備類似於名譽之評價，但究與實體世界之個人不同，固難將刑法保護名譽之概念直接、逕予套用至虛擬世界中，而認刑法亦應保護該虛擬身分之「名譽」。換言之，刑法對於虛擬世界的犯罪行為是否要科刑，存有疑義。

三、目前採肯定見解：然若該虛擬身分可視為實體世界之人格延伸時，因已連結至實體世界之個人，即仍有刑法名譽權保護之餘地。換言之，倘綜合一切資訊觀察，已足以特定或可得特定該虛擬身分實際上為何人，即可認為有刑法名譽權保障之適用[34]。

案例 9　提供帳戶給公司反而被詐騙集團利用，是否犯法？

小剛大學畢業，為了找一份工作，在網路上應徵設計工作並向 A 工廠投遞履歷表，包括個人基本資料及存摺和帳號，方便工資匯入帳戶，沒想到一個月後收到檢察署傳票，因小剛的帳戶被詐騙集團利用，而詐騙阿美所得共 20 萬元，所以小剛被列為詐欺幫助犯被告。【調解案件改編】

---

[31] 臺灣新北地方法院 104 年度易字第 660 號刑事判決。

[32] 桃園地方法院 109 年度壢簡字第 599 號判決(109.08.26)。桃園地方法院 109 年度簡上字第 639 號判決(110.03.18)。

[33] 新北地院 104 年度易字第 660 號判決。

[34] 臺南地方法院 109 年度素 522 號刑事判決。臺中地方法院 106 年度中小 960 號民事判決。

🔆 問題意識

1. 臺灣社會普遍存在詐欺事件，剛畢業的學生或單親媽媽找工作常被告詐欺的因素之一就是落入詐騙集團的陷阱。呼籲待業中或失業中的社會大眾，不能隨便將基本資料或存摺、提款卡及密碼提供他人使用，以免誤蹈法網成了詐騙集團的幫兇。

2. 從刑事法律層面而言，提供人頭帳戶給陌生人是不是具備「幫助詐欺故意」？

🔆 爭點分析

　　詐欺取財罪規定於《刑法》第 339 條第 1 項，亦即「意圖為自己或第三人不法之所有，以詐術使人將本人或第三人之物交付者，處五年以下有期徒刑、拘役或科或併科 50 萬元以下罰金」，本條並有處罰未遂之規定（《刑法》第 339 條第 3 項）。本罪的構成必須充足以下所有要件：(1)行為人實施詐術行為。所謂詐欺，係指以欺罔之方法騙取他人財物。[35]行使詐術者係指傳遞與「事實」不相符合之資訊；(2)被害人因為詐術行為，陷於錯誤。詐騙者欲使相對人陷於錯誤，故意示以不實之事，令其因錯誤而為意思表示者而言；[36](3)被害人基於前述的誤解而交付物或其他財產利益予行為人或第三人；(4)產生無正當性的財產損害[37]。

　　另，最高法院 103 年度台上字第 2558 號判決中指出：

「《刑法》第 339 條第 1 項之詐欺取財罪，係以行為人主觀上具不法所有之意圖，並於客觀上有施用詐術之行為，使人陷於錯誤，因而為財物之處分，為其構成要件，其取得財物之獲利同時，並造成被害人財產上之損失」。

　　小剛大學畢業，以他的知識、智能及經驗，應該要對於交付帳號或基本資料或相關文件能預見，可能會被用來作為詐欺取財之非法用途，果真詐騙集團詐騙阿美所得共 20 萬元，則小剛具有「不確定故意」，構成刑法上詐欺取財罪之幫助犯。因為法院認為個人帳戶不能隨便提供是常識。

---

[35] 高等法院 104 年重金上更（三）字第 8 號刑事判決。

[36] 最高法院 44 年台上字第 75 號、18 年上字第 371 號。

[37] 徐偉群(2009)，提供人頭帳戶之詐欺罪責－兼評台灣高等法院 96 年度上易字第 2671 號暨台北地方法院 96 年度易字第 80 號刑事判決，財團法人民間司法改革基金。

延伸閱讀

延伸閱讀 1　買凶車修整後轉售涉詐欺罪？

　　買凶車修整後轉售的行為，臺灣高等法院 109 年度上易字第 2343 號刑事判決，以未誠實告知，成立詐欺罪（339-1）。基此，從事中古汽車買賣者，就標的物（車）有無燒炭自殺須盡查察責任，並誠實告知，否則可能有拘役 50 天的刑度。

延伸閱讀 2　房客自殺房東認栽？

　　甲把房屋租給乙，乙把房屋交給妹妹之子丙（設：18 歲）居住，某夜丙在屋內燒炭自殺死了，甲至法院告丙的繼承人祖父丁（80 歲；監護人）及承租人乙，請求損害賠償 2,170,500 元，案經臺灣臺北地方法院 100 年度訴 1933 號民事判決，認為凶宅是純粹經濟上損失，是抽象性價值上貶損，並無侵害絕對權。本文認為凶宅屋在市場經濟上必有某種程度的影響，容有討論空間。

　　但是本件監護人 80 歲的謀生能力或經濟能力也是問題，故而自殺無法解脫紅塵事，本件全案上訴中。

案例10　吃霸王餐被店家發現後才付帳，觸犯何罪？

阿花跑去 A 火鍋店點了一桌 8,000 元酒菜，吃完不結帳從後門溜走，A 報警處理並提出告訴，阿花見東窗事發馬上付錢，並要求撤告，請問阿花觸犯何罪？A 能不能撤回告訴呢？

💡 問題意識

　　吃霸王餐有意欲因素，構成詐欺取財罪？

爭點分析

《刑法》第 339 條第 1 項第 2 項規定，意圖為自己或第三人不法之所有，以詐術使人將本人或第三人之物交付者，處五年以下有期徒刑、拘役或科或併科 50 萬元以下罰金。以前項方法得財產上不法之利益或使第三人得之者，亦同。

1. 詐欺取財與詐欺得利的區別

按刑法第 339 條第 1、2 項分別規定詐欺取財罪及詐欺得利罪，前者之行為客體係指財物，後者則指取得債權、免除債務、延期履行債務或提供勞務等財物以外之財產上不法利益。[38]又《刑法》第 339 條第 1 項之詐欺罪，以詐得現實之財物為要件，某 A 以詐術使餐廳人員交付酒菜，既係具體現實之財物，應成立詐欺取財罪[39]。

2. 本罪是「非告訴乃論之罪」

本案阿花意圖白吃白喝，至 A 店訂桌吃完後不結帳溜走，因阿花的行為是拒付酒菜錢，故構成《刑法》第 339 條第 1 項詐欺得利罪既遂犯。本罪是公訴罪，A 得以「被害人」身分向地檢署提出「刑事告訴」，一經告訴不能撤回；或逕自以「被害人」身分向地方法院刑事庭提出「刑事自訴」。因本罪是「非告訴乃論之罪」，所以一旦提出之後，就不得撤回告訴。

案例11　發現女友懷孕後，要求其墮胎，觸犯何罪？

阿強 19 歲與阿美 20 歲是大學四年級學生，但不同學校，兩人相識一個月，阿美牽阿強的手在阿美家共度一夜情。之後，阿美租 5,000 元的房屋與阿強共住，但阿強沒工作，家境又貧窮，對於阿美的種種行為一直耿耿於懷，日子過了四個月，阿美懷孕，阿強慢慢發現兩人個性不合，於是提出分手，並請阿美墮胎，醫藥費由阿強的母親籌錢處理。[40]【調解案件改編】

---

[38] 最高法院 86 年度台上字第 3534 號判決意旨。
[39] 司法院(70)廳刑一字第 1104 號研討意見結果。
[40] 本案已透過法院調解和解成立。

💡 問題意識

　　墮胎是否合法？墮胎醫學技術簡要快速，但對於胎兒相當殘忍且令人不舒服。然而有些國家認為是合法。本案涉及阿強始亂終棄的不負責態度及阿強要求墮胎及阿美墮胎的法律責任。

💡 爭點分析

　　在古希臘時代，墮胎行為即存在。我國墮胎規範在《刑法》與《優生保健法》。

1. 墮胎罪：

　　《刑法》第 288 條第 1、2 項

　　懷胎婦女服藥或以他法墮胎者，處六月以下有期徒刑、拘役或 3,000 元以下罰金。

　　懷胎婦女聽從他人墮胎者，亦同。

2. 墮胎免責：

(1) 《優生保健法》第 9 條第 1 項第 3、4、5、6 款
　　懷孕婦女經診斷或證明有下列情事之一，得依其自願，施行人工流產：
　　三、有醫學上理由，足以認定懷孕或分娩有招致生命危險或危害身體或精神健康者。
　　四、有醫學上理由，足以認定胎兒有畸型發育之虞者。
　　五、因被強制性交、誘姦或與依法不得結婚者相姦而受孕者。
　　六、因懷孕或生產，將影響其心理健康或家庭生活者。

(2) 《刑法》第 288 條第 3 項
　　因疾病或其他防止生命上危險之必要，而犯前二項之罪者，免除其刑。

3. 略誘罪責：

　　《刑法》第 241 條第 1 項

　　略誘未成年人脫離家庭或其他有監督權之人者，處一年以上七年以下有期徒刑。

4. 教唆犯：

《刑法》第 29 條

教唆他人使之實行犯罪行為者，為教唆犯。

教唆犯之處罰，依其所教唆之罪處罰之。

本案阿美是成年人，未經阿強父母同意誘使 19 歲的阿強脫離家庭，阿美觸犯略誘罪。假如阿美是基於《優生保健法》，而實施墮胎，則合法。假如阿美不符合《優生保健法》的條件而墮胎，則有墮胎罪，相對地阿強的教唆墮胎也要負刑責[41]。

案例12 連續誤殺兩人，應負何種刑責？

甲被黑道大哥收買，準備殺乙、丁，甲在 2021 年 1 月 1 日深夜持刀埋伏乙宅路旁，忽見人影，將迎面而來的丙誤認為乙，當場將丙刺死。次日，甲換持獵槍，前往跟監丁，伺機槍殺丁，詎因睡眠不足，槍法失準，射中路人戊，戊因而死亡，丁得於免死。問甲之刑責如何？

💡 問題意識

誤認客體的刑事責任。

⚙ 爭點分析

1. 甲將丙刺死，可能成立殺人罪（《刑法》第 271 條）

(1) 不法構成要件

A. 客觀上，對丙死亡結果而言，甲持刀刺丙行為係不可想像不存在之條件，二者間具有條件式因果關係且依客觀可歸責理論，甲持刀殺丙乃

---

[41] 參考：臺灣臺北地方法院 90 年度易字第 1348 號刑事判決略以，乙於民國 88 年 6 月下旬某日知悉女友丙懷孕後，明知其自身或丙或彼等四親等以內之血親並無罹患有礙優生之遺傳性、傳染性或精神疾病，亦無醫學上理由足認丙不適合懷孕、分娩或胎兒有畸型發育之虞，且丙更非因受強姦、誘姦或近親相姦而受孕，亦不因懷孕或生產將影響丙心理健康或家庭生活等情事，竟因其個人另有生涯規劃之因素，不願與丙結婚，遂教唆本無墮胎之意之丙以人工流產之方法墮胎，丙為能維持繼續和乙交往之關係便無奈應允；乙乃於民國 88 年 7 月 24 日，陪同丙前往高雄市「健○醫院婦產幼兒中心」，利用任職該中心不知丙未因懷孕或生產將影響丙心理健康或家庭生活等情之執業醫師甲，為丙女施行人工流產墮胎手術而使之墮胎。乙○○教唆懷胎婦女聽從他人墮胎，處拘役伍拾日，如易科罰金，以 300 元折算壹日。甲○○無罪。

製造法不容許之風險，該風險亦在丙死亡結果中實現，亦在本罪構成要件效力範圍內，故客觀上可歸責。

　　B. 主觀上，甲係基於殺乙之故意而誤殺丙死，是否阻卻甲之殺人故意？本案甲誤丙為乙而殺，乃客體同一性的錯誤，學說上稱「客體錯誤」，通說採法定符合說，只要行為人主觀認識的事實與客觀上事實在同一構成要件內，即有法定要件之符合，不阻卻故意之成立。換言之，殺人罪既規定所殺對象為人，甲只要認識所殺的丙為人又有意殺人，即具備殺人故意。

(2) 甲無阻卻違法、罪責事由，成立殺人罪。

2. 甲開槍擊中戊成立過失致死罪（《刑法》第 276 條）

(1) 不法構成要件

　　A. 客觀上，對戊死亡結果而言，甲朝戊射擊行為係不可想像不存在之條件，二者間具有條件式因果關係且依客觀可歸責理論，甲朝戊射擊行為乃製造法不容許之風險，該風險亦在丙死亡結果中實現，亦在本罪構成要件效力範圍內，故客觀上可歸責。

　　B. 主觀上，本案甲殺丁誤中戊，乃行為對客體連結關係的錯誤，學說上稱打擊錯誤，並採取具體符合說，行為人主觀上必須認知到「具體事實」，始足以建構故意。由於甲主觀認知到的並非具體的戊，故主觀上欠缺殺人故意。惟依一般人角度觀之，甲對於開槍波及第三人戊應有預見可能性，因而有過失。

(2) 甲成立過失致死罪。

3. 甲開槍未擊中丁，成立殺人未遂罪（《刑法》第 271 條第 2 項）

(1) 不法構成要件

　　A. 甲朝丁開槍，丁並未死亡，甲行為非既遂；主觀上開槍當下有意致丁於死亡，具備殺人故意。

　　B. 客觀上甲開槍射擊行為，對一般人而言，已發生侵害丁生命法益的具體危險，該當殺丁之著手。

(2) 甲無阻卻違法、罪責事由，成立殺人未遂罪。

　　綜上，甲同一行為成立過失致死、殺人未遂兩罪，按《刑法》第 55 條想像競合，再與殺人罪按第 50 條二罪併罰。

案例13 挾怨報復而放任家中動物傷人，應承擔何種罪責？

甲乙是鄰居，甲患有憂慮症，多疑多慮，經常與乙發生糾紛，因此對乙懷恨在心，有日撞見想修剪社區樹枝的乙持剪刀經過甲家門口，以為乙帶著凶器來找碴，竟把家狗放出來，促使家狗咬乙，乙被狗咬傷，請問甲之行為如何評價？

💡 問題意識

動物傷人事件多有聽聞，主人必須承擔動物的傷害責任。

💡 爭點分析

1. 甲促使狗咬傷乙，不成立《刑法》第 277 條的傷害罪

　(1) 客觀上，促使狗咬傷乙，係以狗為工具製造傷害風險之傷害行為，對乙被咬傷結果而言，該行為係一個不可想像不存在的條件，二者間具備因果關係；主觀上甲明知前述事實卻有意為之，構成要件該當。

　(2) 違法性上，有關正當防衛之成立，依《刑法》第 23 條本文規定，行為人須受有現在不法之侵害，惟本件乙僅持剪刀要修剪樹枝，依事後角度觀察，並非具備不法性之現在人為侵害，不能阻卻違法。惟甲主觀上誤認乙係持刀攻擊而加以反擊，該當防衛意思，此情形學理上稱「容許構成要件錯誤（誤想防衛）」，有三種處理方式。

　　A. 以二階論為基礎的負面構成要件理論認為，此錯誤的結構與構成要件錯誤相同，效果上均阻卻故意，從而另論過失。

　　B. 三階論有採取嚴格罪責理論，認為行為人行為時未有不法意識，故法效果應等同禁止錯誤處理，按第 16 條審查錯誤之避免可能性。

　　C. 限制法律效果的罪責理論（通說），認為容許構成要件錯誤有別於單純誤解法律的禁止錯誤，在罪責上創設新型態的法律效果。

　(3) 在罪責上，採通說見解，依據限制法律效果的罪責理論，阻卻甲的罪責故意，因此，不成立傷害罪，從而另論罪責過失。

2. 承上，甲前揭行為，成立《刑法》第 284 條的過失傷害罪

　(1) 甲該當傷害罪之不法，基於故意不法包含過失不法之層升結構，甲具備過失傷害罪之不法內涵。

(2) 甲雖患有憂慮症，尚未喪失或減輕識別能力，依其個人能力，當有預見之乙修剪樹枝無違法性，卻縱狗傷人，因此成立傷害罪。

案例14 遷籍投票及投廢票，各成立何種罪責？

甲的女兒丙結婚後遷籍花蓮，但丙為支持父親參選高雄市議員，丙將戶籍遷回高雄，惟仍定居於花蓮；甲的兒子丁則設籍高雄，但因讀書而住在臺中；丙的好同學戊受有甲的恩惠，也將原籍臺北遷籍高雄。選舉當天戊不幸車禍住院，不能到高雄投票，丙、丁則均回鄉投票，惟丁領票後卻不慎投下廢票。請問本例丙、丁、戊成立何罪（籍在人不在的合法性）？

💡 問題意識

　　幽靈人口的法律問題。所謂虛偽遷移戶籍，係指未實際居住於戶籍地者進而遷徙戶籍並因而取得投票權，始成立虛偽遷徙戶籍投票罪之要件。[42]最高法院101年度台上字第4041號判決：「本罪之客觀構成要件，計有三部，一為虛偽遷徙戶籍，二為取得投票權，三為投票。」基此，幽靈人口是否屬遷徙自由的保障範圍？

⚙️ 爭點分析

1. 丙遷戶籍並投票，可能成立妨害投票結果正確罪（《刑法》第146條第1項）

(1) 客觀上，虛偽遷徙戶籍、取得投票權、進行投票為本罪成立要件，本案丙定居花蓮竟將戶籍遷回高雄，係虛偽遷籍行為，並藉此取得投票權而投票；主觀上丙明知前述事實並有意為之，且具備使甲當選之意圖，構成要件該當[43]。

(2) 違法性：丙雖無法定阻卻違法事由，然丙係為支持自己的父親參選而虛遷戶籍投票，衡諸社會通念，此目的與手段皆具備社會相當容許性，評價上欠缺實質違法性而不罰[44]。

---

[42] 臺灣臺中地方法院檢察署96年12月分檢察官業務座談會議法律問題提案。

[43] 《刑法》第146條第2項之罪之成立，其構成要件必須行為人遷移戶口至特定地點時，主觀上意圖使特定候選人當選，客觀上為虛偽遷移戶籍，同上註。

[44] 家庭成員因親情虛遷戶籍投票參見最高法院106年度台上1744號；105年度台上3097號。

2. 丁回鄉投票，不成立妨害投票結果正確罪

(1) 客觀上丁之戶籍本就設在高雄，並無虛遷而取得投票權情事，構成要件不該當，不成立本罪。

(2) 本罪所謂以虛偽遷徙戶籍取得投票權而「為投票」，係指有領票之行為，至於投予何人，是否投下廢票，均在所不問。

3. 戊遷戶籍並未投票，成立妨害投票結果正確未遂罪（《刑法》第 146 條第 3 項）

不法構成要件：主觀上，戊明知虛偽遷籍事實並有意為之，且具備使甲當選之意圖，客觀上，戊出於丙的教唆而為虛偽遷籍高雄，惟尚未投票，戊虛偽遷籍是否該當本罪之著手？有爭議：

(1) 實務見解認為虛偽遷籍將影響計算得票比率基礎之選舉人數額，發生侵害投票結果正確法益之危險，當以其遷籍之行為，作為本罪之著手，一旦領票則達本罪之既遂（101 台上 4041 判決）。

(2) 惟學說見解認為虛偽遷籍僅為本罪之準備行為，應依本罪規範功能觀之，並非單純禁止虛偽遷籍行為，而是禁止虛偽遷籍去投票，「投票」才是本罪的構成要件，應以行為人領票圈選之際，為本罪之著手，實際將選票投入票匭則達本罪之既逐。

(3) 本文認為本罪規範目的既為保護投票結果正確法益，應提早介入規範本罪行為，以降低侵害法益之風險，故實務見解較為可採。職是，戊遷籍高雄已達本罪之著手階段，雖車禍事故未投票，仍屬障礙未遂，而該當本罪之構成要件。

案例15 由愛生恨毒殺他人，他人卻因誤診而死，犯下何種罪責？

甲因女友乙劈腿生恨，想暗地裡毒殺乙，在乙的飲料中加入毒藥，乙喝下該劇毒飲料，痛苦難當，倒地哀嚎，甲見之於心不忍，趕緊開車送醫，不料醫療過程中因醫師丙處置不當，結果乙仍舊死亡。試問甲是否成立犯罪？

💡 問題意識

因愛生恨容易觸犯刑罰。

💡 爭點分析

1. 甲在乙飲料下毒之行為，不成立普通殺人罪（《刑法》第 271 條第 1 項）

(1) 不法構成要件

客觀上，甲在乙的飲料下毒且乙亦死亡，甲該下毒行為與乙死亡結果具有「不可想像不存在」之條件式因果關係。惟客觀上是否可歸責？依客觀歸責理論，甲該下毒行為雖製造法所不容許的風險，但並非所有遭下毒的被害人均會因醫師處置不當而死亡，本案乙因醫師丙處置不當而死亡乃超出一般客觀理性第三人生活經驗中可預見的範圍，係屬反常因果歷程，導致因果關係中斷，該法不容許風險並未在乙的死亡結果中實現，故甲該下毒行為客觀上不可歸責。

(2) 甲上開行為，不成立普通殺人罪。

2. 甲在乙飲料下毒之行為，成立殺人未遂罪（《刑法》第 271 條第 2 項）

(1) 不法構成要件

主觀上，甲下毒於乙飲料中，有意致乙於死地，具備殺人故意。客觀上以甲下毒時的主觀認識作判斷，甲「加入毒藥」與乙飲用毒茶之間不需要額外的中間行為，且已對乙形成生命法益的直接危險，乃是具有密切關聯性的舉動而該當殺人之著手。如前所述，因醫生丙不當處置行為中斷甲行為與乙死亡之因果關係，甲完成下毒行為係屬既了未遂。

(2) 甲無阻卻違法、罪責事由，成立殺人未遂罪。

3. 甲開車將乙送醫行為得否主張刑法上中止犯，減輕或免除其刑？

(1) 客觀上，甲開車將乙送醫，係積極防果的中止行為，惟乙仍死亡，非結果之不發生，未符合《刑法》第 27 條第 1 項後段準中止犯之法定要件，甲不得主張減輕或免除其刑。

(2) 主觀上，甲積極防果行為，亦放棄整個構成要件故意，故學說認為甲對結果之防止已盡真摯地努力，僅因客觀上無法歸責於甲的原因而仍發生死亡結果，應類推適用《刑法》第 27 條第 1 項後段準中止犯之規定，甲得主張減輕或免除其刑。

案例16 遇搶匪而反擊，搶匪死，是否犯法？

甲加班到凌晨回家途中，不幸遇上搶匪乙，乙持刀脅迫甲交出身上的錢財，甲不從，憤而奮力反擊。乙在搶奪中受傷倒地流血，甲手腕也受傷。隨後，甲看了乙一眼，逕自離去，沒有報警，也沒有叫救護車。最後乙在地上失血過多死亡。問甲成立何罪？

🔧 問題意識

1. 有些行為已經符合刑法某條文的內容，但同時符合阻卻要件，就不構成犯罪。例如醫療上的開刀行為，雖符合刑法上傷害或重傷害的構成要件，但是不違法。

2. 凡行為人對於構成犯罪事實之發生，居於可防止之地位而不防止，通常會有罪責。

🔧 爭點分析

1. **甲奪刀反擊乙之行為可能成立普通傷害罪（《刑法》第 277 條第 1 項）**

   (1) 不法構成要件

   客觀上，對乙之受傷結果而言，甲奪刀反擊行為係不可想像不存在之條件，依條件理論具因果關係，且客觀上可歸責。主觀上，甲對傷害乙有認知與意欲，具備傷害之故意。

   (2) 違法性

   甲行為時受有乙持刀脅迫取財之現在不法侵害，可謂具備防衛情狀，故甲出於防衛意思而奪刀反擊應屬防衛行為，甲得主張《刑法》第 23 條正當防衛之阻卻違法。惟甲防衛行為致乙受傷倒地是否防衛過當，本文認為甲若不奪刀，甲財物將受乙侵害，而奪刀過程中甲若不反擊，則其身體生命亦將受乙反撲侵害，緊急中亦無較小有效侵害手段，故認甲奪刀反擊行為，具備適當性、必要性。

   (3) 甲得主張正當防衛而阻卻違法，不成立《刑法》第 277 條第 1 項之普通傷害罪。

2. 甲對倒地流血的乙不為救助行為，可能成立不作為殺人罪（《刑法》第 271 條第 1 項、第 15 條）

(1) 不法構成要件

　　A. 客觀上，甲不為救助行為是否致乙的死亡結果，依假設之因果關係，若甲對乙施行救助，乙幾近可能地確定不會死，故甲不為救助行為與乙的死亡結果具有因果關係。而甲不為救助行為（不作為）係擴大法不容許的死亡風險，甲須具備「保證人地位」，才應課予防止乙死亡危險發生之義務，否則甲不作為客觀上不可歸責。

　　B. 至於甲是否具備「保證人地位」，應視甲持刀反擊行為是否為「違背義務的危險前行為」而定，由於甲持刀反擊行為屬正當防衛，得阻卻違法，甲的行為係法律所容許，並非違背義務，甲持刀反擊行為非屬「違背義務的危險前行為」，甲對於倒地流血的乙並無保證人地位，自無防止乙死亡危險發生之義務。

(2) 甲不作為不該當本罪之客觀構成要件，即無須再討論違法性、罪責性，遂得認定甲上開不作為不成立《刑法》第 15 條、第 271 條第 1 項之不作為普通殺人罪。

案例17 拍攝猥褻影片且散布於網路，須負何種刑責？

阿強（35 歲）佯稱如拍攝猥褻之影片，可提供代言獎金等，致阿美（未滿 14 歲）陷於錯誤，誤認與其聯繫之人為女性，且可得獎金，遂依其指示拍攝穿著內衣褲之猥褻影片。阿強將該照片放在網路，透過交友平台計有五位未成年男子與之為交易金額不等之違法行為。【調解案件改編】

💡 問題意識

　　未成年涉世未深，容易受誘惑，網路犯罪行為要特別防範。

💡 爭點分析

1. 證據扣押與發還

　　《刑事訴訟法》第 133 條第 1 項、第 142 條第 1 項前段規定，證據或得沒收之物，得扣押之；扣押物若無留存之必要者，不待案件終結，應以法院之裁定或

檢察官命令發還之。所謂扣押物無留存之必要者，乃指非得沒收之物，且又無留作證據之必要者（最高法院 106 年台上字第 342 號刑事裁定意旨可資參照）。

2. 阿強的罪責

(1) 《兒童及少年性剝削防制條例》第 36 條第 3 項之罪，係以強暴、脅迫、藥劑、詐術、催眠術或其他違反本人意願之方法，使兒童或少年被拍攝、製造性交或猥褻行為之圖畫、照片、影片、影帶、光碟、電子訊號或其他物品者，為其構成要件。其中與「被拍攝」並列之「製造」，並未限定其方式，自不以他製或大量為必要；是以，祇須所製之圖畫等物品，係顯示該未滿 18 歲之被害人本人為性交或猥褻行為之圖、像等內容者，即足當之。而自行拍攝照片或影片，係屬創造照片或影片之行為，應在該條項所稱「製造」之範疇內（最高法院 105 年度台上字第 2025 號判決意旨參照）。

(2) 本件阿美係因阿強施用詐術，依其要求自拍猥褻影片，並傳送與阿強。又因上開猥褻之影片係以手機裝置所拍攝之電子訊號轉換數位影像而成，應屬《兒童及少年性剝削防制條例》第 36 條第 3 項所稱之電子訊號。

(3) 阿強觸犯《刑法》第 339 條第 2 項詐欺得利罪[45]、《兒童及少年性剝削防制條例》第 36 條第 3 項之以詐術使少年製造猥褻電子訊號罪[46]、《兒童及少年福利與權益保障法》第 112 條 1 項之規定[47]。其所持用並供調查用之手機、平板電腦非屬供犯罪之物均會發還。

案例18 移花接木的影音無罪嗎？

2021 年阿美製造影音，將總統臉部移花接木惡搞，阿美有罪嗎？

問題意識

　　網路資訊科技快速發展，電腦合成之影像，會以假亂真，傷害個人名譽，甚至搞亂政壇，對被害人造成難堪與恐懼等身心創傷，讓社會秩序回復正常的法制最好方法，應否以刑法重罰？

---

[45] 處五年以下有期徒刑、拘役或科或併科 50 萬元以下罰金。

[46] 處七年以上有期徒刑，得併科新臺幣 500 萬元以下罰金。

[47] 加重其刑至二分之一。

💡 爭點分析

1. 依據《刑法》第 319 條之 4 規定[48]：

(1) 第 1 項：意圖散布、播送、交付、公然陳列，或以他法供人觀覽，以電腦合成或其他科技方法製作關於他人不實之性影像，足以生損害於他人者，處五年以下有期徒刑、拘役或科或併科五十萬元以下罰金。

(2) 第 2 項：散布、播送、交付、公然陳列，或以他法供人觀覽前項性影像，足以生損害於他人者，亦同。

(3) 第 3 項：意圖營利而犯前二項之罪者，處七年以下有期徒刑，得併科七十萬元以下罰金。販賣前二項性影像者，亦同[49]。

2. 立法理由[50]：

(1) 製作他人不實性影像之行為手段包括以電腦合成、加工、編輯或其他科技方法，例如以深度偽造技術，將被害人之臉部移接於他人之性影像即屬之。

(2) 行為人製作關於他人不實之性影像，如係基於散布、播送、交付、公然陳列，或以他法供人觀覽之不法意圖，且足以生損害於他人者，必須處罰。

3. 論罪：

本案阿美觸犯《刑法》第 319 條之 4，不實之性影像罪。

案例19 情侶分手的報復行為犯法嗎？

阿美與阿強原是情侶，分手後因阿強知道阿美與小明要結婚，所以將他與阿美以前的性愛照片寄給小明及其親友，照片上還註明：阿美是妓女。請問阿強有罪嗎？【104 年司律一試改編】

---

[48] 《刑法》於 112 年 2 月 8 日增列第 28 章之 1 妨害性隱私及不實性影像罪。

[49] 中華民國 112 年 2 月 8 日總統華總一義字第 11200007241 號令。

[50] https://lis.ly.gov.tw。

💡 問題意識

1. 情侶應學習處理彼此理性化的交往關係，否則分手的報復行為，往往會觸法。

2. 公然侮辱與誹謗罪之要件不同。

💡 爭點分析

　　依據《刑法》第 310 條第 1 項規定，意圖散布於眾，而指摘或傳述足以毀損他人名譽之事者，為誹謗罪，處一年以下有期徒刑、拘役或一萬五千元以下罰金。第 2 項散布文字、圖畫犯前項之罪者，處二年以下有期徒刑、拘役或三萬元以下罰金。第 3 項對於所誹謗之事，能證明其為真實者，不罰。但涉於私德而與公共利益無關者，不在此限。《刑法》第 310 條誹謗罪之成立，必須意圖散布於眾，而指摘或傳述足以毀損他人名譽之具體事實，尚僅抽象的公然為謾罵或嘲弄，並未指摘具體事實，則屬《刑法》第 309 條第一項公然侮辱罪範疇[51]。

　　本案阿強的行為是指摘或傳述阿美的私生活很亂，男女交往關係複雜，不是忠於婚姻的女子，其目的在於毀損阿美的名譽與報復。阿強的行為觸犯《刑法》第 310 條第 2 項加重誹謗罪及《刑法》第 235 條第 1 項散布猥褻罪，依據《刑法》第 55 條想像競合論處。

延伸閱讀　　**情侶分手私密照 po 網有重罰**

　　《刑法》第 224 條強制猥褻，「對於男女以強暴、脅迫、恐嚇、催眠術或其他違反其意願之方法，而為猥褻之行為者，處六月以上五年以下有期徒刑。」《刑法》第 315-1 條窺視竊聽竊錄罪，有下列行為之一者，處三年以下有期徒刑、拘役或三十萬元以下罰金：一、無故利用工具或設備窺視、竊聽他人非公開之活動、言論、談話或身體隱私部位者。二、無故以錄音、照相、錄影或電磁紀錄竊錄他人非公開之活動、言論、談話或身體隱私部分

---

[51] 最高法院刑事判決八十六年度台上字第六九二〇號。

者。《刑法》第 80 條追訴權：…犯最重本刑為三年以上十年未滿有期徒刑之罪者，追溯二十年。…犯最重本刑為一年以上三年未滿有期徒刑之罪者，十年。…。

案例20 **故意製造假車禍撞死人後快閃，是肇逃？**

阿美欠小華 300 萬元沒還，小華就製造車禍撞死阿美後逃離現場，小華有罪嗎？【104 年司律第一試改編】

💡 問題意識

生活中有許多糾紛，一定要透過法定程序處理，不能動私刑。

💡 爭點分析

依據《刑法》第185條之4規定，駕駛動力交通工具發生交通事故，致人傷害而逃逸者，處六月以上五年以下有期徒刑；致人於死或重傷而逃逸者，處一年以上七年以下有期徒刑。犯前項之罪，駕駛人於發生交通事故致人死傷係無過失者，減輕或免除其刑。

最高法院的見解，《刑法》第 185 條之 4 之肇事致人死傷而逃逸罪，固不以行為人對於事故之發生應負過失責任為必要，但仍以行為人對於事故之發生非出於故意為前提。若蓄意運用車輛以為殺人或傷害人之犯罪工具，即應成立殺人或傷害罪，不應稱為駕駛動力交通工具「肇事」[52]。

小華是故意以車輛為工具而殺人，以殺人罪論。本案與肇事無關，因為無法期待小華會留在現場即時救護。因此小華以殺人罪論處，而非肇事逃逸。

---

[52] 最高法院刑事判決九十五年度台上字第四二六四號。

案例21 父親可剝奪子女的生命權嗎？

小明是父親，15 歲的阿美是女兒為重度智障者，因小明生意失敗，於是帶阿美自殺，沒想到兩人跳下海後，阿美死了，父親被海水打到岸邊沒死，小明有罪嗎？【105 年司律第一試改編】

問題意識

任何人不能結束別人的生命？重度智障者的同意無效？

爭點分析

《刑法》271 條規定，殺人者，處死刑、無期徒刑或十年以上有期徒刑。前項之未遂犯罰之。預備犯第一項之罪者，處二年以下有期徒刑。小明有殺人故意，致阿美死亡，犯殺人罪，不是遺棄罪。假如有得到阿美同意，但是阿美是重度智障者，其同意無法產生法律效果。本案小明觸犯殺人罪。

課後練習

EXERCISE

選擇題

( ) 1. 關於《刑事訴訟法》第 155 條第 2 項所定「無證據能力、未經合法調查之證據，不得作為判斷之依據。」下列敘述何者正確？ (A)這是證據之證明力的規定 (B)證據能力是由法院本於確信自由判斷 (C)這是關於嚴格證明的規定 (D)只要經過合法調查的證據資料，均有證據能力。

( ) 2. 檢察官以被告甲在警詢中自白、購毒者乙在偵查中之證言等證據，起訴甲販賣毒品罪。甲在第一審受命法官準備程序期日，陳述其在警詢時之自白，是被強暴脅迫所為，下列何人要就甲在警詢中係出於自由意志之自白，指出證明方法？ (A)甲 (B)檢察官 (C)法官 (D)乙。

( ) 3. 被告經法官訊問後，犯罪嫌疑重大，而有羈押原因，非予羈押顯難進行訴訟。然下列何項原因，不得單獨成為羈押被告原因？ (A)逃亡或有事實足認為有逃亡之虞者 (B)有事實足認為有湮滅、偽造、變造證據或勾串共犯或證人之虞者 (C)所犯為死刑、無期徒刑或最輕本刑為五年以上有期徒刑之罪者 (D)所犯為死刑、無期徒刑或最輕本刑為五年以上有期徒刑之罪，有相當理由認為有逃亡、湮滅、偽造、變造證據或勾串共犯或證人之虞者。

( ) 4. 下列何項供述，依刑事訴訟法規定有證據能力？ (A)被告在警察詢問時，依自由意志所為供述 (B)檢察官未為權利告知，訊問後被告所為供述 (C)檢察官不待被告通知之律師到場，訊問後被告所為供述 (D)被告於警詢被刑求取供後，隨即被移送檢察官，檢察官立刻訊問後被告所為供述。

( ) 5. 下列何者不屬《刑法》第 21 條第 1 項規定依法令之行為？ (A)司法警察逮捕通緝犯 (B)路人甲逮捕現行犯 (C)父母管教滿 20 歲之子女 (D)檢察官執行死刑。

( ) 6. 下列何者非屬《刑法》第 22 條規定之業務上正當行為？ (A)醫生為病人開刀 (B)拳擊手依比賽規則打傷對方 (C)棒球投手故意投觸身球傷害打擊者 (D)護士為病人打針。

( ) 7. 有關《刑法》第 23 條正當防衛之敘述，下列何者正確？ (A)侵害已經結束，仍得主張正當防衛 (B)互毆可以主張正當防衛 (C)對警察依法逮捕之行為可以主張正當防衛 (D)防衛行為過當者，得減輕或免除其刑。

( ) 8. 下列何者非屬於《刑法》第 24 條（緊急避難）明文列出之利益？ (A)生命 (B)財產 (C)名譽 (D)自由。

( ) 9. 有關《刑法》第 62 條自首之敘述，下列何者錯誤？ (A)自首必減輕其刑 (B)自首可以言詞或書面為之 (C)自首可請人代理向警察機關為之 (D)通緝犯自行投案，不是自首。

( ) 10. 公務員甲犯《貪污治罪條例》第 4 條第 1 項第 5 款對於違背職務之行為收受賄賂罪，則關於其自首或自白敘述，下列何者正確？ (A)於犯罪後自首，即應減輕或免除其刑 (B)在偵查中自白，得減輕或免除其刑 (C)在偵查中自白，如有所得並自動繳交全部所得財物者，減輕其刑 (D)在偵查中自白，如有所得並自動繳交全部所得財物者，減輕或免除其刑。

MEMO

第四章

民事法

第一節　民法概念

第二節　案例探討

LAW & Life

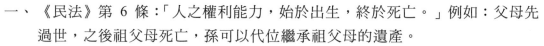

第一節 民法概念

壹、私法自治

民法是規範人與人之間平等主體的權利義務關係。

貳、自然人及法人

一、《民法》第 6 條:「人之權利能力,始於出生,終於死亡。」例如:父母先過世,之後祖父母死亡,孫可以代位繼承祖父母的遺產。

（一）從科技倫理而言,代理孕母（借腹生子）立法之可行性如何?肯否兩說不一,臺灣目前禁止代理孕母。在印度（婦女貧窮）代孕一次約 8,000 美元[1]。

（二）從生命倫理而言,安樂死(Euthanasia)立法的可行性如何?肯否兩說不一,目前臺灣無安樂死之規範。但在荷蘭要執行安樂死,必須出自病人的個人意願,並且有醫生證明病人正在處於「不能減輕」和「不能忍受」的痛苦中,死亡是唯一選擇[2]。

二、胎兒有繼承權是依據《民法》第 7 條之規定:「胎兒以將來非死產者為限,關於其個人利益之保護,視為既已出生。」

三、法人是具有民事權利能力和行為能力與侵權責任能力。

四、行為能力

係指獨立為有效法律行為的能力。每個人可以自主其與他人間在私法上的關係,為有效的意思表示。例如:民國 110 年 1 月 20 日公布修正《病人自主權利法》第 10 條及第 19 條規定略以（自公布後三年施行）,意願人[3]指定之醫療委任代理人,應以成年且具行為能力之人為限,並經其書面同意。醫療委任代理人於意願人意識昏迷或無法清楚表達意願時,代理意願人表達醫療意願,其權限如下:

---

[1] 柳勝國、陳姿穎、徐致鈞(2019),公民與社會,臺北:龍騰出版社,頁 137。

[2] 參見 https://zh.wikipedia.org/zh-tw。

[3] 意願人是指以書面方式為預立醫療決定之人。

1. 聽取告知[4]。

2. 簽具同意書[5]。

3. 依病人預立醫療決定內容，代理病人表達醫療意願。

參、法律行為

　　法律行為是以意思表示為內容而生一定之私法效果，其種類可區分為單方行為、雙方行為及共同行為。例如：結婚、買賣、租賃、贈與。如法律規定必須踐行一定方式者，就必須有該法定方式，否則無效，例如：自願離婚必須有書面及二人以上證人及登記，否則無效。新北地方法院 100 年重訴字第 348 號民事判決略以：

按法律行為，不依法定方式者無效，但法律另有規定者，不在此限，《民法》第 73 條定有明文。所謂法律行為之無效，係指法律行為因欠缺有效要件，自始、當然、確定的不發生法律行為上之效力，毋庸當事人為何種主張，亦無需法院為無效之宣告，即當然不發生效力，且不僅是自始不生效力，其後亦無再發生效力之可能，縱經當事人承認，亦不能發生其效力。

肆、詐欺、脅迫、錯誤

一、詐欺與脅迫

　　因被詐欺或被脅迫而為意思表示者，表意人得撤銷其意思表示。但詐欺係由第三人所為者，以相對人明知其事實或可得而知者為限，始得撤銷之。

　　被詐欺而為之意思表示，其撤銷不得以之對抗善意第三人[6]。

4　病人就診時，醫療機構或醫師應以其所判斷之適當時機及方式，將病人之病情、治療方針、處置、用藥、預後情形及可能之不良反應等相關事項告知本人。病人未明示反對時，亦得告知其關係人。

5　病人接受手術、中央主管機關規定之侵入性檢查或治療前，醫療機構應經病人或關係人同意，簽具同意書，始得為之。但情況緊急者，不在此限。

6　《民法》第 92 條規定。

（一）詐欺

相對人有詐欺故意致表意人陷入錯誤而為意思表示，表意人可以撤銷其意思表示。例如：甲把仿冒的古董謊稱為真品而賣乙，乙誤以為是真品而買，乙可以在一年內主張撤銷。但是如果是丙詐騙甲，致甲陷入錯誤而向乙買假貨，必須乙明知或可得而知其事，甲才能撤銷，如乙是善意不知，甲不能撤銷。

（二）脅迫

相對人脅迫致表意人失去意思自由而為意思表示，表意人可以撤銷其意思表示。例如：阿強持刀逼丙用 100 萬元買阿強的破水晶（價值 1,000 元），丙可以在一年內主張撤銷。若是第三人的脅迫，不論相對人善意或惡意均可以撤銷。

二、錯誤

意思表示之內容有錯誤，或表意人若知其事情即不為意思表示者，表意人得將其意思表示撤銷之。但以其錯誤或不知事情，非由表意人自己之過失者為限。當事人之資格或物之性質，若交易上認為重要者，其錯誤，視為意思表示內容之錯誤[7]。

三、詐欺與錯誤之區別

表意人被詐欺而為意思表示，不論其有無過失均可主張撤銷，但是錯誤之意思表示，必須表意人無過失才能主張撤銷。所謂過失，是指應注意、能注意，而不注意。其種類可區分為抽象輕過失、具體輕過失及重大過失三種。最高法院 91 台上 678 號判決認為表意人之過失是採具體輕過失，以平衡交易安全之保護。所謂具體輕過失係指必須盡到以處理自己相同事務之注意義務。

四、和解契約生效後提撤銷的效力

（一）創設性和解

阿強是出租人，阿美是承租人，雙方有租賃契約，2020 年 1 月 20 日該屋失火，阿強要求阿美賠償 1,000 萬元，雙方有和解契約，事後消防局鑑定出失火責任是隔壁的小旺家引起的，阿美主張撤銷和解契約，案經最高法院表示，該和解

---

[7] 《民法》第 88 條規定。

係屬創設性和解，因此不能撤銷所以阿美敗訴（最高法院 91 台上 1839 號判決）。

（二）動機性錯誤

阿明是定作人，小華為承攬人，2020 年 2 月 3 日小華向阿明索求承攬工程款為價金 100 萬元，雙方簽署和解契約並生效，2020 年 3 月 1 日阿明發現小華不是真正承攬人，而是次承攬人，因此主張依據《民法》第 738 條撤銷雙方和解契約，最高法院認為屬動機錯誤不能撤銷（最高法院 85 台上 2091 號判決）。承上，不論是創造性和解或動機性錯誤的和解，均不能事後提起撤銷之訴。

伍、消滅時效

有權利必有救濟，若請求權任由時間經過二十年或三十年，必陷入舉證困難。因此，法律上權利的行使期限，如果過期，債務人可以拒絕對方的請求，是為消滅時效，一般請求權時效為十五年。[8]如果是車禍事件的請求權時效則為二年。

另消滅時效具有公益性，時效長短不得依照當事人的約定任意加長或縮短，且當事人也不能以不知有時效之規定而免責。但最高法院有特別見解供參：

最高法院 83 年度第 1 次民事庭會議決議理由：

「關於時效期間，依《民法》第 147 條規定觀之，固屬強制規定，不得以法律行為加長之，惟依《保險法》第 54 條第 1 項規定：『本法之強制規定，不得以契約變更之，但有利於被保險人者，不在此限。』之意旨，本件人壽保險公司以特約延長保險金之請求權時效為三年，係有利於被保險人，且不違背公序良俗，應認有效。」

陸、正當防衛

《民法》第 149 條：「對於現時不法之侵害，為防衛自己或他人之權利所為之行為，不負損害賠償之責。但已逾越必要程度者，仍應負相當賠償之責。」

8　消滅時效最長為十五年，另有五年、二年、六個月的短期規定。

最高法院認為防衛有無過當應視個案而定。

為防衛自己或他人之權利，於不逾越必要程度範圍內所為之反擊行為。又此反擊行為，必加損害於侵害人，始生正當防衛之問題，至正當防衛是否過當，又應視具體之客觀情事，及各當事人之主觀事由定之，不能僅憑侵害人一方受害情狀為斷[9]。

承上，必先有侵害行為致被害人反擊，而傷到侵權行為人，方屬正當防衛；若就無侵害之人持「先下手為強，後下手遭殃」之心態，先出手攻擊，則無正當防衛之適用。

柒、緊急避難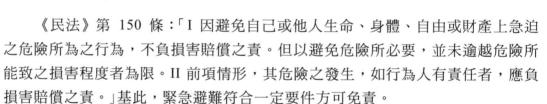

《民法》第 150 條：「I 因避免自己或他人生命、身體、自由或財產上急迫之危險所為之行為，不負損害賠償之責。但以避免危險所必要，並未逾越危險所能致之損害程度者為限。II 前項情形，其危險之發生，如行為人有責任者，應負損害賠償之責。」基此，緊急避難符合一定要件方可免責。

然而，喝酒駕車跌落路旁坡崁致壓死人，可以主張緊急避難，要求保險公司賠 150 萬元嗎？法院認為因飲酒後注意力、反應力及操控能力下降，無法安全駕駛車輛，不慎駕車跌落路旁坡崁，致輾壓他人致死，乃因其受酒類影響駕駛車輛所致之事故，非屬保險契約承保之範圍。茲摘述法院見解如下：

原告（酒駕者）另主張其係因緊急避難而酒後駕車致蘇○森死亡之情形，應排除於《自用汽車保險單條款》第 10 條第 1 項第 3 款所定加保事項之外等情，惟查，依兩造所定系爭保險契約《自用汽車保險單條款》第 10 條第 1 項第 3 款約定：「被保險人或駕駛人因受酒類影響駕駛被保險汽車所致之事故，非經被告書面同意加保，被告不負賠償之責。」，並未就「因緊急避難而酒後駕車」等特殊情形設有排除於加保事項外之約定，況「因緊急避難而酒後駕車」之特殊情形並非兩造於簽立保險契約時所得預見，保險人即被告尚無法透過測定「因緊急避難而酒後駕車」之機率計算保險費，「因緊急避難而酒後駕車」應非得透過保險制度而分散之風險，

---

[9] 最高法院 64 年度台上字第 2442 號民事判決。

亦難認兩造確已就「因緊急避難而酒後駕車非屬需另行加保之範圍」乙節達成合意，則原告主張其酒後駕車之行為無庸另行加保即當然在系爭保險契約之範圍，尚乏所據[10]。

承上，酒後駕車發生事故保險不理賠。

捌、禁止權利濫用

《民法》第 148 條規定，權利之行使，不得違反公共利益，或以損害他人為主要目的，行使權利、履行義務，應依誠實及信用方法。何謂權利濫用？指外觀上為權利之行使，實質上卻違反權力社會性，亦即行使權利超過必要範圍。故應就權利人因權利行使所能取得之利益，與他人及國家社會因其權利行使所受之損失，比較衡量以定之。倘其權利之行使，自己所得利益極少而他人及國家社會所受之損失甚大者，非不得視為以損害他人為主要目的。[11]然而，若當事人行使權利，雖足以使他人喪失利益，但非以損害他人為主要目的，即不在該條所定範圍之內。[12]基此，訴訟當事人一方就訴訟上必須調查之資料提供給檢調單位，有無權利濫用情事呢？案經三審定讞的見解都認為將個人資料提供給司法單位是當事人要容忍之基本義務。例如有法院認為：

經查：(1)地方法院筆錄乃公開之資料，不生侵害原告個人資料之問題，應先敘明；(2)基於誠實信用及禁止權利濫用原則，就訴訟相關之原告個人資料，將提出於司法檢調機關，乃原告所應容忍之事，從而縱被告乙○○提供原告於合作金庫之交易明細表、於萬○銀行之交易明細表予被告華○期貨公司提出於法院，並不具違法性，原告又未證明此部分個人資料有遭被告華○期貨公司非法輸出，或洩漏予他人或無權責機關，難認權利受有侵害[13]。

---

[10] 臺灣新竹地方法院 103 年度保險字第 1 號民事判決。

[11] 最高法院 71 年台上字第 737 號判例；最高法院 92 年台上第 1446 號民事判決。

[12] 最高法院 45 年台上字第 105 號判例。

[13] 臺灣臺北地方法院 95 年度訴字第 7475 號判決；臺灣高等法院 97 年度上易字第 483 號判決；最高法院 98 年度台上字第 612 號裁定。

向來法院見解大都認為權利濫用即屬違反誠信原則，該原則的內涵如下：

1. 為公平正義的象徵。

2. 可補充法律行為之效力。

3. 學者常稱為帝王條款。

4. 適用於一切私權之行使與義務之履行。

玖、民法侵權行為

因故意或過失，不法侵害他人之權利者，負損害賠償責任。故意以背於善良風俗之方法，加損害於他人者亦同。違反保護他人之法律，致生損害於他人者，負賠償責任。但能證明其行為無過失者，不在此限。[14]最高法院表示，《民法》第 18 條第 1 項前段所謂人格權，係以人格為內容之權利，以體現人性尊嚴價值之精神利益為其保護客體，乃個人所享有之私權，即關於生命、身體、名譽、自由、姓名、身分及能力等權利，自無《民法》第 197 條第 1 項消滅時效之適用。茲分述兩種情況如下：

一、侵害致死的賠償

不法侵害他人致死者，對於支出醫療及增加生活上需要之費用或殯葬費之人，亦應負損害賠償責任。被害人對於第三人負有法定扶養義務者，加害人對於該第三人亦應負損害賠償責任[15]。

二、侵害致身體受傷

不法侵害他人之身體、健康、名譽、自由、信用、隱私、貞操，或不法侵害其他人格法益而情節重大者，被害人雖非財產上之損害，亦得請求賠償相當之金額。其名譽被侵害者，並得請求回復名譽之適當處分。前項請求權，不得讓與或繼承。但以金額賠償之請求權已依契約承諾，或已起訴者，不在此限。於不法侵害他人基於父、母、子、女或配偶關係之身分法益而情節重大者，準用之[16]。

---

[14] 《民法》第 18 條規定。

[15] 《民法》第 193 條規定。

[16] 《民法》第 195 條規定。

　　承上，20 世紀初法國哲學家勒努維耶的思維是：「不論何種情況，法律的保護是最後的圍籬，必須無條件保護人性尊嚴」。[17]另康德主張人類必須遵守道德準則，行為時應該抱持對任何人都是善意而行動，亦即以自己的意志去實現普遍準則，就是善。我國《民法》第 184 條的權利保護包括人格權。事實上保護人格與人權永遠是對的，不能因為多數人的利益而損害少數人利益[18]。

拾、房屋租賃

　　近年來學生離開家鄉到他鄉異地讀書而租貸者多，依據《民法》第 421 條規定，當事人約定，一方以物租與他方使用收益，他方支付租金的契約，稱租賃。基此，承租人非經出租人承諾，不得轉租他人（民 443-1）；另承租人應以善良管理人之注意，保管租賃物（民 432）；如因承租人的重大過失至失火而損毀、滅失者，須負損害賠償責任（民 434）。

拾壹、分管契約與租賃關係

　　最高法院 97 年度台上字第 875 號判決指出，民法共有物分割係採移轉主義。所謂分管契約，乃共有人全體約定共有物特定範圍內由特定人為使用收益之契約。[19]如果不動產所有人僅將土地或僅將房屋所有權讓與他人，或將土地及房屋同時或先後讓與相異之人時，除有特別約定外，應推斷土地受讓人默許房屋受讓人繼續使用土地，但應支付相當代價，當屬租賃。此為《民法》第 425-1 條的立法原因。

　　然而分管契約因共有物分割而終止時，有無《民法》第 425-1 條的適用？目前實務做法如下[20]：

一、共有人於共有物分割以前，固得約定範圍而使用之，但此項分管行為，不過暫定使用之狀態，與消滅共有而成立嶄新關係之分割有間，共有人請求分割共有物，應解為有終止分管契約之意思，經法院判決分割確定時，先前之分管契約，生終止之效力。

---

[17] 吉岡友治(2013)，萌える！思想主義一本就讀懂：將 63 種著名主義擬人化！（高詹燦、劉淳譯），新北：瑞昇文化事業股份有限公司，頁 51。

[18] 同上註，頁 57。

[19] 最高法院 83 年度台上字第 1377 號判決。

[20] 最高法院 107 年度台上字第 879 號判決。

二、 共有人在分管之特定部分土地上所興建之房屋，於共有關係因分割而消滅時，該房屋無繼續占用土地之權源。且因共有人間互負擔保義務，所以不因分割共有之土地，而另成立租賃關係。

第二節　案例探討

案例 1　不慎買到鬼屋，能解除買賣契約嗎？

阿明買一棟房屋後，發現住宅不平靜，於是向賣方主張買到鬼屋，要解除買賣契約，是否可行？【調解案件改編】

💡 問題意識

依內政部的定義：「發生過兇殺或自殺致死案件」才可認定為凶宅。凶宅並不等於鬼屋，但是不宜居住，是否屬凶宅亦因人而異。[21]但社會大眾的思維，很難把凶宅與鬼屋脫離成二個不同的概念。

💡 爭點分析

賣方的瑕疵擔保責任為《民法》第 354 條所明定：

「I 物之出賣人對於買受人，應擔保其物依第 373 條之規定危險移轉於買受人時無滅失或減少其價值之瑕疵，亦無滅失或減少其通常效用或契約預定效用之瑕疵。但減少之程度，無關重要者，不得視為瑕疵。II 出賣人並應擔保其物於危險移轉時，具有其所保證之品質。」

買賣之標的物是否屬凶宅？一般而言，應以該凶宅事件是否已為大眾傳播媒體曾予揭露，且通常查詢後即可輕易得知，作為被上訴人其是否善盡查知義務之判斷標準，始為合理。參照臺灣花蓮地方法院民事判決 108 年度訴字第 205 號略以：

---

[21] 建物是否為凶宅，可上凶宅網上查。

按出賣人負有物之瑕疵擔保責任，物是否具有瑕疵，應以一般交易觀念上是否屬於物之瑕疵，而依民間一般看法之凶宅，係指曾發生過凶殺、自殺、意外致死等死亡案件的場所，此一因素雖不致對於房屋造成直接物理性之損傷或降低房屋之通常效用，惟依我國社會民情，一般社會大眾對於此類有凶殺等非自然身故情事之凶宅，多存有嫌惡畏懼心理，居住於其內之住戶，除會對其居住品質產生疑慮外，在心理層面上亦會造成相當大之負面影響，因此，在房屋交易市場之實務經驗中，具有非自然身故情事之房屋，均會嚴重影響購買意願及購買價格，並因此造成該等標的市場接受程度及價格低落之情事。是若房地曾發生前揭凶殺、自殺、意外致死等死亡事件，自屬俗稱之「凶宅」，堪認為物之瑕疵。

承上，凶宅與鬼屋係屬不同的概念，鬼屋非物主瑕疵[22]。

案例 2 已買下的房屋又被原屋主二賣，可以請求賠償嗎？

甲的 A 房屋因迫於生意失敗周轉資金急用，於是將 A 賣給阿美 1,000 萬元，阿美付完金額，拿鑰匙先住進去，但事後阿明因風水師預言「住該屋必大發」，於是請甲將 A 屋賣他，並當場支付價金 3,000 萬元，甲馬上到地政單位辦理登記，將 A 所有權移轉給阿明，請問阿美如何面對這場房屋買賣之爭？

💡 問題意識

一屋二賣的第一次買方可以對賣方或第二次買方請求賠償嗎？

⚙️ 爭點分析

按照社會通常情況一屋一賣，但有時例外情事難免會發生，若是一屋二賣，買賣之債權行為仍有效，但由先登記者取得所有權，先占有但無登記，僅有債權，可依據債務不履行請求返還價金及損害賠償。

---

[22] 參照桃園地方法院民事判決 94 年度訴 1029 號略以，原告不能舉證證明不動產鬧鬼，買賣契約仍有效存在。

阿美可以依據房屋買賣契約條款對甲主張契約不履行責任。如果該契約條款沒有約定或約定不明，就依據《民法》第 226 條第 1 項之規定請求損害賠償，其賠償範圍包括所受損害與所失利益。並同時依據《民法》第 256 條之規定解除契約，請求返還價金 1,000 萬元。阿美不能對阿明主張任何權利。（提醒：不動產買賣是以登記為生效要件—參見《民法》第 758 條之規定）。

案例 3 贈與他人的房屋被抵押借貸，可以再提告返還嗎？⋯⋯⋯⋯⋯⋯⋯⋯

阿強的太太因病死亡後留下 A 及 B 兩子女，阿強於民國 69 年與阿美認識，結婚後阿強為安撫阿美情緒，買一棟房屋贈送阿美，並登記阿美的名義，雙方無約定任何財產制度。民國 88 年阿美將房屋抵押登記給銀行借 200 萬元，阿強提告要求阿美返還房屋，是否可行？【法院判決改編】[23]

💡 問題意識

夫妻財產若無感情基礎必糾紛不斷。

💡 爭點分析

依據《民法》第 86 條規定，表意人無欲為其意思表示所拘束之意，而為意思表示者，其意思表示，不因之無效。但其情形為相對人所明知者，不在此限。此為心中保留之規定，例如：甲要賣古物給乙，表面上說贈送，則贈送生效，但是如乙明知甲開玩笑，則贈送不生效力。

本題阿強告訴法官是因為要安撫阿美情緒才將其登記阿美名義，並無贈送之意，但是法院認為若無贈與房屋何來安撫？再者，阿強並無證據可證明阿美明知無贈與情事，因此阿強敗訴。夫妻間的贈送會涉及婚姻關係消滅後的剩餘財產分配，因此必須審慎處理。本案若雙方離婚而該房屋是贈與而得，就是阿美的無償取得財產，不必列入剩餘財產的分配[24]。

---

[23] 最高法院 88 年度台上字第 177 號民事判決。

[24] 所謂的剩餘財產分配請求權，就是從未約定夫妻財產制的雙方，在離婚時，將現存的婚後財產，扣除婚姻關係存續期間所負的債務後，可以向對方請求差額半數的權利。

📖 附註

《民法》第 1030-1 條

法定財產制關係消滅時，夫或妻現存之婚後財產，扣除婚姻關係存續所負債務後，如有剩餘，其雙方剩餘財產之差額，應平均分配。但下列財產不在此限：

一、 因繼承或其他無償取得之財產。

二、 慰撫金。

依前項規定，平均分配顯失公平者，法院得調整或免除其分配額。

第一項請求權，不得讓與或繼承。但已依契約承諾，或已起訴者，不在此限。

第一項剩餘財產差額之分配請求權，自請求權人知有剩餘財產之差額時起，二年間不行使而消滅。自法定財產制關係消滅時起，逾五年者，亦同。

修法資訊：

民法夫妻剩餘財產修正三讀，慰撫金分配納家務有給概念，增訂的《民法》第 1030-1 條第 3 項規定，法院未來需實際考量調整或免除針對他方婚後財產分配比例因素，例如：家事勞動、子女照養、同居或分居時間比重，及雙方經濟能力等，都必須綜合考量。因此貴婦的財產可預測的未來是有挑戰性，所以婚前的家事勞動的協議很重要。

案例 4 **無血緣關係而被認領的私生子，是否有繼承權？**

甲中年太太死亡，有子乙，甲認識丁女，丁未婚生丙，甲明知丙是戊的私生子，卻認領丙，甲因太太死亡後一直憂鬱，常說人到中年百事哀，甲在 2020 年 1 月 1 日因心臟病發致死，乙不知丙是戊的小孩，同意將遺產中的 A 地及 B 車由丙繼承，並辦妥 A 地的登記，請問事後乙知道後，如何處理相關事務？【108 司法官題目改編】

📖 問題意識

繼承於何時生效？認領他人的小孩是否有效？

爭點分析

《民法》第 1147 條規定，繼承，因被繼承人死亡而開始。同法第 1065 條規定，非婚生子女經生父認領者，視為婚生子女。其經生父撫育者，視為認領。非婚生子女與其生母之關係，視為婚生子女，無須認領。最高法院 86 台上 1908 判決略以，因認領而發生婚生子女之效力，須被認領人與認領人間具有真實之血緣關係，否則其認領為無效，此時利害關係人均得提起認領無效之訴。又由第三人提起認領無效之訴者，如認領當事人之一方死亡時，僅以其他一方為被告即為已足。基此，認領是以有血統聯絡為限，若無血統，則所為之認領行為無效。

本案甲因太太死亡後一直憂鬱，2020 年 1 月 1 日因心臟病發致死，乙不知丙是戊的小孩，同意將遺產中的 A 地及 B 車由丙繼承，並辦妥 A 地的登記，然而甲、丙的認領無效，所以丙無法繼承[25]。

案例 5　婚姻關係中所生子女，禁止認領？

乙女與甲男結婚，生下 A 女，從 A 女出生日回溯推算，乙之受胎係在甲、乙婚姻關係存續中，期間乙與丙男有親密行為。請回答下列問題：

1. A 女究竟視為或是推定為甲、乙之婚生子女？

2. 若經鑑定證實 A 女是乙女、丙男所生，且丙男有按月給付生活津貼予乙女之事實，但是丙男不願認領，乙女得否代理 A 女提起認領之訴？ 【110 律師高考】

問題意識

受婚生推定的子女的保護優先於真正血統的生父？

---

[25] 最高法院 69，台上，1166 判決略以，依《民法》第 1151 條規定：繼承人有數人時，在分割遺產前，各繼承人對於遺產全部為公同共有。至於土地之繼承登記，依照《土地法》第 73 條規定，得由任何繼承人為全體繼承人聲請之，原毋庸為裁判上之請求。又依最近修正而於六十九年三月一日生效之《土地登記規則》第 29 條規定，繼承之土地原則上應申請為公同共有之登記，其經繼承人全體之同意者，始得申請為分別共有之登記。

💡 爭點分析

1. 法律依據

　　清末民初歐陸近代之法律思想，傳入我國，大清民律草案受其影響，已有婚生推定制度。現行《民法》第 1062 條第 1 項規定，從子女出生日回溯第 181 日起至第 302 日止，為受胎期間暨同法第 1063 條第 1 項規定，妻之受胎，係在婚姻關係存續中者，推定其所生子女為婚生子女。基此，只要是婚姻關係存續中所生之子女先推定為婚生子女[26]。

2. 否認之訴先於認領之訴

　　任何人均不能以血統證明書認領受他人婚生推定之子女。最高法院 98 年度台上字第 704 號判決略以：

《民法》第 1063 條第 1 項規定，推定為婚生子女者，必須經過夫妻之一方或子女本人於一定之期間內提起否認之訴，得有勝訴之確定判決推翻前，其生父自無從依同法第 1065 條第 1 項規定對之為認領或經撫育視為認領。

3. 結論

　　乙女不能代理 A 女提起認領之訴。

延伸閱讀

延伸閱讀 1　18 歲成年制

　　目前成年年齡由 20 歲下修為 18 歲，男女可結婚年齡定為 18 歲。18 歲為成年人，可以自己決定結婚、買房、營業……等，不必法定代理人同意，於 112 年 1 月 1 日施行。企業及教師與家長請注意下列事項：

1. 對 18 歲讀高中的學生要以成年人對待。

2. 錄取 18 歲人為員工，不必法定代理人同意。

---

[26] 大清民律採取德制，定受胎時期為 122 日，而其計算之法，從子出生日逆數至 181 日起，至 302 日止，此時期內有一日在婚姻有效中，而又經其夫與之同居者，即推定其為夫之嫡子。我國婚生推定制度是否必要延續，容有討論空間。李立如，「朝向子女最佳利益的婚生推定制度」，中原財經法學雜誌第十三期，頁 114。

3. 不論男女滿 18 歲有獨立自主意識及決定。

4. 滿 18 歲可自主決定並擁有追求幸福權利。

　　近期，五億財產繼承人 18 歲甲男與同性乙男於結婚登記後 2 小時墜樓身亡，引發輿論關注與偵查。因此，18 歲成年者應謹慎處理生活中發生的法律事件。

延伸閱讀 2　未來的家庭組合

　　阿美 28 歲與阿強結婚後生下小噹噹，沒多久阿美進醫院治療憂鬱症並與阿強離婚，小英與阿強結婚，但是一場車禍阿強死了，小英與小噹噹及阿強的媽媽 A 一起住，過三年小英與張三認識並結婚，於是小噹噹、A 婆婆、小英、張三與張三的媽媽 B 婆婆住在一起了。這個組合，本文肯定與贊成。《民法》第 1114 條左列親屬，互負扶養之義務：一、直系血親相互間；二、夫妻之一方與他方之父母同居者，其相互間；三、兄弟姊妹相互間；四、家長家屬相互間。基此，姻親並無扶養義務，夫妻一方死亡或雙方離婚，媳婦並無扶養公婆義務。

　　然而，現在我們很清楚世代人口的傳承在臺灣可能會斷層，因生育率太低，多數年輕人的上一代只生一個或二個（過去政府生育計畫：一個不算少，兩個恰恰好）。迄今，因經濟考量，多數選擇不婚或不育或單一小孩策略。因此，單身獨處的老年必須提早規劃，實現「一起陪伴共老計畫」，而婆媳相依為命的世代是未來可預見的。呼籲人口計畫要改變：「一個不算少、兩個恰恰好、三個不算多、四個也可以、最好湊半打」，本文淺見，希望能有共鳴。

案例 6 **因不倫戀被正宮發現而被解僱，第三者懷恨勒斃正宮，所犯何罪？**

一對夫妻經營燒臘店，老婆阿美發現女員工阿英與老公阿強偷情，憤而將其辭退，沒想到阿英懷恨在心，勒斃正宮阿美，還將屍體烘烤塗醬，切塊做成燒臘肉賣出，若無其事地賣給客人吃[27]。

---

[27] 詳細報導請見：https://news.tvbs.com.tw/local/1340552?from=Copy_content。查詢日期：2020 年 8 月 1 日。

問題意識

員工與企業家庭及婚姻錯綜複雜，企業管理策略務必謹慎。

爭點分析

婚姻是以永久共同生活為目的，我國是貫徹一夫一妻之國家，因此民法相關規定均強調夫妻間有互負貞操之義務。換言之，民法雖無夫妻互負貞操義務之明文，但夫妻之一方違反貞操義務而與配偶以外之人發生婚外性行為時，他方得依《民法》第 1052 條第 1 項第 2 款之規定訴請法院裁判離婚，且得依《民法》第 1056 條及第 1057 條之規定請求損害賠償、慰撫金及贍養費。

大法官釋字第 147 號解釋：

夫納妾，違反夫妻互負之貞操義務，在是項行為終止以前，妻主張不履行同居義務，即有《民法》第 1001 條但書之正當理由；至所謂正當理由，不以與同法第 1052 條所定之離婚原因一致為必要。本院院字第 770 號解釋（二）所謂妻請求別居，即係指此項情事而言，非謂提起別居之訴，應予補充解釋。

夫妻互負忠實義務，係婚姻關係之基本內容，婚姻和諧美滿。阿英與阿強是辦公室不倫之戀，為法所禁止，阿美本應就兩人之行為透過訴訟解決，卻以私力殺了阿英，是觸犯《刑法》第 271 條之殺人罪。

案例 7 以行車記錄器抓姦要求賠償，是否具證據力？

通姦除罪前後的不法行為與判決之進行有何區別？A 君與 B 婦，因婚外情遭 B 之夫 C 持行車記錄器，控訴刑事通姦罪及民事損害賠償 200 萬元，分析之。【新聞改編】[28]

問題意識

行車記錄器有無證據力？

---

[28] https://news.ltn.com.tw/news/society/breakingnews/3250333。查詢日期：2020年 10 月 16 日。

💡 爭點分析

民國 91 年司法院釋字第 554 號解釋,曾對刑法通姦罪做出合憲解釋。但是民國 109 年司法院大法官釋字 791 號解釋,宣告《刑法》第 239 條,因違反《憲法》第 22 條保障之性自主權與《憲法》第 23 條比例原則,自解釋公布之日起失效。另《刑事訴訟法》第 239 條但書,因違反《憲法》第 7 條保障之平等原則,又因《刑法》第 239 條違憲,失所附麗,亦自解釋公布之日起失效[29]。

然實務上卻見上開解釋之影響:

被告甲○○曾在刑事案件偵查期間,多次表達賠償之意願,然大法官釋字決議廢《刑法》第 239 條(通姦除罪)後,無刑責可懾之,被告甲○○乃不願賠償[30]。

本案 C 提告當時通姦罪尚未除罪化,檢方據以調查相關人、物證,對於相關事證調,因證據不足,所以不起訴。例如:以行車記錄器的證據力而言,A 認為 C 以妨害祕密手段違法取得錄音,不可以當證據,且經勘驗行車記錄器光碟,僅有女祕書發出聲音,並沒有 A 的聲音。

案經 C 提出民事訴訟賠償,地院審理認為,行車記錄器所錄得錄音並非竊錄,C 取證合法,汽車是夫妻 2 人共同使用,丈夫取得行車記錄器音訊檔提告並無違法。因此,判決略以,A 與已婚女祕書 B 偷情車震,遭行車記錄器錄下……,婚外情屬實,雖無證據證明 B 女祕書在車內發出聲音是她與 A 性行為所發出聲音,但已逾越一般社交行為,審酌雙方身分地位及經濟狀況,判賠精神慰撫金 50 萬元,但可上訴。

承上,未來婚姻關係存續中之外遇問題無通姦罪繩之,僅能以民事訴訟救濟,過去婚姻係以永久共同生活為目的,業已動搖,選擇配偶更要謹慎。

---

[29] https://www.storm.mg/article/2700604風傳媒。

[30] 臺灣彰化地方法院 109 年度訴字第 1089 號民事判決。不過法院認為慰藉金之多寡,應斟酌雙方之身分、地位、資力與加害之程度及其他各種情形核定相當之數額。其金額是否相當,自應依實際加害情形與被害人所受之痛苦及雙方之身分、地位、經濟狀況等關係決定之。判 30 萬賠償金。本文認為爾後類此案件無法以刑逼民了,調解成功率視調解委員專業技巧而定,預期會訴訟者偏高。

案例 8 配偶、子女、收養子女及非婚生子女，應繼分各多少？⋯⋯⋯⋯⋯⋯⋯

阿美與阿強結婚後生下甲男及乙女，並收養丙男，但是阿強某日巧遇小學同學阿英敘舊連連，生下丁男。甲 20 歲與鄰居阿花結婚生下 A 男及 B 女，乙 30 歲嫁給外國人阿峰。2020 年 9 月 1 日阿強因癌症死亡，留下 1,200 萬元，無債務，此案如何繼承與分配？

💡 問題意識

　　繼承之生效時點啟動必有許多法律關係變動與權利之行使，那麼繼承從何時起發生效力？收養子女之繼承權有無特別保障？非婚生子女雖有血統聯繫，但是對於生父的繼承權有特別規範？婚姻中一方不貞，他方有何權益保障措施？

⚙ 爭點分析

　　人的權利能力始於出生終於死亡（《民法》第 6 條），因此死亡的來臨必定會發生，死亡判斷分為自然死亡與死亡宣告兩種。本件屬自然死亡，傳統死亡採心肺喪失說，就是心臟死，但是近年來採腦死說者有之，惟限於器官移植之需求。腦死起源於法國，若以德國而言，全腦死的認定的步驟相當嚴謹，第一，必須陷入深昏迷；第二，要進行腦功能測試；第三，用機器或檢查方式確定全腦喪失功能。我國最高法院 95 年度台上字第 1692 號判決採腦死說。阿強死因很明確是癌症，因此採傳統心肺死亡說。

　　依據《民法》第 1147 條規定，繼承，因被繼承人死亡而開始。因此阿強死亡時點是 2020 年 9 月 1 日，也是繼承生效點。同法第 1148 條規定，繼承人自繼承開始時，除本法另有規定外，承受被繼承人財產上之一切權利、義務。但權利、義務專屬於被繼承人本身者，不在此限。繼承人對於被繼承人之債務，以因繼承所得遺產為限，負清償責任。同法第 1138 條規定，遺產繼承人，除配偶外，依左列順序定之：一、直系血親卑親屬；二、父母；三、兄弟姊妹；四、祖父母。因此，本案繼承人是第一順位之阿美、甲、乙、丙四人。丁是非婚生子，未經阿強認領無法繼承其財產。

　　依據《民法》第 1144 條規定，配偶有相互繼承遺產之權，其應繼分，依左列各款定之：一、與第 1138 條所定第一順序之繼承人同為繼承時，其應繼分與

他繼承人平均。二、與第 1138 條所定第二順序或第三順序之繼承人同為繼承時，其應繼分為遺產二分之一。三、與第 1138 條所定第四順序之繼承人同為繼承時，其應繼分為遺產三分之二。四、無第 1138 條所定第一順序至第四順序之繼承人時，其應繼分為遺產全部。另養子女與婚生子女之應繼分相同。因此，阿美、甲、乙、丙四人各繼承 300 萬元【計算式：1,200 萬元÷4】。

案例 9 因家暴而離婚之夫妻，財產如何分配？

甲夫乙妻多年婚姻關係中有家暴及個性不合情事，乙妻因常被打而經常離家出走並常與丙男訴苦，未料日久生情同居並生下 A 子已經六歲，甲提起妨害家庭訴訟，法院移送調解庭調解，問夫妻離婚之財產如何分配？【調解案件改編】

💡 問題意識

家庭暴力雖有法律制裁，但是並無嚇阻作用[31]。

💡 爭點分析

1. 婚姻關係

甲乙婚姻中的家暴並無任何書面資料，或許乙女不知申請家暴令，也或許有其他事由阻礙致無申請，但雙方合意離婚。

2. 財產爭執

依據《民法》第 1030-1 條之規定，法定財產制關係消滅時，夫或妻現存之婚後財產，扣除婚姻關係存續所負債務後，如有剩餘，其雙方剩餘財產之差額，應平均分配。但下列財產不在此限：一、因繼承或其他無償取得之財產。二、慰撫金。依前項規定，平均分配顯失公平者，法院得調整或免除其分配額。另夫妻之一方對於婚姻生活無貢獻或協力，或有其他情事，致平均分配有失公平者，法院得調整或免除其分配額。基此，法定財產制之夫妻於離婚後可以主張剩餘財產分配請求權，但須考量家務勞動之貢獻。

---

[31] 本件是筆者曾調解案件改編的問題，雖圓滿落幕，雙方同意兩願離婚，A 子認祖歸宗，但是總覺得夫妻有很多心結沒解開，調解委員如同法官角色，結案後就無再續前緣機會，所以當事人是否因調解成立而過得幸福與美滿，總在相同事務處理中再憶起當年情景。

3. A 子的身分爭執

甲乙婚姻關係存續中所生之 A 子，推定為甲乙之婚生子女，甲男已提否認之訴，嗣後判決確定，A 為非婚生子，丙可認領，或乙丙結婚而準正為婚生子。

承上，甲乙同意離婚，且甲男同意撤告。

案例10 遇到欠錢不還的人，債權人如何處理？

欠錢還錢天經地義，但是欠錢的人有許多是不還錢的，債權人應如何處理？

問題意識

借出金錢應注意糾紛及不還錢的窘境。

爭點分析

1. 執行名義

欠錢不還可以向法院聲請強制執行債務人的財產。但是前提必須有執行名義：法院的勝訴確定判決之後才可以去向法院聲請強制執行程序，和解書、調解書、本票裁定、公證書或是假扣押、假處分、假執行之「法院裁定」。

2. 進行查封[32]

不論動產或不動產一經拍賣裁定，法院會進行「查封」程序。最高法院 44 年台上 1328 號判決要旨如下：

假扣押之執行，依《強制執行法》第 136 條準用關於動產不動產執行之規定，故假扣押之執行亦係以查封為開始，而以假扣押之標的脫離假扣押之處置，如將假扣押標的交付執行或撤銷假扣押，其程序方為終結。原判以假扣押查封完畢，認為執行程序業已終結，不得提起執行異議之訴，自難謂合。

---

[32] 查封：債權人必須先查明債務人的財產，才可以聲請查封。債權人要證明所要查封的財產是債務人所有。如果是已登記的房地產，要提出該不動產最近的登記謄本。如果是未辦理保存登記的房子，應提出稅捐處或鄉鎮區市公所的納稅或產權證明文件以及基地的登記謄本。如果查封興建中，尚未辦理保存登記的建築物，應提出建築執照及起造人名冊或使用執照影本，以及基地的登記謄本，以證明產權。債務人或任何人擅自取下或撕毀封條時，即觸犯《刑法》第 139 條之罪，處一年以下有期徒刑、拘役或 3,000 元以下罰金。新竹地方法院，https://scd.judicial.gov.tw/

3. 查封之限制

(1) 《強制執行法》第 53 條明文規定不得作為強制執行標的之事項，例如：債務人生活上所必需之物品、牌位或祭祀所用之物、未發表的著作或發明或是為防止災害發生而應該要配置的設備等[33]。

(2) 《勞工保險條例》及《勞工退休金條例》明定保險與退休金不得作為抵銷、扣押、供擔保或強制執行之標的。

4. 查封效力

查封生效後，房屋所有人（債務人），不可以再處分、移轉被查封的財產，保障債權人的債權被償還。例如積欠銀行的房貸，屆期不清償，債權人可向法院聲請拍賣，債務人名下的不動產，用以拍賣補償債務。

查封有使債務人就查封標的物之處分對於債權人為無效之效力，對於不動產之查封雖應為預告登記，然查封既不屬於法定非經登記不生效力之事項，其效力自不待於登記而發生[34]。

案例11 要賣掉蓋有他人房屋的自己土地，應注意什麼？

阿強的土地上有阿美合法建造的房屋，2021 年 1 月 1 日阿強要賣掉自己的土地，請問要注意什麼？

🔅 問題意識

優先承買權具有物權效力。

---

[33] 《強制執行法》第 53 條左列之物不得查封：一、債務人及其共同生活之親屬所必需之衣服、寢具及其他物品。二、債務人及其共同生活之親屬職業上或教育上所必需之器具、物品。三、債務人所受或繼承之勳章及其他表彰榮譽之物品。四、遺像、牌位、墓碑及其他祭祀、禮拜所用之物。五、未與土地分離之天然孳息不能於一個月內收穫者。六、尚未發表之發明或著作。七、附於建築物或其他工作物，而為防止災害或確保安全，依法令規定應設備之機械或器具、避難器具及其他物品。前項規定斟酌債權人及債務人狀況，有顯失公平情形，仍以查封為適當者，執行法院得依聲請查封其全部或一部。其經債務人同意者，亦同。

[34] 最高法院 51 台上 1819 判決。

🏆 爭點分析

所謂優先承買權，係指他共有人於共有人出賣共有土地時，對於該共有人有請求以同樣條件訂立買賣契約之權而言，故須共有人與第三人間已成立買賣契約為前提，再以此買賣契約之同一內容通知他共有人是否優先承買[35]。

1. 法律規定

《土地法》第 104 條：

I 基地出賣時，地上權人、典權人或承租人有依同樣條件優先購買之權。房屋出賣時，基地所有權人有依同樣條件優先購買之權。其順序以登記之先後定之。II 前項優先購買權人，於接到出賣通知後十日內不表示者，其優先權視為放棄。出賣人未通知優先購買權人而與第三人訂立買賣契約者，其契約不得對抗優先購買權人。

2. 實務見解

土地和建築物為獨立的不動產，《土地法》第 104 條規定，當基地所有權人要把基地賣掉的時候，承租基地建築房屋的承租人、基地的典權人或地上權人，有優先購買基地的權利。相反的，房屋所有權人出售房屋時，其基地所有權人也同樣有優先購買權[36]。

《土地法》第 104 條係規定租用基地建築房屋之承租人，於出租人之基地出賣時，有優先承買權，其出租人於承租人之房屋出賣時，有優先購買權，旨在使基地與基地上之房屋合歸一人所有，以盡經濟上之效用，並杜紛爭，如基地承租人於基地上根本未為房屋之建築者，當無該條規定之適用[37]。

案例12 霸占未登記房屋或是森林20年，就可以請求登記為所有人嗎？

何謂不動產取得時效？阿強占據阿美未登記的房屋以達 20 年，可以取得登記請求權嗎？假如阿強占據森林 20 年，可以請求登記為所有人嗎？

---

[35] 高等法院花蓮分院 97 台上 28 號民事判決。

[36] 最高法院 65 台上 530 判決民事判決。

[37] 南投地方法院 102 投簡 146 號民事判決。

💡 問題意識

　　取得時效是指原本無權占有的人，以行使所有權的意思，占有他人之物後，取得請求登記的權利，如地政機關核准則有所有權。

⚙ 爭點分析

　　民法有不動產時效取得的規定，但占他人之地或房屋夠久不一定能取得所有權，必須符合下列條件，才能時效取得不動產登記權。

1. 法律上的不動產，包含土地、房屋，依據《民法》第 770 條的規定，占有人在和平及善意並無過失、公然、繼續占有他人土地滿 10 年，占有人可主張時效取得土地的所有權。但是占有人是惡意（明知土地有所有權人）者，依《民法》第 769 條的規定，必須占有土地滿 20 年。

2. 需以自己是所有權人的意思占有土地的意思。

3. 未登記之不動產。

　　然，有例外，為了達到國土保安的長遠利益，森林不適用時效取得制度。森林係指林地及其群生竹、木之總稱。森林以國有為原則。森林所有權及所有權以外之森林權利，除依法登記為公有或私有者外，概屬國有。《森林法》第 3 條及該法施行細則第 2 條定有明文。未依法登記為公有或私有之林地，既概屬國有，則不論國家已否辦理登記，均不適用關於取得時效之規定，俾達國土保安長遠利益之目標，並符合保育森林資源，發揮森林公益及經濟效用之立法意旨（《森林法》第 1 條及第 5 條參照），自無《民法》第 769 條、第 770 條取得時效規定之適用【89 台上 949】。

　　本案阿強占據阿美未登記的房屋長達 17 年可以請求登記為所有權人，但是森林不能請求。

課後練習
EXERCISE

選擇題

( )1. 甲死亡後留下數筆存款及土地,其子女乙、丙、丁、戊為繼承人。甲遺囑中表示四大房子孫要團結,故不得分割遺產。下列敘述何者正確?
(A)乙、丙、丁、戊不能分割,要傳給後代變成祭祀公業　(B)乙為繼承人,得隨時請求分割遺產,丙、丁、戊不得拒絕　(C)乙、丙、丁、戊不能分割,但繼承開始 10 年後,得請求分割遺產　(D)乙、丙、丁、戊於甲死後,因遺囑禁止分割,依《民法》規定,遺產於 20 年內均不得分割。

( )2. 下列關於民事訴訟代理人之敘述,何者正確?　(A)簡易事件第二審之訴訟代理人,應委任具有教育部認證之法律相關科系獲碩士學位以上者,擔任訴訟代理人。該訴訟代理人之酬金,由國庫墊之　(B)訴訟代理人就其受委任之事件有為一切訴訟行為之權。但捨棄、認諾、撤回、和解、提起反訴、上訴或再審之訴及選任代理人,非受特別委任不得為之　(C)訴訟代理人有二人以上者,應共同代理當事人,不得單獨為之　(D)訴訟代理人為當事人聲請訴之追加、變更或提起反訴時,應先以書面聲請法院得審判長同意後,並為當事人先墊付訴訟費用。

( )3. 關於民事支付命令之敘述,下列何者正確?　(A)債權人之請求須證明　(B)債務人於法定期間合法提出異議,支付命令之效力不受影響　(C)債務人未於法定期間合法提出異議,支付命令不得作為執行名義　(D)支付命令之異議,得不附理由。

( )4. 民事訴訟當事人如因不應歸責於己之事由,遲誤上訴期間,依法得如何尋求救濟?　(A)逕向上級法院提起上訴　(B)向原法院聲請延長期間　(C)向原法院聲請回復原狀　(D)向原法院聲請再審。

( )5. 有關親屬之親系與親等之規定,對於自己與繼母之表兄的親系與親等,下列敘述何者正確?　(A)無親屬關係　(B)旁系姻親三親等　(C)旁系姻親四親等　(D)旁系姻親五親等。

（　）6. 關於《民法》規定正當防衛、緊急避難與自助行為之敘述，下列何者正確？　(A)因避免自己之生命身體受到急迫危險所為之自助行為，致他人財產受新臺幣 50 萬元以下之損害者，不負賠償責任　(B)因避免自己之配偶、或直系血親三親等內之親屬，受到身體或自由上之急迫危險所為之家族集體自助行為，致生他人之生命身體或財產損害者，不負賠償責任　(C)對於現時或 24 小時內已發生之不法的人身侵害，為防衛自己、配偶或家屬之權利所為的行為，不負損害賠償之責　(D)為保護自己權利，對於他人之自由或財產施以拘束、押收或毀損者，不負損害賠償之責。但以不及受法院或其他有關機關援助，並非於其時為之，則請求權不得實行或其實行顯有困難者為限。

（　）7. 依現行《民法》之規定，19 歲之甲因很想購買全新機車，擅自將父親乙贈與之老舊 A 機車拋棄。甲對 A 機車之拋棄行為效力如何？　(A)有效，不得撤銷　(B)無效　(C)效力未定　(D)有效，得撤銷。

（　）8. 甲欲購買乙的二手筆記型電腦，交付新臺幣（下同）5,000 元定金予乙，約定 5 日後交貨。關於定金之敘述，下列何者錯誤？　(A)甲交付定金予乙，依民法規定，乙受有定金時，推定其契約成立　(B)若甲於交付定金後，現場檢視該筆電時，不慎摔毀該筆電，則甲不得請求返還定金　(C)若乙交付筆電前，不慎摔毀該筆電，則乙應返還 1 萬元給甲　(D)若乙交付筆電前，筆電因無名火而燒燬，甲不得請求返還定金。

（　）9. 關於保證之敘述，下列何者錯誤？　(A)保證人之負擔較主債務人為重者，應縮減至主債務之限度　(B)債權人未就主債務人之財產強制執行而無效果前，且未有喪失先訴抗辯權之事由，保證人對於債權人得拒絕清償　(C)主債務人所有之抗辯，保證人均得主張　(D)保證人對於因欠缺行為能力而無效之債務，縱使知其情事而為保證，該保證仍因從屬性而無效。

（　）10. 關於不動產物權行為之敘述，下列何者錯誤？　(A)要式行為　(B)非經登記，不生效力　(C)非經交付標的物，不生效力　(D)債權行為無效、不成立或被撤銷者，不影響不動產物權行為效力。

第五章

性別平等與性騷擾

第一節　性別平等特別保護
第二節　案例探討

LAW & Life

第一節　性別平等特別保護

　　過去女性主義運動係以女性參政權為爭取目標，現代女性主義運動要去除家庭、企業、社會文化之壓迫，[1]反對男尊女卑，因為它是一種性別歧視的思維，例如女子不能讀書，無才便是德。

　　另傳統以男性為中心的社會，強化男性挑選女性的機制有其正當性，所以錯把男性放置在優於女性的思維而主宰之。但是看過去的歷史文化，例如：日本傳統母系社會且女性有繼承權，因為該國以武力征服各國，之後逐漸轉為父系社會。臺灣過去被日本統治過，所以日據時代女性無繼承權致衍生光復後繼承爭議不斷浮出，甚至孫輩告父執輩違反平等繼承者有之。不過隨著時代變遷，傳統思維也逐漸改變[2]。

　　為提升性別人權標準，落實性別平等，我國於 2007 年 2 月 9 日由總統批准加入 CEDAW，並於 2011 年 6 月 8 日總統令公布《CEDAW 施行法》，自 2012 年 1 月 1 日施行。主要軸心是禁止歧視，包括法律上之歧視與實際上之歧視及政府行為和私人行為（非政府組織、個人、企業等）的歧視，進而追求實質平等，包括機會的平等、女性取得機會的平等，結果的平等。另禁止性別歧視的落實必須再強化各種行政措施，例如：唐氏兒的工作權？外勞為了工作不得不墮胎？外勞有 AIDS 的工作權是否能保障？變性人的職場環境是否安全？基此，必須有效處理歧視婦女和男女不平等的根本原因，以改善婦女的地位。

　　CEDAW 已具國內法效力，但有關個別女性權利之條文尚未被實際運用及行使，宜有改進及促進之措施，例如：在 CEDAW 法理中提及基於性的歧視，但亦涵蓋對女性基於性別的歧視。目前離婚時財產分配的立法，未能充分考慮到配偶雙方收入潛力[3]和人力資本的差異，及現行立法無法解決勞動市場之性別隔離、薪資差距，及婦女擔任大部分無償工作所導致配偶間經濟不對等問題[4]。

---

[1]　吉岡友治(2013)，萌える！思想主義一本就讀懂：將 63 種著名主義擬人化！（高詹燦、劉淳譯），新北：瑞昇文化事業股份有限公司，頁 51-53。

[2]　同上註，頁 59。

[3]　2020 年已修《民法》第 1030-1 條之規定，剩餘財產分配必須按貢獻決定有無請求權。

[4]　參見消除對婦女一切形式歧視公約(CEDAW)第 3 次國家報告結論性意見。

對於政府極力推動的性別平等(Gender equality)的規範與政策，本文認為絕對是必要的。因為從各階層各職務的職場而言，性別歧視對於某種性別都有某種程度的傷害，例如：補習班的男教師因類似女性之打扮而被解僱。但是也產生某程度的傷害是「性別」過度放大致工作權或財產權受重大損害，尤其是性騷擾案件，例如某行政機關的男性工作者因過度追求女性同事而被迫辭職（若不辭職就免職），同時在某種程度上也有淪為政爭工具。再者，從事接觸性之按摩工作常見推拿師面對類似仙人跳之陷阱而涉入訴訟者多，而等待公平正義的判決是漫長的。此見臺北高等行政法院 105 年度訴字第 215 號判決自明：

......被判斷是否構成性騷擾行為之標準，均以被害人指稱對方令其不舒服、無法接受之不合理行為，業經證明確有其事，始有適用之餘地。......本院調查審酌後，並無法確切證明原告有周君所指稱為其進行全身推拿時，故意觸摸其下體之性騷擾行為，則被告（機關）以原處分認定原告性騷擾事件成立，已乏依據，而無可維持，......，故其認定原告有《性騷擾防治法》第 2 條第 2 款所指性騷擾行為，並無違誤云云，自非可採。

「性別平等」傳統上是指兩性應享有平等的公民權利，在政治、經濟、社會和家庭中應受到平等對待。過去臺灣傳統文化受沙文主義及父權至上與男主內女主外之約束，致婦女工作權益受到不平等對待，但經多年努力已漸趨平等。目前我國《性別工作平等法》促進性別平等相關措施，主要是推動友善生育措施，包括產假、產檢假、育嬰假、哺乳時間、減少或調整工時、家庭照顧假、哺乳室、托兒設施或措施。

壹、生理假

女性員工因生理日致工作有困難者，每月得請生理假一日，全年請假日數未逾三日，不併入病假計算，其餘日數併入病假計算。女性受僱者申請生理假時，是否應提出證明文件？透過中央主管機關的解釋當然不必提供證明資料，若要提供必讓職業婦女相當尷尬，進而放棄請生理假，畢竟國情是拘束女性之矜持在某種狀況下仍需維持一定的隱私。

貳、產假

女性員工分娩前後，應停止工作，給予產假八星期；妊娠三個月以上流產者，應停止工作，給予產假四星期；女性員工受僱工作在六個月以上者，停止工作期間工資照給，未滿六個月者減半發給；妊娠二個月以上未滿三個月流產者，應停止工作，給予產假一星期（給假不給工資，不扣全勤）；妊娠未滿二個月流產者，應停止工作，給予產假五日（給假不給工資，不扣全勤）；女性員工請產假須提出證明文件。

勞工請假規則第 9 條規定，雇主不得因勞工請婚假、喪假、公傷病假及公假，扣發全勤獎金；勞工因妊娠未滿三個月流產未請產假，而請普通傷病假者，亦同。因此，因流產而請病假者，必須發給全勤獎金。

參、安胎休養假

員工懷孕期間需安胎休養者，其治療或休養期間，併入住院傷病假計算。安胎休養請假薪資之計算，依病假規定辦理。

肆、陪產檢及陪產假

受僱者陪伴配偶妊娠產檢或其配偶分娩時，雇主應給予陪產檢及陪產假七日，薪資應照給。但該期間之第六日、第七日部分，得向勞動部勞工保險局申請補助。依《性別工作平等法施行細則》第 7 條新修正規定，受僱者請「陪產檢及陪產假」時，如係為陪伴配偶產檢，應於配偶妊娠期間請休，如係為陪伴配偶生產，應在配偶分娩的當日及其前後合計十五日期間內請休。

伍、產檢假

員工妊娠期間，給予產檢假七日。產檢假期間，薪資照給。

第二節　案例探討

案例 1　過度追求是否構成性騷擾？

假設 2020 年 3 月 1 日、5 月 1 日、7 月 1 日 A 醫院甲醫師對乙護士詢問婚姻狀況且告訴乙，願意擔任乙兒子的父親。又甲經常搭訕乙，乙均拒絕開口說話，甲常說我看著你就好。甲曾三次拿信用卡給乙，請乙購物並刷用，乙拒絕。甲的行為觸法嗎？

💡 問題意識

過度追求是否構成性騷擾？每個人都有表達情感的權利，但也要尊重他人選擇的權利。甲男可以向乙女表達愛意，同時應該尊重乙女的拒絕。

💡 爭點分析

性騷擾(Sexual harassment)指以帶性暗示的言語或動作，針對被騷擾對象強迫屈從，使對方感到不悅（圖 5-1）。[5]依《性別工作平等法》第 13 條規定，雇主有以下責任：僱用受僱者三十人以上者，應訂定性騷擾防治措施、申訴及懲戒辦法，規定處理性騷擾事件之程序如下：(1)實施防治性騷擾之教育訓練；(2)設置性騷擾申訴之專線電話、傳真、專用信箱或電子信箱，並指定人員或單位負責；(3)與受僱者代表共同組成申訴處理委員會；(4)雇主若未依法訂定性騷擾防治措施、申訴及懲戒辦法，或知悉性騷擾情事而未採取立即有效之糾正及補救措施，主管機關可依同第 38-1 條規定處新臺幣 10 萬元以上 50 萬元以下罰鍰（圖 5-2）。雇主已遵行各種防治性騷擾之規定，受僱者或求職者仍不免發生性騷擾情事，而受有損害者，雇主可不負連帶損害賠償責任。雇主若知悉性騷擾情形而未採取立即有效之糾正及補救措施，造成受僱者或求職者受有損害，雇主應負賠償責任[6]。

5　維基百科 https://zh.wikipedia.org，查詢日期：2020 年 10 月 5 日。

6　勞動部 https://www.mol.gov.tw，查詢日期：2020 年 10 月 5 日。

　　不論男女每個人都有追求幸福的權利，異性或同性間的追求本無對錯，但如果對方表示拒絕，行為人卻不尊重對方的感覺，堅持繼續熱烈追求，就是過度追求。換言之，過度追求是不受歡迎的追求。是否過度追求？需依據個案情況判斷，如被追求者有負面感受，而表達拒絕之意，追求者仍違反其意願繼續追求，會被認為是過度追求。最高法院 107 年度台上字第 3348 號判決示以：

如被害人對於性行為之拒絕、自衛、選擇及承諾等性自主權遭壓抑或破壞時，即應認係「違反其意願」。臺灣高等法院 96 年度上字第 878 號民事裁判略以，在法律層面而言，固應採取一般合理個人之客觀認定標準，惟就被害人方面，容有與客觀標準不同之主觀感受。

　　本案甲已經侵犯乙的人格法益致乙精神極大痛苦，遭法院判賠 10 萬元。

圖 5-1 ▶ 性騷擾判斷層次

圖 5-2 ▶ 雇主責任（含代表雇主之人）[7]

案例 2 **假借同情藉機侵犯他人身體，應負何種法律責任？**

被害者 A 女為甲縣衛生局臨時人員，而 B 男為甲縣衛生局稽查員，兩人是同事關係，並無工作職務隸屬關係。B 男因 A 女心情不佳，開車載 A 女到海邊，B 男趁其不備，摟抱 A 女及拍肩，甚至雙手觸及 A 女胸部後，雙手上移至肩膀並強壓 A 女至椅背上使其無法自由移動欲強吻 A 女，造成 A 女之不悅及反感而拒絕。B 男的法律責任為何？【新聞改編】

💡 **問題意識**

　　公務員有《性別工作平等法》之適用[8]。

───────────

[7]　112 年 8 月 16 日修正公布更名為《性別平等工作法》。

[8]　同上註。

💡 **爭點分析**

　　2002 年通過的《性別工作平等法》包含消除性別歧視、性騷擾之防治及促進性別平等措施等內容。主要可將其歸納為三大項：性別歧視之禁止、性騷擾之禁止及母性特別保護等條文。公務員有該法之適用。

　　因 B 男是公務員，案經移送公懲會調查，B 男在海邊有搭肩與擁抱肢體碰觸情事，構成性騷擾。另 B 男跟同仁說，A 女對於 B 男上下其手、強行摟抱行徑，已造成使 A 女感受被冒犯之情境，而有損及 A 女之人格尊嚴，造成其心靈極大創傷，情節自屬重大，核予連降 2 級之懲戒[9]。

　　當我們遇到這樣性騷擾的行為就應當下立即表達自己不舒服的感受，並提出申訴或訴訟。

延伸閱讀　　【過度追求之性騷擾非免職不可嗎？】

　　多年前，A 機關的阿美因調動內勤而需阿強幫忙教她公文處理的設備及相關作業，在 6 個月期間，未婚之阿美與未婚阿強（歷年考績大都是甲等）常與一群同事一起出去用中餐，6 個月後阿美提出被阿強過度追求之性騷擾申訴，機關首長下令要阿強選擇免職或辭職，在壓迫下阿強選擇辭職，結束公務生涯。

　　阿強之追求行為包括每晚訴情的信件及告訴阿美經常在夜晚的樓下等待……，依據《性別工作平等法》之規定[10]，騷擾之行為人須負擔民事責任，但公務機關對於該等行為有懲罰規定，不過情節輕微者，多數只限於記過範圍。本案若構成免職是行政訴訟標的，法院可以審酌，但是首長以免職逼辭職，除免去訴訟之繁外，也免除被質詢之苦，機關首長之權限及影響力夠大，裁量權夠寬，性騷擾要件又過於抽象。因此，公務機關辦公室戀情是否比企業的保障低，恐有檢討空間。蓋《勞動基準法》第 12 條的規定並無以性騷擾為由而終止契約的規定，縱事業單位在工作規則或勞動契約有規定或約定解僱，衡其情狀若違反「最

9　https://www.ettoday.net/news/20150622/523869.htm，查詢日期：2020年 11 月 23 日。《性別工作平等法》第 12 條為受僱者於執行職務時，任何人以性要求、具有性意味或性別歧視之言詞或行為，對其造成敵意性、脅迫性或冒犯性之工作環境，致侵犯或干擾其人格尊嚴、人身自由或影響其工作表現。《公務員服務法》第 5 條為公務員應誠實清廉，謹慎勤勉，不得有驕恣貪惰，奢侈放蕩及冶遊、賭博、吸食煙毒等足以損失名譽之行為。

10　112 年 8 月 16 日修正公布更名為《性別平等工作法》。

後手段原則」仍非合法行為，是不當解僱。但公務機關的首長，若以行為不檢要求終止公法上之職務關係是否更應有法律之拘束，否則在恐嚇下的辭職，造成公務員身心創傷之陰影恐難治癒，本文認為已近乎暴力霸凌。茲摘述臺北地方法院100 北勞簡 6 號民事判決供參閱及比較：

按勞工違反勞動契約或工作規則，情節重大者，雇主得不經預告終止契約，《勞動基準法》第 12 條第 1 項第 4 款定有明文。而勞工基於勞動契約所負之義務，不僅只包括勞務給付之義務，更包括忠實之義務，例如服從雇主指揮監督、遵守雇主所定工作規則之義務、守密之義務及審慎勤勉之義務。因此，勞工如違反上述義務，即難於維持雇主對事業之統制權與企業秩序，自可認勞工違反勞動契約或工作規則。又前開條文所謂「情節重大」，係屬不確定之法律概念，不得僅就雇主所訂工作規則之名目條款列為重大事項作而為決定之標準，須勞工違反工作規則之具體事項，客觀上已難期待雇主採用解僱以外之懲處手段而繼續其僱傭關係，且雇主所為之懲戒性解僱與勞工之違規行為在程度上須屬相當，方符合上開規定之「情節重大」之要件。則勞工之違規行為態樣、初次或累次、故意或過失違規、對雇主及所營事業所生之危險或損失、勞雇間關係之緊密程度、勞工到職時間之久暫等，均為是否達到懲戒性解僱之衡量標準（最高法院 95 年度台上字 2465 號判決意旨參照）。易言之，必須勞工之行為不檢，非特違反勞動契約或工作規則，且在客觀上及社會一般通念上，均認足以對於雇主之財務、營運及履約造成重大影響，因而導致勞動關係進行受到干擾，而有賦予雇主立即終止勞動契約關係權利之必要。

承上，同事間未婚男女之過度追求「寫信……等待……」若歸類在行為不檢，則解僱必須考量下列事項：是否涉及難於維持雇主對事業之統制權與企業秩序是否違反守密之義務及審慎勤勉之義務？客觀上是否已難期待雇主採用解僱以外之懲處手段而繼續其僱傭關係？雇主所為之懲戒性解僱與勞工之違規行為在程度上是否屬相當？基此，A 機關首長所持之標準是否失衡？本案突顯機關首長口諭涉濫用權利之法律規避行為，容有檢討必要，蓋每位勞工的工作權均受憲法保障，公務機關工作人員是白領勞工，涉及憲法核心之基本工作權，也應有相同保障尺度[11]。

---

[11] 筆者為公務機關性別人才資料庫專家學者。

案例 3 如因性別遭受職場不公平待遇，該如何處理？

阿美網路上的留言：

1. 工作場所全都是男同事，只有我是女生，主管因為我是女生，體力不如男生等理由，要求我一人擔起全部人的外派工作。

2. 我的工作表現由全部男同事打分數，並利用這個結果強制外派。

3. 老鳥同事與我關係並不好，常教唆其他同事打低分。

此留言顯然有性別歧視及職場霸凌情事，當您也面對相同問題時，如何處理？

💡 問題意識

性別歧視的概念是什麼？在職場上能意識到是性別歧視嗎？

💡 爭點分析

美國 1964 年民權法案第 7 章規定，禁止就業上性別歧視。性騷擾是性別歧視，該國最高法院認為性騷擾的防治是雇主責任，但是其性質卻有兩種看法，一為代理責任(Vicarious liability)，另一為絕對法律責任。我國《性別工作平等法》第 13 條規定[12]，僱用受僱者三十人以上者，應訂定性騷擾防治措施、申訴及懲戒辦法，並在工作場所公開揭示，違反者，會公布行為人姓名或名稱、負責人姓名，並限期令其改善；屆期未改善者，按次處罰，可處新臺幣 10 萬元以上 50 萬元以下罰鍰。雖然規定嚴謹，但職場上還是有許多雇主不重視性別歧視之防範措施。

由於職業選擇是自由的，因此在軍警或其他需要力大的單位（例如：船公司的水手）多數是以男性為主力，但是部分女性也能勝任，產生同組織而男女性別有 9：1 之差距，在工作績效競爭上會產生女性被惡意歧視現象。本案阿美可向公司上一級主管申訴或直接到當地勞工主管機關提出申訴。

---

[12] 112 年 8 月 16 日修正公布更名為《性別平等工作法》。

延伸閱讀　【變更性別是否須進行變性手術？】

　　甲出生時為一名男性，在成長過程中始終認為自己為女性，遂於 20 歲時向地方戶政機關辦理性別變更登記。然而，依照內政部函釋，欲申請性別變更登記者，須經變性手術且精神科醫師評估鑑定之診斷書，因此，甲的申請即遭回絕。然而相同問題德國法院裁定：跨性別者的性別的認定，不該以是否實施性別重置手術為依據，同時必須考量該手術對當事人可能造成的身心負擔，性別認定該以當事人的性別認同為考量重點。德國已在 1980 年針對變性人進行立法，德國的《變性人法》歷經憲法審查，逐步確立變更性別無須經變性手術。未來臺灣法思維是否朝向德國制度？有待觀察[13]。

專｜題｜探｜討

各階層工作者可能面臨身心傷害之性騷擾？

　　阿美在一家木業公司工作一年，2020 年 1 月 3 日至 2020 年 6 月期間公司的老闆阿強經常對她講一些很奇怪的話，例如是否願意在不影響雙方家庭的情況下交往等語，且做出握手及親吻與碰觸阿美腰部之肢體動作。阿美非常生氣而且無法忍受，某日阿強追問阿美為何與 B 公司的阿毛交往，更引起阿美反感，於是向主管機關申訴。

◎ 問題意識

　　本件是否定性為性騷擾？雇主不當追求其公司之員工，有法律責任嗎？當事人或求職者在職場上出現這種情況的處理方式是什麼？

---

[13] 張永明(2008)，我國變性人之基本人權省思／德國變性人法案與著名憲法裁判簡介，台灣法學雜誌，118，頁 53-68。張玉(2010)，淺析變性的原因與變性人法律保障的缺失─聚焦〈變性手術技術管理規範〉，廣西政法管理幹部學院學報，25(1)，頁 50-53。在就業方面，本文認為應消除一切歧視，給變性人就業平等機會；在人身方面應仿美國聯邦及各州保護變性人相關規定強化保護。

給女員工：

女性很勇敢？會為拒絕性騷擾而發聲？妳有性別意識與自覺？

給男員工：

男性有「特權」？你能體會被壓抑／壓迫的感受嗎？

給社會大眾：

你認為法律層面是保障誰？

◎ 爭點分析

傳統家庭結構是男主外女主內的分工模式，女性無法從事社會化的工作，只能被困在家庭與家具（被視為擺設用）及丈夫或兒女共居及照護他們[14]。

隨工業社會勞動力的需求，女性進入工廠，但長期被壓迫與被歧視而有女性社會運動，相對地女性工作意識的覺醒也帶動許多破傳統的新訴求，尤其女性主義的興起，它起源於社會長期存在男女不平等[15]。

早期的歐洲共同體是以經濟發展為主軸，社會性議題並未受重視，但在歐洲統合之過程中，歐洲法院(European Court of Justice, ECJ)一直扮演相當重要之角色，包括促進、監督及詮釋職業婦女之各項權利部分，它曾讓就業上性別平等之理念更易達成。[16]迄至 1978 年男女社會安全平等待遇指令制定後，性別工作之平等漸被尊重。

另美國早在 1964 年制定民權法案第 7 章(Title VII of the Civil Rights Act of 1964)時，即已將性別(Sex)列為禁止歧視之項目。[17]美國最高法院於 1986 年認為性騷擾就是 1964 年民權法案第 7 章就業上性別歧視，必須由雇主負擔職場上之

---

[14] 王守仁(1999)，吳新雲，性別‧種族‧文化——托妮‧莫里森的小說創作（修訂版），北京：北京大學出版社。

[15] 同上註。

[16] 關於歐洲法院在歐洲統合中所扮演角色之說明，參見王玉葉(2003)，歐洲法院，黃偉峰主編，歐洲聯盟的組織與運作（頁 344-353），臺北：五南。王玉葉(1998)，歐洲法院與歐洲統合，沈玄池、洪德欽主編，歐洲聯盟：理論與政策（頁 109-118），臺北：三民。https://www.npf.org.tw/2/5212，查詢日期：2020 年 8 月 7 日。

[17] 就業上性傾向歧視爭議之解決－美國經驗之探討－國家政策研究基金會 https://www.npf.org.tw/2/5218

防治責任。性質上雇主是負擔何種責任？有兩種見解，第一為代理責任(Vicarious liability)，第二為絕對法律責任，本文認為視個案而定。

我國《憲法》第 7 條強調法律地位一律平等。性騷擾是違反禁止性別歧視之行為。尤其過度追求者是逾越尊重他人自由意志的違法行為，雖涉及情不自禁之心理層面，但是任何人均有不受騷擾之權利。

本案應注意之事項：

1. 現行法的規定

我國《性別工作平等法》第 1 條規定：「為保障性別工作權之平等，貫徹憲法消除性別歧視、促進性別地位實質平等之精神，爰制定本法。」此為《性別工作平等法》之立法精神[18]。

《性別平等教育法》第 2 條第 1 項第 4 款均規定：「本法用詞定義如下：四、性騷擾：指符合下列情形之一，且未達性侵害之程度者：（一）以明示或暗示之方式，從事不受歡迎且具有性意味；（二）以性或性別有關之行為，作為自己或他人獲得、喪失或減損其學習或工作有關權益之條件者。

然而，具體判斷性騷擾行為的基準是什麼？依照《性別工作平等法》第 12 條第 2 項規定，需要根據個案的事發背景、工作環境與當事人使用的言詞舉止進行判斷。任何動作被拒絕或被認為是噁心、有厭惡感，或是「調戲」，均構成性騷擾。[19]同法第 13 條規定略以，雇主應防治性騷擾行為之發生。其僱用受僱者三十人以上者，應訂定性騷擾防治措施、申訴及懲戒辦法，並在工作場所公開揭示。雇主於知悉前條性騷擾之情形時，應採取立即有效之糾正及補救措施。

2. 申訴

阿美向主管機關申訴，案經審議結果認阿強違反《性別工作平等法》第 13 條第 2 項成立[20]。本件阿美與阿強是僱傭關係，阿強是雇主且過度追求，讓阿美不舒服且阿美有拒絕，阿強卻仍持續為阿美不悅之追求，已侵害阿美的人格尊嚴，並影響阿美工作表現，屬性騷擾行為。

---

[18] 112 年 8 月 16 日修正公布更名為《性別平等工作法》。
[19] 調戲乃指不正當之言語動作，為挑引性慾之行為。
[20] 112 年 8 月 16 日修正公布更名為《性別平等工作法》。

3. 未來展望

2019 年 ILO 第 190 號暴力及騷擾公約，明確指出務必消除及禁絕勞動世界的暴力及騷擾，凡導致或可能導致生理、心理、性傷害或經濟傷害的不可接受的行為和做法或它們帶來的威脅，無論是只發生一次，還是反覆發生的行為，均應禁止，包括基於社會性別的暴力和騷擾。目前我國職場上禁止性騷擾的防治主體為雇主，但是雇主本身的性騷擾行為，甚至性侵要如何防治？「權力」成了讓性騷擾害者選擇沉默忍受的原因？[21]值得省思。

◎ 延伸閱讀 ◢ 性騷擾防治法的定義

最高法院認為《性騷擾防治法》之「性騷擾」是指帶有性暗示之動作，具有調戲之含意，讓人有不舒服之感覺（最高法院 100 年度台上字第 2479 號判決），並非將性騷擾限縮在與「利益交換」或「敵意環境」有關之範疇。《性騷擾防治法》第 25 條規定之「性騷擾」，指對被害人之身體為偷襲式、短暫式、有性暗示之不當觸摸，含有調戲意味，而使人有不舒服之感覺，但不符合強制猥褻構成要件之行為而言（最高法院 102 年度台上字第 2113 號、100 年度台上字第 6953 號、第 393 號、99 年度台上字第 2516 號、96 年度台上字第 6736 號判決）。

案例 4 **無實質工作而於公司掛名投保，可以領育兒津貼嗎？**

阿美的父親是 A 公司的總經理，阿美在公司擔任經理工作，派到大陸工作期間認識阿強就定居大陸，無大陸戶籍，仍是臺灣戶籍，但工作都是用信件傳送，阿美生了兩個小孩，都有領育嬰津貼，事後勞保局認為阿美的投保有問題而撤銷給付並要求返還育嬰津貼 15 萬元及取消投保資格。其中勞保局認為有一部分的薪資是父親的名義轉匯，因此認為無僱傭事實。但是 A 公司主張有繳阿美所得稅。

---

[21] 參見 https://www.storm.mg/article/4348156。

🔔 問題意識

　　勞工工作任職滿 6 個月、在小孩子三歲前，可以請兩年「留職停薪」，這兩年裡有六個月可以領 60%的育嬰津貼（2021 年 7 月改為 80%），而且父母的「育嬰假」是各自獨立，父或母均可申請。

🔔 爭點分析

　　近年國人申請育嬰留職停薪津貼件數呈逐年增加之趨勢，例如：民國 98 年 109,861 件，增至民國 102 年 338,466 件，大幅增加了 228,605 件。育嬰假父親或母親均可申請。最近發現以 40~44 歲前以女性申請人數較高；而 40~44 歲後，男性申請人數遠高於女性。政府部門亦以女性較男性提出可能性較大[22]。

　　勞工分為藍領與白領階層兩種。員工在申請育嬰留停的案例，大部分是藍領階層，中高階的主管是沒有人在申請育嬰留停。另大公司員工能順利申請者較小型企業容易。臺灣向來多以中小型企業為主，因此法令之規範有必要考量地區或人數之適用情形[23]。

　　事實上臺灣家族企業很多，也有一些公司的人力是臨時掛名公司投保，例如：家人間或親屬關係的寄保，其目的是為申領半年津貼而掛名，但無實質工作。本案阿美的父親是 A 公司的總經理，是直系親屬關係，阿美雖在公司擔任經理工作，但在大陸定居，雖無大陸戶籍，但其工作都是用信件傳送，勞保局認為與僱傭關係提供的勞務有差異性，認為阿美的投保有問題而撤銷給付並要求返還育嬰津貼 15 萬元及取消投保資格。其中最大疑點是阿美一部分薪資是用其父親個人名義發給且薪資所得的金額有出入，因此勞動部駁回阿美的訴願。

　　本件阿美有提供在大陸工作之會議記錄及相關訂單之郵件，但是勞動部仍認為無僱傭事實，勞動部是否有盡查證義務，容有質疑，未來仍有探討空間。

🔔 附註

修法沿革

　　有學者認為育嬰留職停薪的設計與促進工作平等的目標係有所衝突的，要消除歧視，也要提供職業技能訓練，以維持一定競爭條件或優勢。另在保險給付的

---

[22] 林淑慧、李政儒(2015)，受僱者申請育嬰留職停薪之性別差異影響因素研究，臺北：勞動部勞動及職業安全衛生研究所。

[23] 同上註。

設計上，採取「給付分級、保費分級」，以滿足不同所得勞工的需要。[24]本文贊同，蓋從企業管理層面而言，育嬰留職只是停薪是不足的，因為企業本身的外在競爭很嚴峻，人才或人力兩欠缺必被淘汰。從勞工而言，若請六個月以上的假，工作生疏或脫離感必相隨，自非無慮。美國中央情報局(CIA)認為，臺灣在 2021 年 227 個國家／地區中預計生育率最低，為建構友善生養環境，2021 年 7 月政府修增法令重點如下（修正育嬰留職停薪實施辦法；增訂育嬰留職停薪薪資補助要點；增訂產檢假薪資補助要點），期盼對未來人口數會增長[25]。

1. 產檢次數增加為 14 次，並新增妊娠糖尿病篩檢、貧血檢驗與 2 次一般超音波檢查；產檢假由 5 日修正為 7 日，增加 2 日之薪資由政府補助。

2. 父母可同時申請留職停薪；留職停薪津貼，調高至 80%；配偶未就業，也可以申領。

3. 申請期間不低於 30 日，以 2 次為限。但「應提前預告雇主」。

4. 補助不孕夫妻做試管嬰兒的費用。

案例 5 留職停薪中的勞工，雇主可以資遣嗎？

2020 年 COVID-19 疫情不退，5 月 A 大飯店傳出大量資遣員工，甚至包含一名孕婦。B 企業的勞工阿美向主管機關陳情表示：「育嬰留職停薪將於 9 月中旬屆滿，向雇主申請復職，雇主卻回覆並無多餘職缺可供復職，原職務已遇缺不補，並且雇主告知將被資遣。」，[26]請問雇主的回覆對嗎？

💡 問題意識

留職停薪中的勞工，雇主可以資遣嗎？

---

[24] 育嬰留職停薪期間所得安全規劃之芻議，國家政策研究基金會 https://www.npf.org.tw/1/4222，查詢日期：2021 年 7 月 1 日。

[25] 資料來源：https://heho.com.tw/archives/170756，查詢日期：2021 年 7 月 1 日。

[26] 不可恣意資遣育嬰留職停薪員工　北市勞動局：企業恐吃 30 萬罰單。https://tw.news.yahoo.com/。查詢日期：2020 年 9 月 16 日。

爭點分析

依《性別工作平等法》第 17 條規定[27]，員工於育嬰留職停薪期滿申請復職時，雇主除有歇業、虧損、業務緊縮、解散、轉讓或不可抗力暫停工作達 1 個月，或業務性質變更，有減少受僱者之必要，又無適當工作可供安置者等以上等法定事由，並經主管機關同意者外，雇主不得拒絕員工復職申請，且雇主無法讓員工復職時，應於 30 日前通知員工，並應依法定標準發給資遣費或退休金，如果雇主未經同意而直接資遣員工，經查證屬實，雇主將被處以 2 萬至 30 萬元罰鍰。所稱「30 日前通知」規定，為「預告」性質，雇主倘未依法於 30 日前通知，於適用《勞動基準法》的事業單位，仍應依法發給預告期間工資。

簡言之，如果雇主欲資遣育嬰留職停薪期間的員工，必須符合《性別工作平等法》第 17 條法定事由，並經主管機關同意後，方可進行資遣。但在疫情期間雇主已進行部分資遣及縮小經營範圍，此時宜探討者為工作權保障。換言之，留職停薪者之復職工作權與現職人員被資遣所涉之工作權是否有優先順序問題？有無例外特殊性之考量，雖屬企業內部管理制度，但就員工而言，一經失業，生活困頓、家境斷炊均有可能，因此，企業的策略、制度均很重要，宜謹慎處理。

案例 6 留職停薪一年後要復職，公司卻留用職務代理人，該如何處理這種狀況？

阿美產後向 A 公司申請育嬰留職停薪一年，A 公司僱用很認真工作之阿英擔任職務代理人，期間是一年。光陰似箭，一年期間屆滿，阿美申請復職，但是阿英卻很擔憂無工作待業會很悶，於是向 A 公司協商可否調整到其他部門，但 A 公司的經理說：人力已足，無增員需求。同時表示希望留下阿英而不是阿美，阿英左右兩難，在管理及法律層面如何處理最恰當？

問題意識

留職停薪一年對工作會生疏而不宜復職嗎？

---

[27] 112 年 8 月 16 日修正公布更名為《性別平等工作法》。

💡 爭點分析

就復職而言，依《性別工作平等法》第 17 條規定[28]，受僱者於育嬰留職停薪期滿後，除非有同條規定之特定情形，否則雇主不得拒絕受僱者申請復職。然而何時復職？高等法院 108 年勞上易字第 95 號民事判決略以：

留職停薪期間，得與雇主協商提前或延後復職。《育嬰留職停薪實施辦法》第 3 條定有明文，上訴人固得申請延長育嬰假，但依上開規定申請延長育嬰復職時，應與雇主協商。上訴人申請育嬰假至 106 年 12 月 31 日屆滿，於上開期日屆滿前，上訴人並未再申請延長育嬰假，……。

承上，復職是勞雇雙方要協商事項，但是勞動部於民國 99 年勞動 3 字第 0990130965 號函示略以：

受僱者育嬰留職停薪期滿後申請復職，雇主自應以回復原職為原則。另雇主如經徵得受僱者同意，亦可調動受僱者，惟仍應參照調動五原則相關規定辦理，以保障受僱者之工作權。雇主如有違反勞動契約或勞工法令致有損害勞工權益之虞之事由時，受僱者可依《勞動基準法》第 14 條第 1 項第 6 款規定不經預告與雇主終止勞動契約，雇主應依勞工工作年資適用不同退休法令規定分別依《勞動基準法》第 17 條及第 84 條之 2 或《勞工退休金條例》第 12 條規定計給資遣費。

依函示之內容，回復原職為原則，但並非無調整空間，只要在勞方同意並且無違反調動五原則即可。若將司法與行政加以區別，法院著重勞資雙方平等原則之協商，但是行政機關則有傾斜勞方照顧之立場，相當明顯。

本案阿美拿到資遣費，阿英繼續僱用。

案例 7 徵才內容標年齡限制，是否構成就業歧視？

阿美於 96 年 11 月 21 日在聯○報刊登招募業務人員之求才廣告，且該廣告內容載有「適年 40 歲內」乙語等情，並有刊登上開廣告之新聞紙，是否違反就業平等原則而構成就業歧視[29]？

---

[28] 112 年 8 月 16 日修正公布更名為《性別平等工作法》。
[29] 臺北高等行政法院判決 97 年度簡字第 619 號。

🔖 問題意識

　　禁止雇主以外貌或年齡等無關工作之因素，決定求職者或受僱者勞動條件之有無或不平等對待。

🔖 爭點分析

　　《就業服務法》第 5 條第 1 項規定：「為保障國民就業機會平等，雇主對求職人或所僱用員工，不得以種族、階級、語言、思想、宗教、黨派、籍貫、出生地、性別、性傾向、年齡、婚姻、容貌、五官、身心障礙或以往工會會員身分為由，予以歧視；其他法律有明文規定者，從其規定。」同法第 65 條規定：「違反第 5 條第 1 項規定者，處新臺幣 30 萬元以上 150 萬元以下罰鍰。」另《行政罰法》第 8 條規定：「不得因不知法規而免除行政處罰責任。但按其情節，得減輕或免除其處罰。」同法第 18 條第 3 項規定：「依本法規定減輕處罰時，裁處之罰鍰不得逾法定罰鍰最高額之二分之一，亦不得低於法定罰鍰最低額之二分之一……，但法律或自治條例另有規定者，不在此限。」

　　本件阿美雖主張所徵業務人員之工作性質須協助送貨、卸進口櫃及搬運重物，屬體力所需之粗重工作，以年齡在 40 歲上下者較適合，廣告僅係提示所徵職務需求以身體健康體力佳者為適任，40 歲年齡較適合，以免應徵者無法契合該工作內容，不得因此遽指為已限制該條件以外之人就職機會，且廣告係刊登「適年 40 歲」，非「限 40 歲」，足認各種年齡階層之人均得報名應徵，並未戕害「保障國民就業機會平等」之立法目的。

　　承上，本文認為徵才內容的歧視與否，宜個案判斷，即必須考量就業機會保障及企業營運市場競爭的平衡。但就企業管理層面而言，內部管理制度的專業設計更是重點工作，否則爭議不斷。

案例 8 粉絲單方面的愛慕與追求，合法嗎？

阿美於 112 年 3 月 1 日離職，雇主阿強卻每天不停地從下午打電話到晚上，向阿美問安或邀約出遊等，到底阿強所為跟蹤騷擾行為的法律責任？【法院案件改編】

💡 **問題意識**

　　性騷擾的方式有很多類型，參見圖 5-3。

　　《跟蹤騷擾防制法》於 111 年 6 月 1 日起施行，行為人不當追求造成當事人心生畏怖，應負法律責任。

💡 **爭點分析**

一、立法理由

　　跟蹤騷擾行為刑罰化之理由，乃著眼於跟蹤騷擾行為之行為人多係本於迷戀、追求未遂、權利與控制、性別歧視、性報復或性勒索之目的傾向，而利用性或性別之不對等地位，透過對於特定人即行為客體反覆或持續實施侵擾，使被害人長期處於不安環境中，影響其正常生活之進行，侵害個人行動及意思決定自由；行為人常伴隨無視被害人意願的固執性格，且藉由反覆實行相同或類似之作為來展現，行為態樣及所施手段較為嚴峻者，可能會使被害人處於生命、身體及自由受重大危殆之風險，因而擇以危險犯的規制模式，使國家公權力得以在實害發生前即介入處罰。

性騷擾方式

性要求　　拉小手

視覺騷擾　　環抱

肢體性騷擾
言語性騷擾

黃色圖片　　過度追求

黃色笑話

圖 5-3 ▶ 性騷擾方式和類型

二、責任概念：刑事責任

　　實行跟蹤騷擾行為者，處一年以下有期徒刑、拘役或科或併科新臺幣 10 萬元以下罰金，《跟蹤騷擾防制法》第 18 條第 1 項定有明文。同法第 18 條第 1 項所稱之「跟蹤騷擾行為」，依該法第 3 條第 1 項規定，係指以人員、車輛、工具、設備、電子通訊、網際網路或其他方法，對特定人反覆或持續為違反其意願且與性或性別有關之該條項所列舉之各款行為，使該特定人心生畏怖，足以影響其日常生活或社會活動，包含以電話、傳真、電子通訊、網際網路或其他設備，對特定人進行干擾之行為。

三、認定：個案審酌

法院認為應就個案審酌事件發生之背景、環境、當事人之關係、行為人與被害人之認知及行為人言行連續性等具體事實為之（《跟蹤騷擾防制法》施行細則第 6 條）。

四、判決

阿強犯跟蹤騷擾罪，處拘役肆拾日，如易科罰金，以新臺幣 1,000 元折算壹日[30]。

五、被害人可聲請保護令

通常保護令的內容包括下列事項：

‧ 相對人不得對聲請人為警告、威脅、嘲弄、辱罵、歧視、仇恨、貶抑或其他相類之言語或動作。

‧ 相對人不得以電話對聲請人進行干擾。

‧ 相對人不得對聲請人要求約會、聯絡或為其他追求行為。

‧ 相對人不得對聲請人寄送、留置、展示或播送文字、圖畫、聲音、影像或其他物品。

‧ 相對人不得向聲請人告知或出示有害其名譽之訊息或物品。

‧ 相對人不得濫用聲請人資料或未經其同意，訂購貨品或服務。

‧ 相對人應遠離下列場所至少 100 公尺：聲請人工作場所（地址：○○市○區○○路○○號）；其他聲請人經常出入之場所及其地址：○○市○區○○路○號）

‧ 相對人不得查閱聲請人之戶籍資料。

本保護令之有效期間為一年。

保護令參考下圖 5-4[31]。

---

[30] 本案參見臺灣臺中地方法院 111 年度易字第 2216 號刑事判決。

[31] 參見台南地方法院 112 年度跟護字第 1 號保護令。

臺灣臺南地方法院保護令
112年度跟護字第1號
聲　請　人
即被害人　　　　　　　　AC　000　－K　0000000　　　（真實姓名　　、年籍詳卷　　）
相　對　人　黃０榮
上列聲請人聲請對相對人核發保護令事件本院裁定如下：
　　主　文
相對人不得監視、觀察、跟蹤或知悉聲請人行蹤。
相對人不得以盯梢、守候、尾隨或其他類似方式接近聲請人之下列場所：1.工作場所地
址：臺南市○區○○路00號。2.經常出入或活動之場所地址：台南市○區○路0號
相對人不得對聲請人為警告威脅、嘲弄、辱罵、歧視、仇恨、貶抑或其他相類之言語或動作
相對人不得以電話對聲請人進行干擾
相對人不得對聲請人要求約會聯絡或為其他追求行為
相對人不得對聲請人寄送 留置、展示或播送文字、圖畫、聲音、影像或其他物品。
相對人不得向聲請人告知或出示有害其名譽之訊息或物品。
相對人不得濫用聲請人資料或未經其同意訂購貨品或服務。
相對人應遠離下列場所至少100公尺：聲請人工作場所（地址：臺南市○區○○路00號）；其他聲請人經常出入之場
所及其地址：臺南市○區○○路0號）
相對人不得查閱聲請人之戶籍資料。
本保護令之有效期間為一年。

圖 5-4 ▶ 保護令主文（參見臺南地院 112 年度保護令）

課後練習
EXERCISE

選擇題

（　）1. 對他人為性騷擾者，會有哪些法律責任？　(A)由直轄市、縣（市）主管機關處新臺幣一萬元以上十萬元以下罰鍰　(B)民事損害賠償　(C)刑事騷擾罪　(D)以上皆是。

（　）2. 下列何者正確？　(A)《性侵害犯罪防治法》規範性騷擾的法律　(B)性騷擾與性暗示之動作無關　(C)性騷擾行為不會傷害對被害人的身心　(D)一切不受到歡迎的、與性或性別有關，會讓您感到不舒服不自在、覺得被冒犯、被侮辱的言行舉止均是性騷擾。

（　）3. 我國訂定工作場所性騷擾之防治、救濟及申訴程序的法令為何？　(A)《性侵害犯罪防治法》　(B)《家庭暴力防治法》　(C)《性別平等工作法》　(D)《兒童及少年性交易防制條例》。

（　）4. 意圖性騷擾，乘人不及抗拒而為親吻、擁抱或觸摸其臀部、胸部或其他身體隱私處之行為者，要付下列何種責任？　(A)處二年以下有期徒刑　(B)拘役　(C)新臺幣十萬元以下罰金　(D)以上皆是。

（　）5. 性騷擾如何認定？　(A)應就個案審酌事件發生之背景、環境、當事人之關係　(B)不必顧慮有無違反意願　(C)以利誘方式要求被行為人提供性服務不是性騷擾　(D)以威脅方式要求被行為人提供性服務不是性騷擾。

（　）6. 性騷擾最基本的定義是什麼？　(A)不當碰觸身體、言語帶有性別歧視口頭等，都算是性騷擾　(B)過度追求不是性騷擾　(C)與性別歧視無關　(D)只發生在朋友間。

（　）7. 「摸大腿」的相關敘述何者最正確？　(A)《性騷擾防治法》刑事罰處罰對象　(B)客觀上應認係身體隱私部位　(C)女性大腿根部一般為衣著覆蓋遮隱之處，非屬正常禮儀下所得任意撫摸　(D)以上皆是。

（　）8. 強制猥褻的敘述何者最正確？　(A)須以強暴、脅迫、恐嚇、催眠術或其他違反其意願之方法，而為猥褻之行為　(B)猥褻必須「主觀上足以滿足自己性慾」　(C)屬刑法之罪　(D)以上皆是。

（　）9. 下列何者為性騷擾行為？　(A)摸一下胸部屁股　(B)開開黃色玩笑　(C)嘲諷、羞辱或貶抑被行為人的生理性別　(D)以上皆是。

（　）10. 被害人對加害人表示「不要再碰我身體」並辱罵髒話，是屬何種行為？　(A)拒絕被性騷擾　(B)開開玩笑　(C)調戲　(D)同意被性騷擾。

第六章

海洋法

第一節　沿革

第二節　案例探討

LAW & Life

第一節　沿革

　　海權是十五世紀末十六世紀前地理大發現，自此許多國家陸續朝海洋發展，國際海洋法之法典化，包括 1958 年確立四大公約及 1982 年確立海洋法公約。許多國家都能理解擁有海權就能控制海洋資源。美國是海權論的誕生地，也是世界最大的海權國家。

　　馬漢(Alfred Thayer Marhan, 1840~1914)為海權論的創立者，認為一支強大的海軍方能保障國家經濟與商業利益，一個國家無法同時發展陸權與海權。馬漢引證英國在拿破崙時代的戰爭中獲得海上霸權的事實，來證明欲發展海權必須以強大的海軍控制海洋，以掌握制海權。以美國而言，其海權思想經歷了三個階段，第一階段是馬漢時代，是海權論誕生時期；第二階段是冷戰期間，由萊曼創立了制海權理論；第三階段是冷戰結束後，新軍事變革、國際政治的極化以及全球化使美國海軍戰略轉型[1]。

　　兩千五百年前，古希臘海洋學家狄未斯托克曾言：「誰控制了海洋，誰就控制了一切。」挑明無大海無未來。目前國際海洋之爭，取決於「力」與「利」的角逐。

第二節　案例探討

案例1 中國盜採臺灣海域海砂，政府該如何處理？

近年中國不斷盜採我國經濟海域「臺灣淺堆」，尤其以臺灣灘與金馬澎附近海域為主。2020 上半年以來，海巡已驅離 2,367 艘次中國盜砂及運砂船。此盜採海砂牟取暴利，已經造成臺灣超過百億元的經濟損失，[2]目前政府如何處理？

---

[1] 馬漢海權論與海軍戰略論簡介：http://taiwantp.net/。

[2] 臺灣淺堆位於臺灣海峽西南側，在澎湖七美嶼西南方 30 浬外，距離馬公約 80 海浬，航程為馬公至七美的 4 倍，是澎湖最大傳統漁場，也是我國專屬經濟海域。https://www.setn.com/News.aspx?NewsID=787061，查詢日期：2020年 9 月 2 日。

💡 問題意識

　　何謂海權？何謂專屬經濟區？中國抽砂船盜採臺灣領海以外之專屬經濟海域的海砂，是否適用我國《刑法》偷竊罪？

💡 爭點分析

　　1982 年《聯合國海洋法公約》第 55 條規定，專屬經濟區是領海以外並鄰接領海的一個區域。《中華民國專屬經濟海域及大陸礁層法》第 18 條規定，在中華民國專屬經濟海域或大陸礁層，故意損害天然資源或破壞自然生態者，處五年以下有期徒刑、拘役或科或併科新臺幣 5,000 萬元以下罰金。此為我國之特別刑法，林鈺雄教授認為解釋上應認其性質同時屬於我國刑法屬地原則之例外擴張的規定。

　　專屬經濟區是國際海洋法為解決國家或地區之間的海域爭端而提出的一個區域概念。專屬經濟區從測算領海寬度的基線量起，不應超過二百海浬（370.4 公里）。[3]由於我國與其他鄰近國家海域重疊性高致常有爭端造成外交緊張，例如：2013 年 5 月 9 日在巴林坦海峽的中華民國（臺灣）及菲律賓因兩國之專屬經濟海域重疊，造成廣大興 28 號船上漁民洪石成死亡[4]。

　　除沿海漁船事件外，近年來，中國抽砂船盜採海峽中線附近的臺灣淺堆海砂，破壞漁業資源造成自然環境與海洋生態浩劫，可能改變航道深淺、商船航海圖、軍艦（含航艦、潛艦）通行航道[5]。

　　我國是否有刑事管轄之制止權而加以科刑？從法制及國土安全而言，本文讚同林鈺雄教授見解，採肯定觀點。例如：2019 年 10 月 24 日我國海巡與檢方及澎湖縣政府聯合出擊，查獲涉嫌在澎湖縣七美鄉西南臺灣淺堆盜採海砂的中國抽砂船及人員，帶回人、船，28 名船員經檢察官向法院聲押後悉數羈押，此為經濟海域犯罪案，就是我國刑法管轄事務之一環。臺灣澎湖地方法院 108 年度簡字第 12 號刑事簡易判決略以：

---

[3] 聯合國 1982 年第三次海洋法會議做出《聯合國海洋法公約》決議，對於專屬經濟區有詳細規定。該公約已有 160 國批准簽署，目前僅有美國、朝鮮、伊朗、泰國、利比亞等尚未批准。https://zh.wikipedia.org/zh-tw。查詢日期：2020年 9 月 3 日。

[4] 菲律賓總統艾奎諾三世透過發言人以及菲律賓駐臺辦事處主席裴瑞茲(Amadeo Perez)代表「他個人（艾奎諾三世）與菲律賓人民」向臺灣對於這場「不幸且非故意」的事故道歉。https://zh.wikipedia.org/wiki。查詢日期：2020年 9 月 3 日。

[5] 林鈺雄／陸船盜採海峽砂　如何繩之以法？https://forum.ettoday.net/news/1569300#ixzz6WrywlOIC。查詢日期：2020年 9 月 2 日。

主　文

康○輝共同犯《中華民國專屬經濟海域及大陸礁層法》第 18 條之罪，處有期徒刑陸月，如易科罰金，以新臺幣 1,000 元折算壹日。扣案之大陸漳州籍「○○9969 號」散貨船（即抽砂船）壹艘沒收。……。

　　臺灣橋頭地方法院 109 年度訴字第 271 號刑事判決略以：

主　文

肖○容共同犯《中華民國專屬經濟海域及大陸礁層法》第 18 條之罪，處有期徒刑柒月；扣案之大陸漳州籍「海航 5679 號」抽砂船壹艘沒收之。……。

　　承上，此種國土問題應列入國家防禦或保護範圍，必須再加強相關措施積極處置。近日政府雖有提出重罰之修法建議，但本文認為除此外，應加強編列預算，增補相關人力的配置，刻不容緩[6]。

💡 附註

110 年 2 月 3 日公布《土石採取法》第 36 條修正內容如下：

　　未經許可採取土石者，處新臺幣 100 萬元以上 500 萬元以下罰鍰，直轄市、縣（市）主管機關並得限期令其辦理整復及清除其設施，屆期仍未遵行者，按日連續處新臺幣 10 萬元以上 100 萬元以下罰鍰至遵行為止，並沒入其設施或機具。必要時，得由直轄市、縣（市）主管機關代為整復及清除其設施；其費用，由行為人負擔。

　　未經許可，以船舶或其他機械設備方式，在下列區域採取土石者，處一年以上七年以下有期徒刑，得併科新臺幣一億元以下罰金：

一、中華民國內水（不含內陸水域）及領海。

二、依《臺灣地區與大陸地區人民關係條例》第 29 條第 2 項規定公告之金門（含東碇、烏坵）、馬祖（含東引、亮島）及南沙地區之限制、禁止水域。

6　〔記者黃欣柏／台北報導〕有鑑於中國抽砂船頻頻盜取我國專屬經濟海域內的「臺灣灘」砂石，危害臺灣海洋生態及國土安全，內政部昨預告將修正《專屬經濟海域及大陸礁層法》，把盜採我國經濟海域土石的刑度提高至一年以上、七年以下，罰金上限也提高至 8,000 萬元，希望藉此強化嚇阻力。https://news.ltn.com.tw/news/politics/breakingnews/3228775。查詢日期：2020年 9 月 7 日。

供前項犯罪用之船舶或其他機械設備，經判決沒收確定，得視個案情節需要拍賣或變賣，或專案報准依下列方式之一處置之：

一、無償留供公用。

二、廢棄。

三、為其他適當之處置。

案例 2 **於專屬經濟區發生船舶內性騷擾，該如何調查？**

漁船 T 懸掛國旗在 P 專屬經濟海域作業，依據 P 國法律規定，任何進入該國作業之外國船必須僱用國內漁船觀察員，記錄捕魚資料，T 僱用該國國籍之觀察員 K，作業中 K 向船長表示，該船船員乙男對其性騷擾，T 船長將漁船駛入 P 國港口停泊，P 國警察阿強登船調查。

問題意識

船舶航行作業中禁止性騷擾。

爭點分析

1. 船籍國專屬管轄之規定

《聯合國海洋法公約》第 91 條　船舶的國籍：

(1) 每個國家應確定對船舶給予國籍、船舶在其領土內登記及船舶懸掛該國旗幟的權利的條件。船舶具有其有權懸掛的旗幟所屬國家的國籍。國家和船舶之間必須有真正聯繫。

(2) 每個國家應向其給予懸掛該國旗幟權利的船舶頒發給予該權利的文件。

《聯合國海洋法公約》第 92 條　船舶的地位：

(1) 船舶航行應僅懸掛一國的旗幟，而且除國際條約或本公約明文規定的例外情形外，在公海上應受該國的專屬管轄。除所有權確實轉移或變更登記的情形外，船舶在航程中或在停泊港內不得更換其旗幟。

(2) 懸掛兩國或兩國以上旗幟航行並視方便而換用旗幟的船舶，對任何其他國家不得主張其中的任一國籍，並可視同無國籍的船舶。

《聯合國海洋法公約》第 97 條 關於碰撞事項或任何其他航行事故的刑事管轄權：

船旗國當局以外的任何當局，即使作為一種調查措施，也不應命令逮捕或扣留船舶。

2. 本案處理

本件屬船舶內性騷擾刑事案件，案發時是在專屬經濟區，雖屬船籍國管轄，但船長進入 P 港口，港口國有港口秩序管轄權，P 國警察可以登船調查，依據《聯合國海洋法公約》第 97 條第 3 點規定，船旗國當局以外的任何當是指港口國，即使作為一種調查措施，也不應命令逮捕或扣留船舶，即屬船籍國專屬管轄者必須尊重。

3. 結論

T 有管轄權是因為它是船籍國，案發 P 國專屬經濟區 T 船舶上，依據《聯合國海洋法公約》第 97 條規定，T 也享有管轄權。

案例 3 外國漁工於公海因病死亡，我國可以予以協助嗎？

甲是中華民國國籍人，但有一艘船登記 A 國籍漁船，某日在我國鄰近之公海捕魚，因 B 國籍外國漁工因病死亡，甲緊急向我國請求相驗，我國可以依據《聯合國海洋法公約》予以協助嗎？

💡 問題意識

公海救助義務為沿海國義務。

💡 爭點分析

1. 依據《聯合國海洋法公約》第 98 條 救助的義務：

(1) 每個國家應責成懸掛該國旗幟航行的船舶的船長，在不嚴重危及其船舶、船員或乘客的情況下：

A. 救助在海上遇到的任何有生命危險的人。

B. 如果得悉有遇難者需要救助的情形，在可以合理地期待其採取救助行動時，盡快前往拯救。

　　C. 在碰撞後，對另一船舶、其船員和乘客給予救助，並在可能情況下，將自己船舶的名稱、船籍港和將停泊的最近港口通知另一船舶。

(2) 每個沿海國應促進有關海上和上空安全的足敷應用和有效的搜尋和救助服務的建立、經營和維持，並應在情況需要時為此目的通過相互的區域性安排與鄰國合作。

2. 依據《聯合國海洋公約法》第 73 條　沿海國法律和規章的執行

　　沿海國有確實理由懷疑外國船在其專屬經濟區內有違法行為或企圖，可行使監督、登臨、檢查、逮捕權。

3. 結論

(1) 專屬經濟區原則上屬公海，但一經沿海國宣告，則該國有主權權利。

(2) 船籍國與沿海國在公海有協助義務。

(3) P 國警察可登船調查。

案例 4　在公海進行軍事演習，是否違背《聯合國海洋法公約》？

在公海進行軍事演習，是否違背《聯合國海洋法公約》？

💡 問題意識

　　公海航行自由、飛越自由，公海海底資產為人類共有。在公海軍事演習必須未逾越和平目的。

💡 爭點分析

　　《聯合國海洋法公約》第 301 條　海洋的和平使用的規定如下：

　　締約國在根據本公約行使其權利和履行其義務時，應不對任何國家的領土完整或政治獨立進行任何武力威脅或使用武力，或以任何其他與《聯合國憲章》所載國際法原則不符的方式進行武力威脅或使用武力。基此，軍事演習若屬和平使用，因為無武裝衝突，得進行演習。

　　另《聯合國海洋法公約》第 88 條規定，公海只用於和平目的。但是何謂「和平目的」沒定義，無法推定公海進行軍事演習是禁止的。有學者認為若不違背上開第 88 條禁止規定，均屬於和平目的利用。且《聯合國海洋法公約》為平時法，基於公海航行自由及飛越自由，演習仍在和平內，得不必禁止。

延伸閱讀　公海條約的展望

　　2030 年太陽「心跳」減慢，我們將進入冰河時代？（宇宙印象，謝頓）2015 年 NASA 科學家發一個警告，他們對太陽近 20 年的觀測發現地球將進入蒙德極小期，可能導致氣溫直線下降[7]。此種現象必帶來冰河，處處是冰的世代，氣溫的變化值得重視，更不能延滯不理。

　　2023 年 6 月 20 日聯合國通過《公海條約》，7 年內保育全球 30%海洋。目前只有約 1%的公海受到保護，在保護區外的海洋生物一直遭到氣候變遷、濫捕和船運交通的威脅。根據國際自然保護聯盟(IUCN)最新數據，全球有近 10%海洋物種瀕臨絕種。在《公海條約》建立的新保護區內，將限制捕魚量、船運航線，以及減少海洋活動，例如深海採礦，亦即在海面 200 米以下的海床採礦，對海洋生物造成毒害。

　　從 2015 年 NASA 科學家發一個警告起至 2023 年 6 月 20 日聯合國通過《公海條約》－給海洋生存機會的努力，顯現對於海洋的關懷已是本世紀重要工作，但是有網友對於《公海條約》仍有期許：「…What power you have to dictate the Earth never return to an ice age climate.」。換言之，能否不再進入冰河時代是更要努力的方向。

案例 5　臺海中線存在？

臺海中線法律性質？

💡 問題意識

　　若從法律而言，海峽中線僅是中性概念，無法律管轄意義，但是兩岸慣行 70 多年的實際控制區域分野明確。海峽中線的法性質是默示的停戰協議下之軍事緩衝區。海峽中線，是大約在中國福建與浙江海岸線與臺灣海岸線大約等距，由東北至西南走向的一條想像線（圖 6-1）[8]。

---

[7]　https://kknews.cc/other/j6eo2oq.html。

[8]　https://www.voicettank.org，查詢日期：2023 年 4 月 23 日。

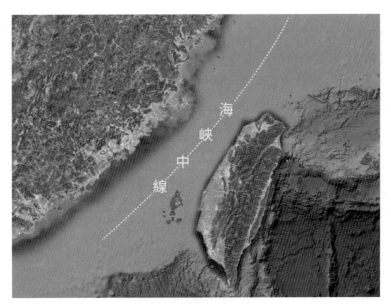

圖 6-1 ▶ 海峽中線[9]

爭點分析

　　「臺海中線」是 1954 年美國與臺灣簽定「共同防禦條約」時，美軍為控制衝突，要求臺軍戰機、艦艇必須在臺灣「海峽中線」以東運行，方能得到美軍安全保障。此線是美軍太平洋司令軍官戴維斯劃定，又稱「戴維斯線」。臺灣空軍即以「海峽中線」劃出「防空識別區」。但是中共不承認，並強調無國際法「劃界」效力，尤其近年來中美對立下，中共軍機多次越過「臺海中線」，並否認「臺海中線」，不斷強調該中線不受任何國際法認可，完全沒有法律約束力[10]。

　　換言之，海峽中線是無形界線或心理線或控制衝突的人為線，近年來特別是中美關係惡化以來，中共強硬不承認「臺海中線」。換言之，欠缺「法信念」的默契線，僅存在於政治及軍事層面之爭端[11]。另有些國家認為臺海具國際水域性質，但是兩岸各有主權且專屬經濟區重疊，加上分管與分治，因此，這條線我國持續堅持至今，但也只針對中共有此主張。

---

[9] https://zh.wikipedia.org

[10] 臺灣海峽的一條無形界。中華民國國防部認定為從北緯 27 度、東經 122 度延伸至北緯 23 度、東經 118 度的直線。2022 年 8 月時任美國眾議院議長裴洛西訪臺，中國大陸表示因此次事件，解放軍在環臺軍演結束後，未來行動均將多數超過中線進行，參見維基百科，https://zh.wikipedia.org，查詢日期：2023 年 4 月 23 日。

[11] 陳朝懷，台海中線之法律定位探討，軍法專刊，第 5 期，2005 年 5 月，頁 40。

中共雖然不承認「臺海中線」，但在多年來與臺灣保持對這一中線的默契。2019 年 3 月底，中共空軍兩架殲 11 戰鬥機飛越臺海中線，是 20 年來第一次越界海峽中線，起因乃是不滿臺美繼續高調保臺的發展。中共於 2023 年 4 月起在臺灣海峽聯合巡航，企圖突破臺海中線之默契，對於國際海運航行不無影響。

課後練習

EXERCISE

選擇題

(   ) 1. 有關無害通過之意義，下列何者正確？　(A)《聯合國海洋法公約》第 19 條第 1 項及第 2 項 g 款之規定　(B)通過只要不損害沿海國的和平、良好秩序或安全，就是無害的，這種通過的進行應符合本公約和其他國際法規則　(C)如果外國船舶在領海內進行違反沿海國海關、財政、移民或衛生的法律和規章，上下任何商品、貨幣或人員，則應視為損害沿海的和平、良好秩序或安全　(D)以上皆是。

(   ) 2. 阿強偕同夥伴 4 人於我國領海及內水範圍內，不顧天候及海象不佳之情況下輸入並轉泊菸品，您認為下列敘述何種正確？　(A)漠視船舶本體、貨物及船上人員之生命財產安全　(B)違反我國海關、財政及移民等法律規章　(C)嚴重損害我國海域內之和平、良好秩序及安全　(D)以上皆是。

(   ) 3. 有關領海之敘述下列何者錯誤？　(A)領海，依《中華民國領海及鄰接區法》第 3 條規定，則為「自基線起至其外側 12 浬間之海域」　(B)自我國海岸基線起至其外側 12 浬（領海）以外之海域將私運之菸類輸入我國領海內，即構成輸入私菸罪　(C)不問行為人係為自己或為他人私運，亦不問行為人之動機或目的是否意在對外出售以牟取暴利，行為人只須於行為之初，就其所私運進入我國境內者，為未經許可輸入私菸之情節，在主觀上有所認識，仍決意並進而著手為私行輸入之行為，則其罪名即屬成立　(D)阿強未取得主管機關輸入許可，自越南輸入私菸進入我國領海及內水之範圍內，若阿強的動機是善意，自不屬輸入私菸之行為。

(   ) 4. 甲的船舶於民國 108 年 8 月 1 日於布袋商港北堤海側消波塊（北緯 23 度 22 分 48 秒、東經 120 度 7 分 52 秒）發生擱淺意外事件，下列敘述何者最正確？　(A)被發現船舶周圍有柴油分布，且未布設攔油索或吸油索等油汙應變器材，該船舶有違法行為　(B)違反我國《海洋污染防治法》第 32 條第 1 項規定　(C)我國《海洋污染防治法》是參照 1982 年《聯合國海洋法公約》第 221 條「避免海難引起污染的措施」制定的　(D)以上皆是。

（　）5. 爭端的表現很多，幾乎在海洋利用的一切領域都可能發生，主要爭端有哪些？　(A)漁業爭端　(B)島嶼爭端　(C)劃界爭端　(D)以上皆是。

（　）6. 海域的劃界，直接關係到國家主權和民族利益，是有關國家特別重視的問題。國際海洋法之有關海域基線的劃法有哪些？　(A)直線基線　(B)正常基線　(C)群島基線　(D)以上皆是。

（　）7. 我國領海基線之劃定，下列敘述何者正確？　(A)直線基線與智長基線的混合　(B)金門馬祖例外　(C)南海是以 U 型十一段線劃定　(D)以上皆是。

（　）8. 有關 1945 年美國《杜魯門宣言》(Truman Proclamation)發表後的影響，下列敘述何者為非？　(A)全球掀起了「藍色圈地運動」，對海岸毗連大陸架的底土及海床積極爭取　(B) 1982 年《聯合國海洋法公約》於 1994 年 11 月 16 日正式生效，確定了三百浬專屬經濟區和大陸架法律制度　(C)許多有潛在資源的大陸架或專屬經濟區的海床底土成為相鄰或相向沿海國同時提出權利主張的重疊區域　(D)各國都在加速向海洋發展，共同開發跨界。

（　）9. 下列有關公海的敘述何者為非？　(A) 1958 年《公海公約》第 1 條規定，公海為不屬於領海或一國內國水域之海洋所有各部分　(B) 1982 年《聯合國海洋法公約》第 86 條規定，公海指沿海國專屬經濟區、領海或內水或群島國的群島水域以外的全部海域　(C)公海自由為國際法原則，並禁止各國在公海上行使有限度的管轄權　(D) 1982 年《聯合國海洋法公約》之規定，大部分係承襲國際習慣而來，故我國得參酌爰引其中承襲自國際習慣法之相關規定，以為公海上管轄權之行使。

（　）10. 在公海有哪些限制？　(A)於公海上只有船旗國對於船舶有管轄權　(B)公海上依國際法仍得對外國船舶行使域外管轄權，例如：公海上之警察權（接近權、登臨權及緊追權）、防止污染海洋權、查緝販奴權、追捕海盜權以及自衛權等　(C)沿海國為保障其本身之安全，得基於自衛權，對於公海中船舶採取自衛措施，包括在公海上對於外國船舶為臨檢、調查、搜索及逮捕，與提起司法程序　(D)以上皆是。

第七章

勞動基準法與勞動事件法

LAW & Life

第一節　基本概念

壹、勞動條件

　　勞動條件是指勞工本於勞動契約提供勞動力而從事勞動並獲取職場上之待遇。《勞動基準法》的規範大約有薪資計算、工時、休息、輪班、休假、加班、職業災害補償、資遣費等。勞工是指受雇主僱用付出勞力換取工資者。學界及實務界認為勞工必須具有從屬性，包括人格從屬性、經濟從屬性、組織從屬性，因此工讀生具有勞工身分，但是建教生或技術生是以學習技能為目的，與勞工雖不同，仍有工時、休息、休假、勞保之保障，如有爭議可依據勞動事件法提起救濟。

　　所謂工資，指勞工因工作而獲得之報酬。從管理角度而言，企業或公司必須有工作規則或勞動契約作為指揮監督範圍的指標。勞工可區分為定期性與不定期性勞工，其中定期性之勞工又可區分為臨時性、短期性、季節性及特定性契約。[1]定期契約與不定期契約最主要區別在於不定期契約之解僱受法定事由之保障。

　　基於傾斜主義，《勞動基準法》係國家強制干預勞動條件之立法措施，適用於一切勞雇關係，勞工工作安全涉生命身體財產權，故《職業安全衛生法》係就安全衛生等重要事項，需藉國家強制力予以干預。其適用對象擴及部分工時及派遣工與自營作業者。另《勞動基準法》的性質有客觀性與補充性，其中客觀性係因其具體規定勞動最低標準，而非保障勞工權益抽象原則之宣示，且勞工利益大多來自雇主。因此，實踐上必須兼顧雇主之負擔能力，故其內容必以一般客觀經濟社會情況為其判斷基礎，禁止勞資雙方任意濫用權力。所謂補充性，係指該法所定之基準，僅於各該勞動契約或團體所約之勞動條件低於勞動基準法所規定者，或各該勞動契約或團體協約均無規定時，始以勞動基準法之內容代替或補充之，此為代替性或補充性[2]。

---

[1]　《勞動基準法》第 9 條規定，勞動契約，分為定期契約及不定期契約。臨時性、短期性、季節性及特定性工作得為定期契約；有繼續性工作應為不定期契約。派遣事業單位與派遣勞工訂定之勞動契約，應為不定期契約。定期契約屆滿後，有下列情形之一，視為不定期契約：一、勞工繼續工作而雇主不即表示反對意思者。二、雖經另訂新約，惟其前後勞動契約之工作期間超過九十日，前後契約間斷期間未超過三十日者。前項規定於特定性或季節性之定期工作不適用之。

[2]　馬翠華(2018)，臺灣職業災害保障的比較法研究（博士論文），高雄：國立中山大學。

貳、雇主

《民法》第 482 條規定，稱僱傭者，謂當事人約定，一方於一定或不定之期限內為他方服勞務，他方給付報酬之契約。

《勞動基準法》第 2 條第 2 款規定，雇主：指僱用勞工之事業主、事業經營之負責人或代表事業主處理有關勞工事務之人；《職業安全衛生法》第 2 條第 3 款規定，雇主：指事業主或事業之經營負責人。

《就業服務法》第 2 條第 3 款規定，雇主：指聘、僱用員工從事工作者。《中高齡及高齡就業促進法》第 2 條第 1 項第 5 款規定，雇主：指僱用受僱者之人、公私立機構或機關。代表雇主行使管理權或代表雇主處理有關受僱者事務之人，視同雇主。

《性別工作平等法》第 3 條第 3 款規定，雇主：指僱用受僱者之人、公私立機構或機關。代表雇主行使管理權之人或代表雇主處理有關受僱者事務之人，視同雇主。要派單位使用派遣勞工時，視為雇主。

行政院勞委會 101 年 9 月 6 日勞職業 1010501830 號解釋略以，「代表雇主行使管理權之人或代表雇主處理有關受僱者事務之人」若涉就業歧視，是傳達雇主之意思表示，自應對雇主發生效力，而有《就業服務法》之適用。如基於職務關係或代理權限範圍內對外所為之意思表示，雇主本應負擔指揮監督之責，若涉及就業歧視，也要負法律責任。

舉例而言，人事經理甲通知李四要提出辭呈，他自請離職 110 年 7 月 5 日生效，總經理乙說沒請他辭職，而是李四曠職三天被解僱（110 年 7 月 5、6、7 日未到班）。因此，提醒讀者接獲通知不必急於辭職，應該先詢問專家或弄懂相關規定與弄清事實。

另代客停車工作者與車主有僱傭關係？雇主是誰？臺灣高等法院 89 年度保險上字第 10 號民事判決認為駕車者與代客停車者間，並非僱傭關係而是委任關係：

被上訴人在金○堂酒店前代客停車，設有代客泊車櫃，外觀上足使前往該酒店消費者，認其係該酒店為顧客提供停車服務。依被上訴人於原審中自承當時蔡○波係將鑰匙交其保管，要移車時再移一下，伊將鑰匙放在櫃子裡，後來伊發現鑰匙不見，才發現車子也不見，每次代客泊車只得小費二

百元,要負責繳費及停車等情,及蔡○波所證稱:只有把車交他保管,消費完畢給他小費一、二百元,這是不固定的等語,社會習慣上代客停車雖有給付小費之習俗,但並無固定報酬,亦無給付報酬之約定,如有認係商家提供之服務而未給小費者,代客停車者法律上對該拒絕給付小費者並無請求給付報酬之權利,駕車者與代客停車者間,並非僱傭關係。依《民法》第 529 條規定,此種提供勞務給付之契約,不屬於法律所定其他契約之種類,適用關於委任之規定。

再者,近年發生媽○嘴殺人案件雇主是誰?到底是媽○嘴咖啡(獨資商號)或是媽○嘴企業有限公司?該命案雇主要賠償嗎?雇主定義性規定,在《勞動基準法》、《性別工作平等法》、《就業服務法》、《職業安全衛生法》及《中高齡與高齡就業促進法》有明文。其中員工執行職務侵害他人生命身體者,雇主與員工有連帶賠償責任,除非雇主能舉證免責。臺灣高等法院 103 年度重上字第 406 號民事判決略以:

被告媽○嘴企業有限公司應與被告謝○涵連帶給付上訴人各新臺幣參佰壹拾伍萬玖仟肆佰壹拾元,及自民國 104 年 7 月 1 日起至清償日止,按年息百分之五計算之利息……。

承上,媽○嘴企業有限公司是雇主,是謝○涵之僱用人。因此雇主是誰?在認定上,有時要透過法院釐清。

參、工資

工資是勞工最基本生存之保障,屬於勞動的對價,勞工因工作而獲得之報酬,包括工資、薪金及按計時、計日、計月、計件以現金或實物等方式給付之獎金、津貼,暨其他任何名義經常性給與均屬之。[3]最高法院 87 台上字第 2754 號及 86 台上字第 1681 號判決示以,所謂經常性給與是指制度上經常性給與,是在一般情況下可以領到的給付,例如:企業薪資給付清冊內的誤餐費是每月發給,就要列入工資範圍,不因名目不同而異其性質。若非經常性或恩惠性的給與則屬非工資,例如年終獎金、春節獎金。

---

[3] 《勞動基準法》第 2 條第 3 款。

勞動市場的薪資是由供需面決定，基本工資真的會保障勞工嗎？在政府端必須注意基本薪資調漲對勞工可能帶來負面影響。假設時薪 150 元可以聘 3 個員工，若時薪調高 160 元，有些雇主只好聘 2 個員工，有些雇主會心存僥倖給 150 元，或更少 100 元。但在勞工端有一種狀況是最不好的，就是因為調高時薪工作機會變少，屆時若有時薪 100 元也會屈就，此為實際層面不容忽略[4]。

在勞資爭議案件中，工資問題最多，《勞動事件法》第 37 條規定，勞工與雇主間關於工資之爭執，經證明勞工本於勞動關係自雇主所領受之給付，推定為勞工因工作而獲得之報酬。基此，雇主在工作規則或勞動契約應有明確具體的規劃與制定。

肆、工時

勞工正常工作時間每日不得超過 8 小時，每週不得超過 40 小時。為因應各行各業不同之營運型態，另有 2 週、8 週及 4 週彈性工時之規定。雇主使勞工延長工時，應經工會或勞資會議同意。惟基於健康考量，每日正常工時與延長工時，合計不得超過 12 小時，且 1 個月延長工時總時數不得超過 46 小時。但有例外，如經工會或勞資會議同意，每月 54 小時，每 3 個月（連續）不得超過 138 小時。

在勞資爭議案件中，工時爭議不亞於工資，例如：某縣市調解案件進行時，資方主張勞方看 A 片豈可發給加班費？調解員居然告訴雇主只要加班都要給加班費！聽到看到後，難免設想：為業績不惜犧牲專業？但是《勞動事件法》的規定不得不注意，按照該法第 38 條規定，出勤記錄內記載之勞工出勤時間，推定勞工於該時間內經雇主同意而執行勤務。此種由雇主舉證的規定已施行一年多，企業管理策略或工作規則之訂定，或主管人員之管理措施，均須強化控管，否則企業風險必陷於高端狀態。

伍、休息與特別休假

勞工連續工作 4 小時需休息 30 分，實施輪班制度之企業更換班次至少須連續休息 11 小時。目前適用《勞動基準法》之行業實施一例一休之週期休假制

---

[4] 柳勝國、陳姿穎、徐致鈞(2019)，公民與社會，臺北：龍騰出版社，頁 95。

度。另每年勞工也有 12 天的國定假日。雇主因業務或訂單需求必須延長工時，則要經過勞工同意。

勞工服務一定期間可以請求特別休假，由勞工自主安排休假期日，但必要時勞資可以協商，於年度終結或勞工離職，雇主必須就未休假天數發給工資或遞延次年休假。例如：甲於 107 年的特休有 14 天，於年度終了還有 10 天未休，甲可以選擇遞延一年或結清工資。船上工作者亦同，高等法院 104 勞上易字第 40 號判決略以：

船員於年度終結或契約終止時未休畢之年休，並未限制須係因可無歸責於雇主所致始得請求，船員於休假日仍提供勞務致未能休畢年休之情形，雇主應發給薪津。

不過以 2020~2021 年的疫情期間，許多企業面臨寒冬期，公司因生意清淡，暫時停業或安排店休，但切記不能強制要求勞工使用特休；如果雇主不讓勞工上班，則雇主受領勞務遲延，勞工不需要另外補上班仍可要求照領工資[5]。

另依《勞動基準法》第 40 條第 1 項規定：「因天災、事變或突發事件，雇主認有繼續工作之必要時，得停止第 36 條至第 38 條所定勞工之假期。但停止假期之工資，應加倍發給，並應於事後補假休息。」條文內所定之「事後補假休息」，原則上應於天災、事變或突發事件工作結束後旋即補假休息，如勞雇雙方於事後另行協商排定適當日期補假休息者，各該補假至遲仍應於各該日工作結束後 7 日內為之。基此，這種補休期限不能太慢[6]。

陸、懲罰性解僱

員工的工作表現除不能符合雇主營運需要外，更甚者是破壞企業制度或管理秩序，雇主不得不為終止契約的措施，予以解僱，例如：公司為禁止性騷擾而訂定「兩性互動規範」、「僱用人性騷擾防治申訴及調查處理範例」規定。因此，性侵害或性騷擾行為如經調查屬實，公司將視情節輕重，對加害員工為適當之懲處，如申誡、記過、調職、降職、減薪等處分，並予以追蹤、考核及監督，避免再度性侵

---

[5] 參照《民法》第 487 之規定。政府有許多紓困專案，可資緩和。

[6] 參見行政院勞工委員會 78 年 10 月 24 日台 78 勞動 2 字第 25237 號函示。

害、性騷擾或報復情事發生，則公司於調查、訪談當事人後，並定期通知行為人澄清事實而未獲置理，可認定該員工確有性騷擾之行為，其情節重大者，自可解僱。

柒、資遣

企業面臨經營困難或關廠或歇業等因素，可以在預告期限內終止勞動契約並發給資遣費。不過資遣手段必須符合正當法律程序，參見：臺北高等行政法院判決 106 年度訴字第 65 號判決：

依《勞動基準法》第 11 條第 5 款規定，勞工對於所擔任之工作確不能勝任時，雇主得預告勞工終止勞動契約。揆其立法意旨，重在勞工提供之勞務，如無法達成雇主透過勞動契約所欲達成客觀合理之經濟目的，雇主始得解僱勞工。而所謂不能勝任工作是指舉凡勞工客觀上之能力、學識、品行及主觀上違反忠誠履行勞務給付義務均涵蓋在內。至於不能勝任須至何種程度，始能解僱，亦須雇主於其使用《勞動基準法》所賦予保護之各種手段後，仍無法改善情況下，始得終止契約。

捌、勞基與勞保職業災害之關聯性

所有勞動條件之保護均依據《勞動基準法》之規定辦理，其中加入勞工保險是企業主的義務，但是《勞工保險條例》第 6 條第 1 項第 1-3 款規定，年滿十五歲以上，六十五歲以下之左列勞工，應以其雇主或所屬團體或所屬機構為投保單位，全部參加勞工保險為被保險人：

一、　受僱於僱用勞工五人以上之公、民營工廠、礦場、鹽場、農場、牧場、林場、茶場之產業勞工及交通、公用事業之員工。

二、　受僱於僱用五人以上公司、行號之員工。

三、　受僱於僱用五人以上之新聞、文化、公益及合作事業之員工。

玖、勞資會議

勞資會議是企業內讓勞工參與公司經營管理的管道。就算公司只有 5 個人也要開勞資會議。事業單位勞工人數在 3 人以下者，勞雇雙方為勞資會議當然代

表，不用再選舉，也不用報主管機關備查。[7]勞資會議代表之任期為四年，資方與勞方代表連選得連任。勞資會議至少每 3 個月舉辦一次，必要時得召開臨時會議[8]。

哪些事情要經過勞資會議呢？例如：加班、變形工時等，若未經勞資會議同意，雇主就讓勞工加班或因遵循政府辦公行事曆出勤調移週六為工作日卻未給付休息日加班費者，每一種行為都可以裁處新臺幣 2 萬至 100 萬元罰鍰。不過要特別注意 2020 年 1 月 1 日施行《勞動事件法》，如勞資會議作成的決議，涉及勞資雙方權利義務者，將可能形成勞動事件上的訴訟標的。[9]例如：勞資會議上，資方代表承諾雇主在本年度將發給 3 個月年終獎金，經勞資雙方決議並記載於會議記錄，事後雇主以遭遇疫情業績未達標為由拒絕履行，勞工得以勞資會議決議為證據，向勞動法庭起訴，請求雇主給付年終獎金。

拾、勞資爭議行為

目前勞資爭議的處理可透過調解、仲裁或訴訟途徑處理，《勞動事件法》於 2020 年 1 月 1 日起施行後，該法院勞動調解庭是由法官一人及外聘二位調解委員組成。其主要特色是快速調解，該期間只有三個月，如調解不成立續行訴訟期間為九個月結案。

勞資爭議類型可區分為權利事項及調整事項，前者是基於法令或契約的爭議，例如：欠工資、欠資遣費、欠退休金。後者是勞動條件的繼續或維持或變更，例如：加薪。近年來因長榮及華航公司罷工案件之發動，引起社會高度關懷，對於罷工的社會成本與勞方的勞動條件保障如何取得平衡，容有討論空間。

拾壹、定暫時處分

《勞動事件法》第 46 條第 1 項規定，勞工依《勞資爭議處理法》就民事爭議事件申請裁決者，於裁決決定前，得向法院申請假扣押、假處分或定暫時狀態處分。其中定暫時狀態處分的要件是要有「重大損害」或「避免急迫」，但《勞動事件法》第 49 條第 1 項規定，勞工提起確認僱傭關係存在之訴，法院任勞工

---

7 《勞資會議實施辦法》第 2 條第 2 項、事業單位召開勞資會議應行注意事項第 3 點。

8 《勞資會議實施辦法》第 18 條。

9 《勞動事件法》第 2 條第 1 項第 1 款。

有勝訴之望，且雇者繼續僱用非顯有重大困難者，得依勞工之聲請，為繼續僱用及給付工資之定暫時狀態處分。同法第 50 條規定之勞工提起調動無效之訴，也可聲請此種處分。基此，當勞資雙方進行確認僱傭關係或調動無效訴訟中，只要「法院認勞工有勝訴之望」，就可以裁定暫時狀態，且勞工擔保金降到過去十分之一，勞工的負擔將降低很多。換言之，勞工可以一邊領薪水一邊告雇主。

第二節　案例探討

案例 1　外籍船員是否適用《勞動基準法》？

外籍船員有無《勞動基準法》的適用？

💡 問題意識

外勞人權應受國內法之保障。我國《勞動基準法》適用於一切僱傭關係。

💡 爭點分析

聯合國 1974 年的海上人命安全國際公約(International Convention for the Safety of Life at Sea)係以船舶硬體為主的安全規劃之認證。1982 年的《聯合國海洋法公約》（United Nations Convention on the Law of the Sea，簡稱 UNCLOS）第 94 條規定，船旗國應負起該船舶之船員勞動條件、訓練、配備和社會事務的責任與義務。ILO 在 2007 年 5 月 30 日發布第 188 號的漁業工作公約（和第 199 號漁業工作建議書），該公約係欲建立漁船船員最低勞動條件標準，平等適用於所有漁民和漁業移工，以促進漁業的尊嚴勞動(International Labour Organization, 2014)[10]。

我國船員適用《勞動基準法》，但是考量海上勞動的特殊性，於 1999 年訂定《船員法》，適用於商船船員，但排除適用於漁船船員。1992 年開始透過《就業服務法》引進外籍船員後，另外依據《漁業法》第 12 條授權訂定「漁船船員管理規則」，本籍或外籍船員都適用《勞動基準法》的最低工資。

---

[10] 藍科正(2018)，遠洋漁船聘僱外籍船員勞動條件權益保障之研究，勞資關係論叢，20(1)，頁 27-50。

　　我國漁船雇主經營海洋漁撈業，並僱用外籍漁工從事海洋漁撈工作，分為「境內僱用」與「境外僱用」二類型。《勞動基準法》係國內法，凡於我國境內具有勞雇關係，且受僱於適用《勞動基準法》行業之勞工，不分國籍，均有該法之適用[11]。

　　惟，我國漁船於境外僱用之外籍漁工（境外僱用、境外作業）無《勞動基準法》之適用。該等人員之勞動權益，受《遠洋漁業條例》及《境外僱用非我國籍船員許可及管理辦法》規範。[12]外籍船員的勞動條件可透過勞檢的可能手段，包括港口國檢查、公海登檢、海上陪同觀察員等。我國目前沒有對遠洋漁船進行勞檢，只能以「岸邊關懷」取代勞檢[13]。

延伸閱讀　【船員的退休爭議】

　　《船員法》與《勞動基準法》均有退休之規定，《船員法》為《勞動基準法》的特別法，如船員法未規定事項必須適用《勞動基準法》。依《船員法》第53條第2項之規定，「船員受僱於同一僱用人符合第51條退休規定者，得依前項辦法或《勞動基準法》規定擇一領取退休金。但選擇依《勞動基準法》辦理時，僱用人及船員依前項辦法所提存之金額，應一次退之。」而《勞動基準法》第55條第1項第1款、第2項規定：「勞工退休金之給與標準如左：一勞工按其工作年資，每滿一年給與兩個基數。但超過十五年之工作年資，每滿一年給與一個基數，最高總數以四十五個基數為限。未滿半年者，以半年計，滿半年者，以一年計；前項第一款退休金基數之標準，係指核准退休時一個月平均工資」，例如：阿強自88年8月5日起至92年1月23日止受僱於A船公司，擔任「合○快輪」上之電匠，共計3年5個月又18日，按每月平均工資58,170元計算，A應給付阿強7個基數之退休金，合計為407,190元（計算式：58,170×7=407,190）[14]。

---

11 「境內僱用」之漁船船員自73年8月1日起適用。《勞動基準法》係國內法，凡受僱於適用《勞動基準法》行業之勞工，不分國籍，均有該法之適用。可歸責雇主之境內聘雇之外籍漁工未出海捕魚，雇主要按月給全薪。

12 參見勞動部網站。

13 藍科正(2018)，遠洋漁船聘僱外籍船員勞動條件權益保障之研究，勞資關係論叢，20(1)，27-50。

14 此計算式係依據《勞動基準法》第55條而得。

案例 2 老闆未給加班費，並要勞工放棄勞保，是否違法？

阿明在 A 鬆餅店工作（員工有 10 人）有打卡，但 A 沒照打卡時數給加班費，只給班表的工資，亦即工作 11 小時給 10 小時工資，老闆說：「因為一小時是午餐 0.5 及晚餐 0.5，此時間是休息時間不是工作時間」。另外 A 雇主要求阿明簽字放棄勞保，到底雇主權力有多大，雇主自創棄保書有效力嗎？

🔆 問題意識

　　小本生意的老闆比較會誤解勞動法令，例如：工時、工資及勞健保都有強制性規範，老闆的權限受制於現行法律，無法免除法律責任。法律經過規範化程序生效後，可以透過強制力擔保權利之實現。

　　本案涉及《勞動基準法》工資與工時及《勞工保險條例》或《全民健康保險法》之加保事項。因此，雇主的權利是受法律之約束，例如：自 110 年 1 月 1 日起「基本工資」每小時為新臺幣 160 元，每月基本工資為新臺幣 24,000 元。[15]如雇主違反上開規定，主管機關會科處罰款（110 年貧窮線是 25,000 元）。

🔆 爭點分析

　　工資係勞工勞務所得之對價，且為其賴以維持生活所必需，影響勞工的權益甚鉅。[16]又在生產技術進步及對休閒生活的重視下，縮短法定工作時間並使工作時間彈性化，已成為國際勞動立法趨勢。[17]依據《勞動基準法》第 2 條第 3 款規定：「工資指勞工因工作而獲得之報酬……，經常性給與均屬之」。基此，工資定義重點在於「勞工因工作而獲得之報酬」。實務上，工資認定採寬廣見解，必須符合「經常性給與」及「勞務對價」要件始屬工資，不過經常性給與之標準，除定期發給外上，包括制度性的經常給與。亦即，應視其是否為勞工因工作而獲得之經常性報酬而定工資，例如加班費算工資。

---

[15] 民國 109 年 09 月 07 日勞動條 2 字第 1090077231 號。

[16] 《勞動基準法》第 2 條規定，本法用詞，定義如下：一、勞工：指受雇主僱用從事工作獲致工資者。二、雇主：指僱用勞工之事業主、事業經營之負責人或代表事業主處理有關勞工事務之人。三、工資：指勞工因工作而獲得之報酬；包括工資、薪金及按計時、計日、計月、計件以現金或實物等方式給付之獎金、津貼及其他任何名義之經常性給與均屬之。……。」

[17] 參見勞動部網站。

　　阿明在 A 鬆餅店工作，有打卡，但 A 沒照打卡時數給加班費，只給班表的工資，亦即工作 11 小時給 10 小時工資，老闆說：「因為一小時是午餐 0.5 及晚餐 0.5，此時間是休息時間不是工作時間」，此部分要看阿明是否一邊吃飯一邊工作？若是，A 必須給加班費一小時。另外 A 雇主要求阿明簽字放棄勞健保部分是違法行為。因此，雇主權力有多大要看法律的寬鬆而定。本案的棄保切結書，違反強制禁止規定，屬無效[18]。

案例 3　公司將員工勞保低報，是合法的嗎？

A 餐廳僱用 25 人，其中阿美向勞工局申訴，公司工資是 33,300 元，但是卻用 26,400 元投保，涉嫌以多報少，但是雇主說：已覈實加保，因為薪資結構的設計，扣除底薪及全勤獎金之後全部是額外獎金，獎金不是《勞動基準法》的工資？

💡 問題意識

　　薪資結構是雇主發放薪資的重要基礎，健全的薪資結構不會有違法情事，但是薪資結構的項目牽涉管理措施，包括恩惠性的獎勵金均必須設計。

💡 爭點分析

　　《勞工保險條例》規定勞工到職第一天必須加勞工保險，勞保年資自到職日起計算。[19]目前勞工保險分為普通事故及職業災害事故兩種。[20]投保單位違反本條例規定，將投保薪資金額以多報少或以少報多者，自事實發生之日起，按其短報或多報之保險費金額，處四倍罰鍰，並追繳其溢領給付金額[21]（如是職業災害則必須依據《勞工職業災害保險及保護法》加保）。

---

[18] 《民法》第 71 條規定。

[19] 《勞工保險條例》第 11 條規定，符合第六條規定之勞工，各投保單位應於其所屬勞工到職、入會、到訓、離職、退會、結訓之當日，列表通知保險人；其保險效力之開始或停止，均自應為通知之當日起算。但投保單位非於勞工到職、入會、到訓之當日列表通知保險人者，除依本條例第72 條規定處罰外，其保險效力之開始，均自通知之翌日起算。

[20] 《勞工保險條例》第 2 條規定，勞工保險之分類及其給付種類如下：一、普通事故保險：分生育、傷病、失能、老年及死亡五種給付。二、職業災害保險：分傷病、醫療、失能及死亡四種給付。

[21] 《勞工保險條例》第 72 條。

部分雇主的薪資結構，對於工資或非工資的認定常有混淆情況。

本案雇主的說詞有問題，因為不管薪資結構如何設計，扣除底薪及全勤獎金之後的額外獎金，若與勞務對價有直接關係，則是工資，A 確實有以多報少之違法行為（額外獎金非必是恩惠性獎金應依發放事實，個案認定）。

案例 4　勞工類型與權益有關聯？

勞工區分為試用勞工與正式勞工及典型與非典型勞工，其中最主要之區別是什麼？

💡 問題意識

勞工的種類區分實益在於勞動條件保障之程度有異。

💡 爭點分析

試用勞工	試用期間由雇主與勞工自行約定。但試用期間須合理，禁止恣意。該期間通常是 3 個月至 6 個月期間
不定期勞工	工作屬繼續性沒有期限，除非被裁員或自動離職。例如公司會計或作業員。公司關廠歇業被迫離職時可以領資遣費。94 年 7 月 1 日後到職者，雇主應依法按月提繳新制退休金；94 年 7 月 1 日之前工作年資，符合退休要件，退休時有舊制退休金
定期勞工	指季節性或短期性勞工，僱用期限屆滿就須離職，無資遣費。通常「特定期間內得以完成」之工作，且完成後即再無需求者，多為定期性勞工，例如採收番茄工。雇主要按月提繳 6%退休金
典型勞工	僱傭關係與指揮監督權存在於同一雇主
非典型勞工	勞工的僱傭與指揮監督分由不同雇主擁有。例如派遣工。運用臨時性或派遣員工人數以「營造業」、「批發及零售業」、「住宿及餐飲業」、「製造業」及「教育服務業」較多

案例 5　將公司營業機密外洩，須負何種法律責任？

可口○樂及胖○爹炸雞很有名，因為有祕方且有競爭優勢，假如員工阿美將祕方外洩，會有何種法律責任？現任職員工及離職員工，是否均要簽署保密之合約？

💡 問題意識

　　營業秘密是智慧財產權之一種。營業秘密依其保護密度之輕重，分為三種型態，依次為商業秘密（輕罰）、營業秘密及國家級營業秘密。

💡 爭點分析

　　美國國家科學基金會(National Science Foundation)在 2012 年對美國營利事業所做的「商業研發及創新調查」中，有 58.3%的美國企業認為營業秘密「非常重要」，高於認為專利權「非常重要」之 48.6%甚多[22]。

　　何種資料列入《營業秘密法》保護範圍？其要件有三種，即祕密性、價值性及保密措施。公司機密遭不當方法取得，將嚴重衝擊個別公司發展，且動搖國家高科技技術產業知識經濟命脈。[23]營業秘密有無侵害？涉及其所有人有無採取合理之保密措施，雇主應與已經或將來接觸特定營業秘密資訊之人簽訂「保密條款(Non-Disclosure Agree-ment)」。例如：可口○樂公司高層主管或特定人要簽訂保密條款，若未簽署保密條款，很難追究責任[24]。

---

[22] 2019 年 1 月 5 日，自由時報，想跳槽偷帶走公司晶片機密晨星前主任工程師遭訴，2019 年臺灣營業秘密案件新聞報導整理 https://www.know-how.tw，查詢日期：2020 年 9 月 29 日。以不法手段取得、洩漏或非法使用營業秘密，離職員工不當洩密等，立法院增訂刑事罰責，並於 102 年 1 月 30 日公布實施，包括修訂營業秘密之犯罪行為樣態，法定刑為五年以下有期徒刑或拘役，得併科最高新臺幣 1 千萬元以下罰金（13 條之 1），針對意圖域外使用之人，更加重處罰，法定刑為 6 個月以上五年以下有期徒刑併科最高新臺幣 5 千萬元以下罰金（13-2 條）等。智慧財產法院統計室 https://ipc.judicial.gov.tw，查詢日期：2020 年 9 月 29 日。

[23] 劉怡君，營業秘密案件偵查構思https://www.mjib.gov.tw，查詢日期：2020 年 9 月 28日。

[24] 《營業秘密法》第 13-1 條規定，意圖為自己或第三人不法之利益，或損害營業秘密所有人之利益，而有下列情形之一，處五年以下有期徒刑或拘役，得併科新臺幣 100 萬元以上 1,000 萬元以下罰金：一、以竊取、侵占、詐術、脅迫、擅自重製或其他不正方法而取得營業秘密，或取得後進而使用、洩漏者。二、知悉或持有營業秘密，未經授權或逾越授權範圍而重製、使用或洩漏該營業秘密者。三、持有營業秘密，經營業秘密所有人告知應刪除、銷毀後，不為刪除、銷毀或隱匿該營業秘密者。四、明知他人知悉或持有之營業秘密有前三款所定情形，而取得、使用或洩漏者。前項之未遂犯罰之。科罰金時，如犯罪行為人所得之利益超過罰金最多額，得於所得利益之三倍範圍內酌量加重。

通常侵害公司祕密涉及刑事及民事責任，例如台○電曾傳出工程師竊取機密，該公司立即報警並要求賠償。不過刑事偵查時會釐清有無合理性、保密措施及祕密性，被害企業則需負舉證責任。

本案阿美在公司如有重要職務且可知悉公司的營業秘密卻洩密屬實，會涉及刑事及民事責任。為避免勞資糾紛發生，建議雙方簽訂保密協議時，應注意保密條款的明確性，且期限不宜過長，如涉競業禁止，應有合理補償，且禁止違反《勞動基準法》及其相關規定。但涉及《國安法》第 3 條所規範之國家級營業秘密（經濟間諜罪）則依該法重罰。

💡 附註

我國以往的法律對營業秘密並無定義規定。自 1979 年美國統一州法全國委員會(National Conference of Commissioners on Uniform State Law)公布之《統一營業秘密法》(Uniform Trade Secrets Act)以後，我國開始研訂相關規定。我國法學界之通說，是認為營業秘密僅係一種利益而非權利。營業秘密有三個要件：祕密性或機密性、價值性、新穎性。臺灣高等法院 102 年度重勞上字第 52 號民事判決略以：

商業性資訊之祕密性，在程度上並不以其他同業或一般涉及該類資訊者皆無從取得或完全不知為必要，若該等資訊係投注相當人力、財力、時間，且經篩選、分析、整理，可使企業取得經營上之競爭優勢，即已具備祕密性之要件。

我國《刑法》第 317 條有妨害工商祕密罪之規定，但《民法》或《民事特別法》上並無工商祕密權或營業秘密權之明文，若涉有侵害問題，則受害人可以依據《民法》第 184 條規定請求損害賠償[25]。

---

25 經濟部智慧財產局：https://www.tipo.gov.tw/tw/cp-7-207075-67458-1.html。

案例 6 公司徵才設有年齡及性別限制，且辯稱招募志工，此舉合法嗎？

阿強應徵 A 公司的行政助理工作，卻發現該公司只限於女性且 25 歲才能應徵，阿強舉發，A 公司被罰並答辯是招募志工而非員工，該爭議如何處理？

問題意識

禁止性別及年齡歧視。

爭點分析

職場上是否有年齡歧視？若說沒有很難視為誠實。對於年齡大者的刻板印象是動作及反應慢，學習動機弱，又很固執己見，加上慢性病多，因此多數企業喜歡進用年輕人，然而臺灣已淪為老化嚴重國家，如果不禁止年齡歧視，恐勞動力面臨短缺，無助於產業發展。如何強化禁止年齡歧視？

109 年公布《中高齡者及高齡者就業促進法》強調禁止年齡歧視，雇主不得以年齡為由而行差別待遇之實，如招募、升遷、考績、訓練、薪資或退休等，須保障平等工作機會，違者處 30 萬元以上 150 萬元以下罰鍰。

法院也認為年齡歧視等同懲罰年資深者，參照高雄高等行政法院 106 年簡上字第 38 號行政判決如下：

雇主在求職者或受僱者之求職或就業過程，不得因年齡因素而對之為直接或間接之不利對待，是無論雇主係直接以年齡因素，設定為僱用員工、解僱員工或給予員工福利之條件，所為「直接歧視」；抑或雖未直接以年齡為條件，表面上以中性的規定、措施、標準或程序為雇主相關僱用措施或僱用決定，但實施的結果會對特定年齡層者造成負面影響時，終致員工將因年齡因素而與勞動條件發生牽連，均應認係因年齡因素而予員工不當之「間接歧視」。又所謂「歧視」概念，本質上包含「事實比較」之意涵，亦即主張雇主具有「歧視」行為時，若可指出一項可供參考比較之事實指標，藉以說明被歧視者與該參考之事實指標，二者職業條件相同，卻因某項與工作能力不相關之因素而受（雇主）不平等之處遇，或者職業條件不同，卻因某項與工作能力不相關之因素而受相同之對待，即足當之以年資

為考量優先裁減年資 10 年以上新聘教師之學術研究費，決定不同敘薪標準之情形，實已變相針對年齡較長之受僱者不利，難謂無年齡歧視之實。......可達到相同效果且對年資較深者權益損害最少之手段，其作為違反比例原則中之「必要性原則」，並有懲罰年資深者之嫌，原處分認定有間接年齡歧視，亦屬有據。

結論：

本案之行政助理工作不論性別均可以勝任，公司卻刊登有年齡及歧視性別之內容在 FB 網站：

「社團公告～助理徵人啟事…職缺：行政助理。工作內容：一切會讓富豪居更好的事。工作地點：高雄市○○區○○○路 00 號 4 樓富豪居高雄總部。工作時間：早上 10 點到晚上 8 點。公司待遇：試用期基本工資，正職最高 3 倍，再看表現加獎金，年收入估 70 萬以上。公司福利：三節獎金，每年固定出國旅遊，費用全含，每年固定國內旅遊，......工作滿 3 年且表現良好，公司配車......。應徵條件：......女性、年齡 25 以下，......。」等，......。[26]

承上，該刊登廣告內足以顯示屬長時間工作之福利內容，是為招募員工而刊登之徵才訊息，而非徵志工，所以公司敗訴。因此，A 公司必須再檢討內部典章規範，重新訂定合法的招募措施。

案例 7 **工廠趕工使員工一個月休假兩天，是否違法？**

2020 年 A 口罩工廠因趕工需求，員工 1 個月只能休假 2 天，對嗎？[27]

---

[26] 高雄高等行政法院 106 年度訴字第 336 號判決。

[27] 防口罩工廠違法超時加班，勞動部擬全面勞檢 2020-09-25 13:01 中央社／台北 25 日電口罩／國家隊日前被發現有員工全月無休違反勞基法，勞動部今天表示，已針對無申請彈性工時的防疫物資工廠進行法遵訪視，並視狀況年底前針對全國防疫物資工廠執行專案勞檢。https://udn.com/news/story/7241/4887621，查詢日期：2020年 9 月 28 日。

LAW & LIFE
法律與生活 ●●●

💡 問題意識

勞工犧牲自己健康為雇主換取營業利益，可行嗎？

💡 爭點分析

　　《勞動基準法》所稱工作時間，指勞工在雇主指揮監督之下，於雇主之設施內或指定之場所，提供勞務或受令等待提供勞務之時間。勞工於非約定出勤時間出席法定會議期間，非屬《勞動基準法》所稱工作時間。[28]另適用《勞動基準法》之各業，關於延長工時加給之計算標準為何？司法院大法官釋字第 494 號解釋略以：

事業單位依其事業性質以及勞動態樣，固得與勞工另訂定勞動條件，但不得低於《勞動基準法》所定之最低標準。關於延長工作時間之加給，自《勞動基準法》施行後，凡屬於該法適用之各業自有該法第 24 條規定之適用，……。[29]

　　勞工之工作時間分為：正常工時、彈性工時、延長工時、變形工時[30]及《勞動基準法》第 84 條之 1 的特殊工時。其中延長工時必須經過勞資會議通過及勞工同意。[31]又勞工每七日中應有二日之休息，其中一日為例假，一日為休息日。

---

[28] 勞動部勞動條 3 字第 1040130857 號書函。

[29] 釋字 494 號由書理由書略以，《勞動基準法》依據《憲法》維護人民生存權、工作權及改善勞工生活之意旨，以保障勞工權益，加強勞雇關係，促進社會與經濟發展為目的，而規定關於工資、工作時間、休息、休假、退休、職業災害補償等勞工勞動條件之最低標準，並依同法第 3 條規定適用於同條第 1 項各款所列之行業；且於八十五年十二月二十七日修正之第 3 條條文中增列第 3 項，規定於八十七年底以前，除確有窒礙難行者外，適用於一切勞雇關係，確保所有勞工皆得受本法之保障，以貫徹法律保護勞工權益之意旨。

[30] 行政院勞工委員會(81)臺勞動三字第 39848 號函釋略以，實施一週變形工時制度之事業單位所僱用之童工每日工作時間仍不得超過八小時。現行《勞動基準法》第 47 條童工每日工作時間不得超過八小時，係基於不使童工過度工作之特別保護規定，與該法第 30 條第 2 項實施一週變形工時之規定立法意旨不同，故實施一週變形工時制度之事業單位所僱童工每日工作時間仍不得超過八小時，否則即屬違法。

[31] 《勞動基準法》第 30 條規定略以，勞工正常工作時間，每日不得超過八小時，每週不得超過四十小時。前項正常工作時間，雇主經工會同意，如事業單位無工會者，經勞資會議同意後，得將其二週內二日之正常工作時數，分配於其他工作日。其分配於其他工作日之時數，每日不得超過二小時。但每週工作總時數不得超過四十八小時。第 1 項正常工作時間，雇主經工會同意，如事業單位無工會者，經勞資會議同意後，得將八週內之正常工作時數加以分配。但每日正常工作時間不得超過八小時，每週工作總時數不得超過四十八小時。前二項規定，僅適用於經中央主管機關指定之行業。雇主應置備勞工出勤記錄，並保存五年。……。

因此，每月應有四天例假及四天休息日。其中休息日出勤者，雇主必須支付加班費[32]。

另雇主必須在勞工連續工作 4 小時以後給予 30 分之休息自由時間，即使是待命時間仍屬工作時間，例如：

「訴願人並未能明確指明江君之休息時間，亦未載明於出勤記錄中，訴願人所稱 5 至 15 分鐘之休息時間內，江君僅係於工作空檔為如廁、飲水等生理需求，實際上未離開工作場所，仍處於受約束之狀態，並有待命提供勞務及接受雇主（主管）指揮之可能，應為待命時間，而屬工作時間。」[33]

承上，待命時間是工作時間，雇主應該遵守《勞動基準法》之相關規定以保障勞工健康。不過在天災、事變或突發狀況時，雇主可以要求勞工停止「國定假日」、「特別休假」及「例假」等休假，當日延長工作時間連同正常工作時間，得不受 1 日不得超過 12 小時之限制，且其延長工作時間得不併入 1 個月不得超過 46 小時之限度計算，但應向當地主管機關報備，而停止假期的工資，應加倍發給，並在 7 天內給予事後補假休息，若違反可處 2 萬至 100 萬元罰鍰[34]。

案例 8　承攬關係也需要支付資遣費及退休金嗎？

某高爾夫球場有勞資糾紛，雇主認為 42 位桿弟是承攬關係，拒絕給付資遣費及退休金，雙方爭執如何判斷？[35]

問題意識

承攬與僱傭之法律關係不同。

---

[32] 《勞動基準法》第 39 條規定，第 36 條所定之例假、休息日、第 37 條所定之休假及第 38 條所定之特別休假，工資應由雇主照給。雇主經徵得勞工同意於休假日工作者，工資應加倍發給。因季節性關係有趕工必要，經勞工或工會同意照常工作者，亦同。

[33] 勞動部 108 年勞動法訴二字第 1080018438 號訴願決定書摘要。

[34] 參照《勞動基準法》第 32 條或第 40 條之規定。

[35] https://news.tvbs.com.tw/local/1402463，查詢日期：2020 年 11 月 22 日。

爭點分析

從媒體資料顯示，本件 42 位桿弟主張渠等工作內容包含為顧客揹球袋、球桿、代為駕駛高爾夫球車等，並應於球場營業前、後，從事拔草、補沙、澆水、清洗球車等，同時要遵守公司制定的排班、處罰、請假、穿著制服等工作規定，應屬僱傭關係。但是 A 為規避雙方之間勞動契約關係，逼迫他們簽署承包契約。

A 抗辯表示，42 名桿弟屬自行管理、推選總班長的集合群體，相關人事由總班長決定，並分配清理球場及為顧客服務而排班；在球場工作無固定時間、不需穿著制服與打卡，且可另行經營業務，公司僅指派桿弟管理員與桿弟們聯繫，因此公司與桿弟之間沒僱傭關係，屬承攬與委任混合契約，桿弟無從依《勞動基準法》規定請求加班費、資遣費、退休金。

案經地方法院判定 42 名桿弟基於人格上、經濟上及組織上之從屬性而為公司提供勞務，並在服務顧客時依各個顧客差異，自行判斷服務內容，雙方仍屬《勞動基準法》規範的勞雇關係。

一般而言，企業錯把承攬契約之內容加入指揮監督的管理措施時，勞雇雙方則成立僱傭關係。換言之，契約的本質及實際管理力才是判斷僱傭關係之基準，另工資或業績報酬之區別也是判斷僱傭與否之重要因素。法院的見解如下：

薪資均係以招攬業績及續期業績計算，與勞基法所定工資乃係勞務之對價，亦屬有間。本件張○明與被告間既係承攬契約關係，則張○明與被告間並無僱傭關係存在，張○明既非屬勞基法所規定之勞工，自無勞基法第59 條之適用，是原告依勞基法第[36]……。

承上，承攬與僱傭之法律關係不同，並非以名稱為判斷標準。必須配合管理措施的實際操作，尤其是工作規則、勞動契約、各種管理辦法等，均須明確規範。

---

[36] 臺南地方法院 99 年勞訴字第 25 號民事判決。

案例 9 離職前未簽競業禁止條款，是否就不能領資遣費？

甲是電腦設計高手，大學畢業後在美商公司擔任工程師，其電腦設計的成品均送往美國，公司大賺錢。經過 16 年，有一段時間甲無法上班，剛年滿 37 歲，因為過勞感覺有電流在他身上串流，無法集中注意力，於是要離職，公司告訴他，沒簽競業禁止條款不給資遣費，甲沒拿錢也沒簽，默默離開，自從離開公司後他從未上班，依賴父親並照顧父親，與父親相依為命，過著黯然的生活一直到終老。【此為真人真事改編】

💡 問題意識

　　早期的勞動者因能力強被公司剝削者多，因過勞而被逼離開職場者也多，但是一直無法領到應有的職業災害補償及資遣費。隨著勞動人權世代來臨，雖有法律規範，但仍有許多無法落實之缺陷。

💡 爭點分析

　　「沒簽競業禁止條款不給資遣費」在過去世代是存在的，勞工無力、無助。近年來最高法院或實務均認為競業禁止是合理的，但是有些企業的制度面仍存在許多缺漏，對勞工的保護仍無法落實。尤其簽訂離職後競業禁止條款應本於契約自由原則，雇主不得以強暴、脅迫手段強制勞工簽訂，或乘勞工之急迫、輕率等情事為之。基此，雇主或公司不能強迫簽定且不能以不給資遣費為條件逼勞工簽約。

💡 附錄：離職後競業禁止

《勞動基準法》第 9-1 條

未符合下列規定者，雇主不得與勞工為離職後競業禁止之約定：

一、 雇主有應受保護之正當營業利益。

二、 勞工擔任之職位或職務，能接觸或使用雇主之營業秘密。

三、 競業禁止之期間、區域、職業活動之範圍及就業對象，未逾合理範疇。

四、 雇主對勞工因不從事競業行為所受損失有合理補償。

前項第四款所定合理補償，不包括勞工於工作期間所受領之給付。

違反第一項各款規定之一者，其約定無效。

離職後競業禁止之期間，最長不得逾二年。逾二年者，縮短為二年。

案例10 **求職遇到主管性暗示，有法律可以申訴嗎？**

阿美到 A 公司求職，未料總經理阿強對她有性的暗示，而且特別強調阿美的身材很美，希望能與阿美夜遊散步湖畔，阿美是一個求職者，該如何面對？

💡 問題意識

《勞動事件法》對於求職者有保護規定嗎？

💡 爭點分析

《勞動事件法》第 2 條及第 3 條規定，本法所稱：

1. 勞動事件，係指下列事件：一、基於勞工法令、團體協約、工作規則、勞資會議決議、勞動契約、……。三、因性別工作平等之違反、就業歧視、職業災害、工會活動與爭議行為、競業禁止及其他因勞動關係所生之侵權行為爭議。

2. 所稱勞工，係指下列之人：一、受僱人及其他基於從屬關係提供其勞動力而獲致報酬之人。二、技術生、養成工、見習生、建教生、學徒及其他與技術生性質相類之人。三、求職者。

3. 所稱雇主，係指下列之人：一、僱用人、代表雇主行使管理權之人，或依據要派契約，實際指揮監督管理派遣勞工從事工作之人。二、招收技術生、養成工、見習生、建教生、學徒及其他與技術生性質相類之人者或建教合作機構。三、招募求職者之人。

　　基此，勞動事件的適用範圍及對象有擴大。

　　另《就業服務法》第5條規定，雇主對求職人或所僱用員工，不得以種族、階級、語言、思想、宗教、黨派、籍貫、出生地、性別、性傾向、年齡、婚姻、容貌、五官、身心障礙、星座、血型或以往工會會員身分為由，予以歧視；其他法律有明文規定者，從其規定。

　　雇主招募或僱用員工，不得有下列情事：(1)為不實之廣告或揭示；(2)違反求職人或員工之意思，留置其國民身分證、工作憑證或其他證明文件，要求提供非屬就業所需之隱私資料；(3)扣留求職人或員工財物或收取保證金。指派求職人或員工從事違背公共秩序或善良風俗之工作；(4)辦理聘僱外國人之申請許可、招募、引進或管理事項，提供不實資料或健康檢查檢體；(5)提供職缺之經常性薪資未達新臺幣四萬元而未公開揭示或告知其薪資範圍。

　　阿美雖是求職人，依上開規定可向勞工主管機關申訴或逕向勞動法庭提告。

延伸閱讀　　權力下的性騷擾或性侵只有自殺一途？

　　2019年ILO第190號暴力及騷擾公約，以消除及禁絕勞動世界的暴力及騷擾為目標，凡導致生理、心理、性傷害或經濟傷害的威脅，無論是只發生一次，還是反覆發生的行為，均應禁止。我國已簽屬兩人權公約並有施行法，承諾保障男女在所有領域有反對性別暴力與性騷擾的權利。另「消除對婦女一切形式歧視公約施行法」於2012年1月1日起施行，強調必須改變社會和文化模式，以消除對婦女的偏見。

　　然而2022年2月臺灣南部地區某位女性求職者，剛被錄取，就被雇主盯上並性侵害，於2022年4月14日要開偵查庭前一日投河自盡。由於性別暴力是一種嚴重的歧視形式，若性侵害、性猥褻、性騷擾者為雇主或高權者，則防制或防治的功能超有漏洞。2023年6月臺灣MeToo風暴，從政治圈至演藝圈，再再顯示現行法律超空洞，被害者的保護系統超弱，宜快速且通盤檢討修法。

延伸閱讀　性騷擾防治法／性別平等工作法／性別平等教育法

112 年 08 月 16 日公布增修性騷擾防治法／性別平等工作法／性別平等教育法

一、性騷擾防治法修正重點

第 25 條

意圖性騷擾，乘人不及抗拒而為親吻、擁抱或觸摸其臀部、胸部或其他身體隱私處之行為者，處二年以下有期徒刑、拘役或併科新臺幣十萬元以下罰金；利用第二條第二項之權勢或機會而犯之者，加重其刑至二分之一。

前項之罪，須告訴乃論。

第 27 條

對他人為權勢性騷擾，經申訴調查成立者，由直轄市、縣（市）主管機關處新臺幣六萬元以上六十萬元以下罰鍰。

對他人為權勢性騷擾以外之性騷擾，經申訴調查成立者，由直轄市、縣（市）主管機關處新臺幣一萬元以上十萬元以下罰鍰。

前二項規定之裁處權，自被害人提出申訴時起，因三年期間之經過而消滅。

二、性別平等工作法修正重點

第 12 條　第 1 項／第 2 項／第 5 項

本法所稱性騷擾，指下列情形之一：

一、受僱者於執行職務時，任何人以性要求、具有性意味或性別歧視之言詞或行為，對其造成敵意性、脅迫性或冒犯性之工作環境，致侵犯或干擾其人格尊嚴、人身自由或影響其工作表現。

二、雇主對受僱者或求職者為明示或暗示之性要求、具有性意味或性別歧視之言詞或行為，作為勞務契約成立、存續、變更或分發、配置、報酬、考績、陞遷、降調、獎懲等之交換條件。

本法所稱權勢性騷擾，指對於因僱用、求職或執行職務關係受自己指揮、監督之人，利用權勢或機會為性騷擾。

有下列情形之一者，適用本法之規定：

一、受僱者於非工作時間，遭受所屬事業單位之同一人，為持續性性騷擾。

二、受僱者於非工作時間，遭受不同事業單位，具共同作業或業務往來關係之同一人，為持續性性騷擾。

三、受僱者於非工作時間，遭受最高負責人或僱用人為性騷擾。

前三項性騷擾之認定，應就個案審酌事件發生之背景、工作環境、當事人之關係、行為人之言詞、行為及相對人之認知等具體事實為之。

本法所稱最高負責人，指下列之人：

一、機關（構）首長、學校校長、各級軍事機關（構）及部隊上校編階以上之主官、行政法人董（理）事長、公營事業機構董事長、理事主席或與該等職務相當之人。

二、法人、合夥、設有代表人或管理人之非法人團體及其他組織之對外代表人或與該等職務相當之人。

第 13-1 條

性騷擾被申訴人具權勢地位，且情節重大，於進行調查期間有先行停止或調整職務之必要時，雇主得暫時停止或調整被申訴人之職務；經調查未認定為性騷擾者，停止職務期間之薪資，應予補發。

申訴案件經雇主或地方主管機關調查後，認定為性騷擾，且情節重大者，雇主得於知悉該調查結果之日起三十日內，不經預告終止勞動契約。

第 38-1 條

雇主違反第七條至第十條、第十一條第一項、第二項規定者，處新臺幣三十萬元以上一百五十萬元以下罰鍰。

雇主違反第十三條第二項規定或地方主管機關依第三十二條之二第三項限期為必要處置之命令，處新臺幣二萬元以上一百萬元以下罰鍰。

雇主違反第十三條第一項第二款規定，處新臺幣二萬元以上三十萬元以下罰鍰。

雇主違反第十三條第一項第一款規定，經限期改善，屆期未改善者，處新臺幣一萬元以上十萬元以下罰鍰。

雇主違反第三十二條之二第五項規定，處新臺幣一萬元以上五萬元以下罰鍰。

有前條或前五項規定行為之一者，應公布其名稱、負責人姓名、處分期日、違反條文及罰鍰金額，並限期令其改善；屆期未改善者，應按次處罰

第 38-2 條

最高負責人或僱用人經地方主管機關認定有性騷擾者，處新臺幣一萬元以上一百萬元以下罰鍰。

被申訴人違反第三十二條之二第二項規定，無正當理由而規避、妨礙、拒絕調查或提供資料者，處新臺幣一萬元以上五萬元以下罰鍰，並得按次處罰。

第一項裁處權時效，自地方主管機關收受申訴人依第三十二條之一第一項但書規定提起申訴之日起算。

三、性別平等教育法

1. 擴大適用學校類型及將教師、職員、工友、學生定義提升至本法位階
   (1) 原性平法適用範圍為公私立各級學校，本次修法為完善教育機關之監督體制，將軍事學校、預備學校、警察各級學校及少年矯正學校納入性平法適用範圍。
   (2) 教師、職員、工友、學生定義提升至本法位階，並將實習場域之實習指導人員納入教師定義，且將學生事務創新人員納入職員、工友定義。

2. 校長與教職員工性與性別有關專業倫理納入性平法規範

   原性平法僅定義性侵害、性騷擾、性霸凌等用詞，本次修法明確定義「校園性別事件」包含性侵害、性騷擾、性霸凌，並增訂納入「校長或教職員工違反與性或性別有關之專業倫理行為」。

3. 當事人得請求懲罰性賠償金

   法院得因被害人之請求，依侵害情節判懲罰法性賠償金，如行為人為教職員工，酌定損害額一倍至三倍之懲罰性賠償金；行為人為校長，得酌定損害額三倍至五倍之懲罰性賠償金。

案例11 帳戶提供他人使用的嚴重後果？

丙應徵工作，提供帳戶之存摺及提款卡與「曾○○」，再依「@傑」之指示提 28 萬元與「外務」收受，丙雖有 5,000 元的報酬，但向法官說，不知道他們是詐欺集團，而且寄送帳戶行為係求職所需。法官如何判決？【法院判決改編】

💡 問題意識

求職陷阱與求職者犯罪行為不同。

💡 爭點分析

《洗錢防制法》第 2 條第 2 款之掩飾、隱匿行為，目的在遮掩、粉飾、隱藏、切斷特定犯罪所得與特定犯罪間之關聯性，須與欲掩飾、隱匿之特定犯罪所得間具有物理上接觸關係，而提供金融帳戶提款卡及密碼供他人使用，嗣後被害人雖匯入款項，然此時之金流仍屬透明易查，在形式上無從合法化其所得來源，未造成金流斷點，尚不能達到掩飾或隱匿特定犯罪所得之來源、去向及所在之作用，須待款項遭提領後，始產生掩飾、隱匿之結果，若無參與後續之提款行為，即非同條第 2 款所指洗錢行為，無從成立一般洗錢罪之直接正犯（最高法院 108 年度台上字第 3101 號判決）。

丙的行為觸犯《刑法》第 339 條之 4 第 1 項第 2 款之三人以上共同詐欺取財罪、《洗錢防制法》第 14 條第 1 項之一般洗錢罪。法官說「曾○○」、「@傑」、「外務」及丙均係本案詐欺集團犯罪計畫不可或缺之重要環節，丙是共同正犯，判一年二個月（圖 7-1）。

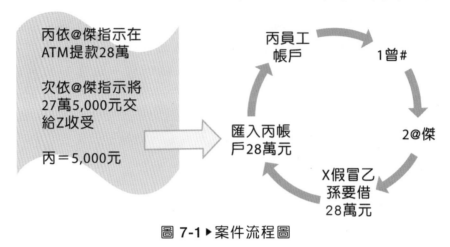

帳號提供涉及洗錢－**判處一年二個月**

新北地院111年度金訴字第4號

圖 **7-1** ▶ 案件流程圖

延伸閱讀 **洗錢防制法**

　　中華民國 112 年 6 月 14 日總統華總一義字第 11200050491 號令修正公布第 16 條條文；增訂第 15-1、15-2 條條文，摘錄

第 15-1 條（增訂）

　　無正當理由收集他人向金融機構申請開立之帳戶、向虛擬通貨平台及交易業務之事業或第三方支付服務業申請之帳號，而有下列情形之一者，處五年以下有期徒刑、拘役或科或併科新臺幣三千萬元以下罰金：

一、 冒用政府機關或公務員名義犯之。

二、 以廣播電視、電子通訊、網際網路或其他媒體等傳播工具，對公眾散布而犯之。

三、 以電腦合成或其他科技方法製作關於他人不實影像、聲音或電磁紀錄之方法犯之。

四、 以期約或交付對價使他人交付或提供而犯之。

五、 以強暴、脅迫、詐術、監視、控制、引誘或其他不正方法而犯之。

　　前項之未遂犯罰之。

第 15-2 條（增訂）

　　任何人不得將自己或他人向金融機構申請開立之帳戶、向虛擬通貨平台及交易業務之事業或第三方支付服務業申請之帳號交付、提供予他人使用。但符合一般商業、金融交易習慣，或基於親友間信賴關係或其他正當理由者，不在此限。

　　違反前項規定者，由直轄市、縣（市）政府警察機關裁處告誡。經裁處告誡後逾五年再違反前項規定者，亦同。

　　違反第一項規定而有下列情形之一者，處三年以下有期徒刑、拘役或科或併科新臺幣一百萬元以下罰金：

一、期約或收受對價而犯之。

二、交付、提供之帳戶或帳號合計三個以上。

三、經直轄市、縣（市）政府警察機關依前項或第四項規定裁處後，五年以內再犯。

　　前項第一款或第二款情形，應依第二項規定，由該管機關併予裁處之。

　　違反第一項規定者，金融機構、虛擬通貨平台及交易業務之事業及第三方支付服務業者，得對其已開立之帳戶、帳號，或欲開立之新帳戶、帳號，於一定期間內，暫停或限制該帳戶、帳號之全部或部分功能，或逕予關閉。

　　前項帳戶、帳號之認定基準，暫停、限制功能或逕予關閉之期間、範圍、程序、方式、作業程序之辦法，由法務部會同中央目的事業主管機關定之。

　　警政主管機關應會同社會福利主管機關，建立個案通報機制，於依第二項規定為告誡處分時，倘知悉有社會救助需要之個人或家庭，應通報直轄市、縣（市）社會福利主管機關，協助其獲得社會救助法所定社會救助。

第 16 條（修正）

　　法人之代表人、代理人、受雇人或其他從業人員，因執行業務犯前四條之罪者，除處罰行為人外，對該法人並科以各該條所定之罰金。

　　犯前四條之罪，在偵查及歷次審判中均自白者，減輕其刑。

　　第十四條、第十五條或第十五條之一之罪，於中華民國人民在中華民國領域外犯罪者，適用之。

　　第十四條之罪，不以本法所定特定犯罪之行為或結果在中華民國領域內為必要。但該特定犯罪依行為地之法律不罰者，不在此限。

案例12 利用職務之便竊取客戶資料而被解僱，可以提告要求資遣費嗎？……

阿強自 2004 年 12 月 1 日起受僱於 A 公司，迄至 2015 年 12 月 15 日遭解
職之日止，阿強在 A 公司上班有 11 年，是 A 公司高雄資訊部資深專員，
是資訊技術人員與 A 公司簽屬營業秘密條款，因為阿強負責工作包括電話
錄音之管理及調取。2015 年期間阿強利用職務之便，侵害客戶隱私權，被
A 公司解僱，阿強認為自己無違反規定，因此向法院提告[37]。【判決案例改
編】

🔅 問題意識

　　受僱者應忠於執行職務，阿強在公司服務又是可以隨時掌握客戶資訊，自應
遵守保密義務。公司為防範技術人員行為偏差或違法，可以訂定營業秘密契約。
另外，工作規則與職業道德規範及行為守則都必須完成，俾利依法管理。

🔅 爭點分析

1. 雇主勝訴主因

　　本案法院認為：「阿強自 2004 年 12 月 1 日起受僱於 A 公司，迄至 2015 年
12 月 15 日遭解職之日止，已服務超過 11 年，解職通知書亦載明阿強在職期間
是 A 公司高雄資訊部資深專員，且阿強於 2015 年 2 月 3 日曾簽屬營業秘密保護
合約，其在職期間，A 公司將工作規則及道德規範與行為準則以電子郵件公告通
知員工，阿強並有參加受訓記錄，阿強對於 A 公司職業道德規範與行為守則、
保守營業秘密之要求及機房管控等事項理應知之甚詳，當應切實遵守。」此部分
本文認為 A 公司對於員工行為規範有告知員工及阿強，且按照法定程序處理，
是雇主勝訴之主因。環觀企業市場，中小企業有部分不重視公司內部典章制度的
重要性，本案 A 公司能注意相關約束之規範程序是很好的典範。

2. 員工簽署營業秘密保護合約就有遵守義務

　　另外，法院認為阿強身為 A 公司系統部專員，擔任資訊技術人員，職務核
心內容乃管理與維護各項資訊設備系統，自應執行確保資訊安全，防範資料外

---

[37] 臺灣高等法院 高雄分院 108 年勞上更一字第 3 號民事判決改編。

洩，A 公司基於互信與阿強簽署營業秘密保護合約，規範員工應盡忠實守密義務，以保障公司營業秘密及資訊安全，自屬合理。此外，法院審閱該營業秘密保護合約之內容亦查無有何對阿強顯失公平之約定，阿強基於自由意志簽署，該合約應屬有效，自應遵守該合約之約定內容。阿強援引《勞動事件法》第 33 條規定主張不受該營業秘密保護合約之拘束是錯誤的認知。本文認為阿強對於遵守簽訂合約的義務有輕忽其重要性。

3. 職業道德與倫理的警示功能

從管理角度而言，在實務運作上許多員工對於自己應有的職業道德或應盡的義務並不清楚，尤其各種職務之核心內容並無認識，本件勞資爭議呈現問題對於員工具有警示指標。尤其受僱者要特別注意，除工資或工時外，有些附隨義務也要忠於執行，本件阿強疏於注意自己的保密義務以致於被解僱。

4. 不合法的請求會敗訴

另法院認為阿強自陳於 2015 年 12 月 14 日當天被通知不用上班時，A 公司即將其門禁卡、保全卡及鑰匙收走，足證阿強自 2015 年 12 月 14 日起即未繼續為 A 公司提供勞務，而 A 公司已給付阿強 2015 年 12 月分之半月薪資 2 萬 8,248 元予阿強，且雙方自 2015 年 12 月 15 日起終止兩造間勞動契約已合法生效，則阿強訴請 A 公司應給付 2015 年 12 月分下半月及 2016 年 1~3 月之薪資與資遣費共計 53 萬 4,358 元，並發給非自願離職證明書，均無理由[38]。

本件阿強被懲罰性解僱致無法提供勞務，也沒有提供勞務，更未在法定的除斥期間內（30 天）提出終止契約，對阿強而言，非常不利。雖然雇主違反勞動契約或勞工法令，致有損害勞工權益之虞者，勞工得不經預告終止契約。但勞工以該規定終止契約者，應自知悉其情形之日或於知悉損害結果之日起，30 日內為之。[39]阿強所為終止之意思表示已逾 30 日，所為之終止自不合法。

綜上，公司既有的工作規則，勞動契約，營業秘密的規範及簽署的資料，受僱者應提高注意義務，尤其做好忠於執行職務工作，並謹慎行事。

---

[38] 阿強以為可以主張依《勞動基準法》第 14 條第 1 項第 5 款之規定請求相關金額。
[39] 《勞動基準法》第 14 條第 1 項第 6 款、第 2 項之規定。

延伸閱讀　　【營業秘密法】

《營業秘密法》第 12 條

　　因故意或過失不法侵害他人之營業秘密者，負損害賠償責任。數人共同不法侵害者，連帶負賠償責任。

　　前項之損害賠償請求權，自請求權人知有行為及賠償義務人時起，二年間不行使而消滅；自行為時起，逾十年者亦同。

案例13 員工罷工前，公司應有的作為？

依我國《勞資爭議處理法》第 54 條第 3 項之規定，哪些事業應先簽訂必要服務條款之後，工會得宣告罷工？【110 經濟部職員考試】

💡 問題意識

　　罷工是勞動三權中最後手段，工人為了表示抗議，而集體拒絕工作的行為，只有工會才能行使罷工權。

💡 爭點分析

　　按《憲法》第 14 條規定人民有結社之自由，第 153 條第 1 項復規定國家為改良勞工之生活，增進其生產技能，應制定保護勞工之法律，實施保護勞工之政策。從事各種職業之勞動者，為改善勞動條件，增進其社會及經濟地位，得組織工會，乃現代法治國家普遍承認之勞工基本權利，亦屬憲法上開規定意旨之所在。工會為保障勞工權益，得聯合會員，就勞動條件及會員福利事項，如工資、工作時間、安全衛生、休假、退休、職業災害補償、保險等事項與雇主協商，並締結團體協約。[40]對於調整事項無法達成共識，則可進入罷工程序。

---

[40] 臺北高等行政法院 111 年度訴字第 312 號判決。

　　然而，《勞資爭議處理法》第 54 條第 3 項之規定，下列影響大眾生命安全、國家安全或重大公共利益之事業，勞資雙方應約定必要服務條款，工會始得宣告罷工：一、自來水事業。二、電力及燃氣供應業。三、醫院。四、經營銀行間資金移轉帳務清算之金融資訊服務業與證券期貨交易、結算、保管事業及其他辦理支付系統業務事業。基此，上開事業應先簽訂必要服務條款後，工會方能宣告罷工。

課後練習
EXERCISE

選擇題

( ) 1. 下列有關現行《勞資爭議處理法》制度內容之敘述,何者正確? (A)為便利勞工,勞資爭議管轄機關為勞方當事人之住所地之直轄市或縣(市)主管機關 (B)獨任調解人依舊法無明文 (C)與舊法相較,簡化罷工程序 (D)雇主得以工會及其會員所為之爭議行為所生損害為由,向其請求賠償。

( ) 2. 下列何者為有法定協商資格之勞方? (A)會員受僱於協商他方之人數,逾其所僱用具同類職業技能勞工人數三分之一之綜合性工會 (B)會員受僱於協商他方之人數,逾其所僱用具同類職業技能勞工人數四分之一之職業工會 (C)自救會 (D)會員受僱於協商他方之人數,逾其所僱用勞工人數二分之一之產業工會。

( ) 3. 有關工作規則之敘述,下列選項何者正確? (A)工作規則須由雇主與勞方共同商議後決定之 (B)工作規則僅對勞工有拘束力,對雇主則無 (C)工作規則可以達成事業單位內部勞動條件和管理規定統一之效果 (D)僱用人數 20 人以上之事業單位即應制定工作規則。

( ) 4. 有關《勞動基準法》之敘述,下列選項何者正確? (A)如果餐廳裡的工讀生因為不小心而打破了盤子,雇主可以不經勞工同意,便從薪水裡扣錢,來作為賠償的費用 (B)只要有良好的安全衛生措施,雇主可以要求懷孕的女性勞工在夜間工作 (C)因天災、事變或突發事變,雇主可以要求勞工在假日的時候工作,只要加發薪水就可以了 (D)女工在懷孕期間,如有較為輕易之工作,得申請改調,雇主不得拒絕,而且不得減少其工資。

( ) 5. 下列何者為《工會法》第 1 條明示之立法宗旨? (A)促進勞工團結 (B)穩定勞動關係 (C)促進社會與經濟發展 (D)保障工作者安全及健康。

( ) 6. 依《職業災害勞工保護法》之規定,每年幾月幾日為工殤日? (A) 5 月 1 日 (B) 4 月 28 日 (C) 4 月 18 日 (D) 4 月 8 日。

（　）7. 養成訓練，係對幾歲以上之國民，所實施有系統之職前訓練？ 　(A)十二歲 　(B)十五歲 　(C)十歲 　(D)十一歲。

（　）8. 下列何者為勞動部之次級機關？ 　(A)勞動教育學院 　(B)勞動檢查署 (C)勞工保險局 　(D)人力資源局。

（　）9. 下列何者為公立就業服務機構掌理事項？ 　(A)積欠工資墊償 　(B)職業病防治 　(C)入出國日期證明 　(D)失業認定。

（　）10. 工會理事會之定期會議每幾個月至少開會一次？ 　(A) 6 個月 　(B) 3 個月 　(C) 2 個月 　(D) 1 個月。

MEMO

第八章

東協國家法規

LAW & Life

第一節　東協國家勞動現況之案例探討

案例1 越南政府改變原有勞資關係政策之目的為何？

越南政府今年初修改勞動法令，將原本單元工會組織結構調整為多元工會組織結構，越南國會最近又通過國際勞工組織的核心勞動標準，特別是與強迫勞動及童工禁止相關之勞動標準。請問，越南政府大幅度改變原有勞資關係政策之目的為何？【109年高考　勞資關係】

💡 問題意識

　　1895 年中日簽訂《馬關條約》將臺灣澎湖割讓給日本，梁啟超曾說日本統治臺灣的 10 年後臺灣人會被日本同化成功，而脫離中國。但同是易主的越南人仍會永世長存。[1]越南曾是藩屬國，清朝與越南關係常有變動且漸次演變成表面緊密，實則疏遠。第一次世界大戰後，才建構國家主權之間的對等、平等意識，迄至二戰後聯合國成立，才開始逐漸穩固。梁啟超當時並沒有國家平等的觀點，仍舊胸懷民族主義，積極追求中國成為第一等的強國。當民國的政治與外交狀況穩定後，梁啟超對越南已不再是中國藩屬的現實，略有歷史情懷上的傷感[2]。

　　越南在國際政經及情事演變下漸漸成為大國爭奪目標，自革新開放後越南經濟社會、就業方式、利益分配方式大有改變及多樣化，勞工要求加薪及改善待遇之訴求增加，致罷工事件頻傳。

💡 爭點分析

1. 國際勞工組織公約

　　國際勞工組織於 1919 年巴黎和會的《凡爾賽條約》中強調確保勞動者合乎人道的工作條件理念。國際勞動基準涉及工人權利和工作條件的各個方面，主要包括以下五個方面：(1)結社自由與集體談判；(2)自由選擇就業、禁止強迫勞動；(3)就業均等和男女同工同酬；(4)禁止使用童工；(5)合理的工作條件（包

---

[1] 張政偉(2017)，新民自尊：由梁啟超越南觀談起，慈濟大學人文社會科學學刊，21，6-7。

[2] 同上註。

括：工資、工時、休息、休假及職業安全衛生）。[3]其中禁止使用童工是很重要的指標。另國際勞工組織第 29 號公約：禁止強迫勞動。所謂「強迫勞動」係指一切工作或勞役，得自於某種刑罰之威脅，而非出於本人自願者而言。

2. 越南工會現況

有關國際勞工組織之勞動核心議題隨著勞動力輸出而開始影響越南勞動關係，其主要輸出國是日本、韓國、馬來西亞，近年來則增加俄羅斯、中東、加拿大等國。[4]另越南工會之發展已進入自治與自主模式，工會的角色與運作與中國的黨政工相似，不過越南比較強調用法律保障工人及工會，在必要範圍內也允許罷工（需 51% 工人同意）。例如：胡志明市勞聯組織是越南工人階級和其他勞動者最廣泛的群眾組織，在必要範圍內也是政府強柱，其結構及主要工作大都是為職工的工作機會[5]。

越南第 13 屆國會第 3 次會議於 2012 年 6 月下旬通過《工會法》修訂案，並自 2013 年 1 月 1 日起開始實施。《工會法》修訂案的主要內容略以：(1)依據法令讓勞工成立、加入及參加工會之活動。(2)雇主負責安排同級工會辦公處所，同時提供工會活動所需必要器材。(3)擔任工會所屬專責人員，由工會支薪。(4)擔任工會所屬非專責人員的勞工，須保障勞動合同。(5)當雇主違法解僱的勞工係工會所屬非專責人員時，工會可要求政府協助。[6]基此，修訂方向係強化工會功能。

2008 年、2010 年、2011 年越南野貓式罷工，主要是以經濟利益為主，而非權力之爭。對罷工問題，越南政府常以「企業應照顧員工」為由，要求企業調高薪資及福利待遇，資方以加薪平息勞資爭議，且加薪幅度不斷擴大。自 2012 年起，因通膨趨緩罷工減少。[7]但是越南於 2014 年 5 月 13 日發生排華暴動事件，造成臺商損失慘重。[8]2018 年製鞋大廠寶成集團的越南廠在 3 月 26 日發生大規模罷工，再度重創企業。

---

[3] 強迫勞動的禁止（第 29 號跟 105 號公約）；雇用最低年齡（第一三八號公約，或稱童工雇用之禁止）https://zh.wikipedia.org/wik，查詢日期：2020 年 9 月 20 日。

[4] 資料來源：經濟部投資業務處出版品「越南投資環境簡介」。

[5] 趙順章(2006)，河南工運研究，1，頁 45-47。

[6] https://info.taiwantrade.com/biznews，查詢日期：2021 年 6 月 9 日。

[7] 資料來源：經濟部投資業務處出版品「越南投資環境簡介」。

[8] 中越對於南海的主權紛爭由來已久，本月初大陸宣布將價值 10 億美元的石油鑽井平台「HD-981」，移至中越主權爭議的海域鑽探，引發越南強烈不滿。國家政策研究基金會 https://www.npf.org.tw/3/13655https://www.npf.org.tw/3/13655。

　　再者，《越南勞動法》明定工會的職掌範圍包括：(1)參加企業、機關以及組織集體勞工之協商、簽訂集體勞工協議書、監督集體勞工協議書、梯級薪資、薪資表、作業定量、薪資給付規則、獎勵制度、內部勞動規定以及民主規則之落實；(2)解決勞資糾紛；(3)與雇主進行座談及合作，建立和諧、穩定以及進步的勞資關係；(4)各級工會組織，與同級國家勞動管理機關以及雇主代表組織配合，參與協商並解決勞資問題。[9]為保障工會職能發展勞動法，禁止企業為下列事項[10]：

　　A. 對成立、加入工會或參加工會活動的勞工，進行阻撓及刁難。

　　B. 強迫勞工成立、加入工會或參加工會活動。

　　C. 要求勞工不參加或脫離工會。

　　D. 對勞工薪資、工作時間以及勞資關係相關之其他權利和義務有歧視行為，以阻撓勞工成立、加入工會以及參加工會活動。

3. 越南未成年勞工

　　雇主僅可僱用滿 13 歲至 15 歲以下的未成年勞工，從事屬於社會榮軍勞動部公告體力負擔較輕工作清單的項目。僱用滿 13 歲至 15 歲以下未成年勞工時，應遵行下列規定：(1)應取得未成年勞工的同意，且與其法定監護人簽訂書面的勞動合約；(2)安排未成年勞工操作的時間，對其在學校上課的時間不造成影響；(3)確保職場安全與職場衛生及勞動條件，符合勞工的年齡；(4)不得僱用 13 歲以下勞工操作，惟屬於社會榮軍勞動部規定若干具體作業項目則除外。基此，禁止僱用童工有明確之規定[11]。

　　承上，越南統一後於 1986 年決定實施革新開放，從單一的計畫經濟，開放為市場經濟，並發展多元化商品經濟，促進經濟形勢好轉。越南為進行經濟快速發展，並擺脫外交困境，於 1995 年加入東協，1998 年加入亞太經合組織，2007

---

[9]　《越南勞動法》第 188 條。

[10]　《越南勞動法》第 190 條。

[11]　《越南勞動法》第 164 條。同法第 165 條規定：1.禁止僱用未成年勞工從事的工作及職場禁止僱用未成年勞工從事下列工作項目：(a)搬運、扛揹、舉高超過未成年勞工體力負荷的繁重物件；(b)生產、使用或運輸化學品、瓦斯以及爆炸物；(c)維修及保固機械設備；(d)拆除建築工程；(e)燒熔、吹製、鑄造、軋製、沖壓以及焊接金屬；(f)海洋潛水、遠洋捕魚；(g)對未成年勞工身體健康、安全或道德觀念造成傷造的其他工作。2.禁止僱用未成年勞工於下列職場操作：(a)水下、地層下、洞穴內、墜道內；(b)建築工地；(c)家畜屠宰場；(d)賭場、酒吧、舞廳、卡拉 OK 室、飯店、招待所、蒸汽浴室以及按摩室；(e)對未成年勞工身體健康、安全以及道德觀念造成傷害的其他場所。3.社會榮軍勞動部制定本條第 1 項 g 點及第 2 項 e 點的工作項目及作業場所清單。

年加入世貿組織。因此，為提高國際性經貿關係參與，越南積極大幅度改變原有之勞資關係，尤其是提高工會功能，以解決罷工事件的發生。在勞動條件方面更是符合國際勞工組織公約，2019 年越南首富正式超越臺灣[12]。

案例 2　《越南勞動法》對於基本工資的規範有哪些？

《越南勞動法》對於基本工資的規範有哪些？

問題意識

越南勞動者的最低工資標準係因地區而異，大約是 215~310 萬越南盾（約合 96~138 美元），2020 年上調至 240~350 萬越南盾（約合 106~155 美元），但仍比不上美國最低工資標準。

爭點分析

越南政府於 2019 年 11 月 15 日發布第 90/2019/ND-CP 號議定，有關依勞動合約工作的勞工適用地區基本薪資額規定，並自 2020 年 1 月 1 日起實施[13]。

1. 越南薪資結構[14]

(1) 薪資係指雇主給付勞工從事雙方協調的工作之款項。薪資包括工作薪資額或職務薪資額、薪資津貼及其他補給款項。勞工的薪資不得低於政府規定的基本薪資額。

(2) 給付勞工的薪資，係按其作業效力及工作品質給付。

(3) 雇主應確保公平給付薪資，不得對從事同等價值工作的勞工有性別歧視（同工同酬）。

---

[12] https://tw.news.yahoo.com，查詢日期：2021 年 6 月 9 日。

[13] 從 2020 年 1 月 1 日開始，越南最低工資標準分為一至四類地區最低工資分別提高到 310 萬、275 萬、240 萬和 215 萬越南盾，分別約合 148、131、114 和 102 美元。https://top10bikeguide.com.tw/city/GDP/11412.html，查詢日期：2020 年 9 月 20 日。

[14] 《越南勞動法》第 90 條。

2. **越南基本薪資額**[15]

  (1) 基本薪資係指給付勞工在一般勞動條件下從事最簡易工作的薪資額，且須保障勞工及其家屬的最低生活水準。基本薪資額係按月、日及小時認定，及依據地區及產業確定。

  (2) 鑒於國家薪資委員會諮詢的基礎上，政府依據勞工及其家屬最低生活水準、社會經濟條件以及人力市場給付薪資額度，公告地區適用的基本薪資額。

  (3) 產業基本薪資額係透過集體協商所商定的基本薪資額，並獲載列於產業集體協議書上，惟不得低於政府公告的地區基本薪資額。

  (4) 2021 年最低工資標準增長 12.4%。

3. **越南梯級薪資、薪資表以及工作定量標準**[16]

  (1) 依據政府制定梯級薪資、薪資表以及工作定量標準規範原則的基礎上，雇主負責擬定梯級薪資、薪資表以及工作定量標準，作為徵選、僱用、協商於勞動合約上所列薪資額以及給付勞工薪資的依據（參考圖 8-1）。

  (2) 雇主擬定勞工梯形薪資、薪級表及工作量標準時，應徵詢企業基層代表集體勞工組織意見，並應於執行前在企業勞工職場公布，且將其寄送予雇主生產經營據點所在地的縣級國家勞動管理機關。

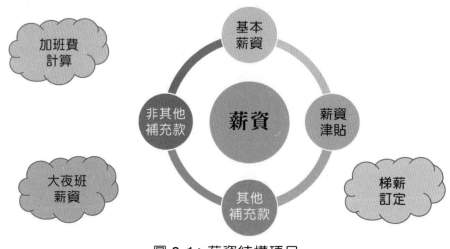

圖 8-1 ▶ 薪資結構項目

---

15 《越南勞動法》第 91 條。

16 《越南勞動法》第 93 條。

第二節　東協國家與南海關係之案例探討

案例 1 東協國家對南海主權提出爭議，為何國際仲裁法庭否定U形線？

東協國家中有部分就南海主權提出爭議，臺灣南海 11 段線或中國 9 段線的畫法，國際仲裁法庭不能接受的原因是什麼？

🔩 問題意識

1958 年 2 月在日內瓦召開了聯合國第一次海洋會議並通過了《公海公約》、《大陸架公約》、《領海及毗連區公約》以及《捕魚與養護公海生物資源公約》。但未能有效解決國家間的海洋爭端。

1960 年 3 月在日內瓦召開了聯合國第二次海洋會議，由於在此次會議上各個國家的權利主張分歧較大，1973 年 12 月舉行了第三次聯合國海洋會議，各國間圍繞著領海寬度、專屬經濟區制度、國際海峽以及外國船隻的無害通過權展開了激烈的爭辯，於 1982 年 12 月 10 日決議通過《聯合國海洋法公約》。該公約強調平等、和平享有海洋權利，然而該公約對於專屬經濟區的法律制度留下許多爭議空間，尤其是南海之爭。近年來，中華民國與菲律賓專屬經濟區爭執，釀成屏東廣大興號船隻被菲律賓掃射致船長死亡事件。

南海全域公海化為美國的主張，[17]南海爭議起因於聯合國的報告中指出有大量石油及礦石。依《中華民國領海及鄰接區法》第 4 條規定：「中華民國領海基線之劃定，採用以直線基線為原則，正常基線為例外之混合基線法。」雖然我國採用混合基線法，但是南海則採 U 型線，線內包括南沙群島全部島嶼都是我國領土。

💡 爭點分析

菲律賓屬東協十國之一，其南海主權的堅持可從南海仲裁內容得知。

---

[17] https://www.npf.org.tw/1/22956。

1. 東協國家組成背景

東協是推展區域性及政治經濟合作的國際組織，其主要目的是團結東南亞非共產國家抵制可能外侵威脅及緩和東南亞國家之矛盾與衝突，強調貿易自由化。東協最先於 1967 年 8 月成立，當時僅有泰國／新加坡／馬來西亞／菲律賓／印尼等五國。1967 年五國簽署的東協宣言(ASEAN Declaration)，主要宗旨與目標在於：(1)加速經濟成長；(2)尊重該地區各國家的法律規範，以求和平與穩定[18]。

1984 年 1 月加入汶萊，變成東協 6 國；1995 年越南加入。1976 年 2 月東協首次在印尼峇里島舉行高峰會議一簽署東南亞友好暨合作條約(The Treaty of Amity and Cooperation)。迄至 1997 年緬甸及寮國加入；1998 年 12 月 16 日柬埔寨加入。其中緬甸民主人權較為不彰，該國曾被美／歐／加／澳制裁。緬甸加入東協之是考量降低中國對東南亞之滲透、和緩泰緬邊境軍事衝突、壓制煙毒栽及販毒。[19]

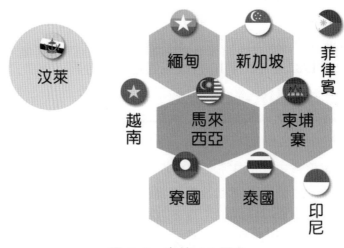

圖 8-2 ▶ 東協 10 國[20]

2. 分析

南中國海領土爭端包括南沙群島、西沙群島和中沙群島的主權糾紛、北部灣海上邊界問題以及其他地區的爭議。該海域部分島嶼的主權歸屬、海域劃分和相

---

[18] 參見東協發展簡介 https://www.aseancenter.org.tw/。

[19] 同上註。

[20] https://www.google.com.tw.查詢日期：2022 年 11 月 26 日。

關海洋權利重疊的衝突很多，包括中華民國、中華人民共和國、汶萊、馬來西亞、印尼、菲律賓和越南[21]。

2013 年，菲律賓提出南海仲裁案，控告中國的九段線不存在及海洋執法活動違反《聯合國海洋法公約》。[22]菲律賓啟動仲裁後中國在南沙群島填海和建設人工島嶼。仲裁庭認為中國對「九段線」內海洋區域的資源主張歷史性權利沒有法律依據[23]。

有研究者認為南海諸島主權，早在 1947 年 12 月以後，就獲得國際上的承認與支持。中國的「九段線」起於國民政府 1947 年劃定的「十一段線」，1947 年出版於美國而具有權威性的 Rand McNally 地圖內，即將南海按照這九段線示意，註明是屬於中國的。到 1953 年，中國刪減中越附近北部灣的兩段，改為九段線。中國一直強調不接受、不參與、不承認南海仲裁的立場。但是 2020 年 7月 14 日美國國務卿蓬佩奧表示，中國在南海無領土[24]。

然而，南海水域最早是 1883 年清朝對德國探險隊到南沙群島進行測量而提出外交抗議，宣示南沙群島屬於中國；1887 年，清朝與殖民越南的法國訂定「中法續議界務專條」，劃定向海延伸的紅線決定海上島嶼歸屬，西沙群島在該線以東，並非越南的領土。[25]臺灣所主張之 U 形線是具有歷史性權利，1982 年《聯合國海洋法公約》雖無規範，但也無否認 U 形線的歷史性權利，我國可以主張線內為我國的固有疆域、線外我國仍然可以主張 200 浬專屬經濟區。

---

[21] 印尼和馬來西亞是因為附近的納土納群島的主權歸屬問題起爭端。https://zh.wikipedia.org/zh-tw，查詢日期：2020 年 9 月 26 日。

[22] 中國大陸以國民政府遷臺前確立的十一段線區域為依據表示繼承，在相關島嶼保持和維護了早期民國時期建立的紀念碑和標示物。因為從歷史觀點看該地全部島嶼與大量水下沉船遺跡證明中國歷史上漫長的歲月在當地活動，所有島礁都已經被發現，廣東與海南島一代漁民從民間活動認知到歷史諸多典故，都與南海有密切關聯。2002 年起的東協南海聲明，中華民國政府並未參與《南海各方行為宣言》，並拒絕承認《南海各方行為宣言》。2015 年後南海爭端較劇烈，國民黨執政的中華民國政府採取堅持十一段線與固有疆域立場，並對菲律賓南海仲裁案中將太平島定義為礁石的說法抗議。https://zh.wikipedia.org/zh-tw，查詢日期：2020 年 9 月 26 日。

[23] 南海爭議https://zh.wikipedia.org/zh-tw，查詢日期：2020 年 9 月 26 日。依據《聯合國海洋法公約》的附件 7，如有國家聲請仲裁，需要成立一個臨時的仲裁庭，該庭是由 5 位仲裁員組成。爭端雙方當事國可以分別指定一人（可以是本國人），另外三人由爭端雙方協商確定（必須是第三國）。

[24] 南海局勢 https://www.bbc.com/zhongwen/trad/chinese-news-53015950，查詢日期：2020 年 9 月 26 日。

[25] 南海風雲（一）大陸讓南海 11 段線歷史主權變 9 段 ETtoday 軍武新聞 11 月 26 日。

　　至於仲裁法庭將太平島誤為礁係不同於國際海洋公約之認定，其公信力有不足之處，本文認為 1982 年《聯合國際海洋公約》雖有一大部分允許各國以協議或仲裁方式解決爭議，但是國際海洋事務本與國際政治、國際關係及國際經濟等複雜因素相結合，仲裁法庭是否能完全了解或理性的掌握全球沿海國之歷史發展原因及海洋地理結構，恐有探討空間（參見圖 8-3～圖 8-5），因此南海仲裁之法律效力仍存諸多質疑。

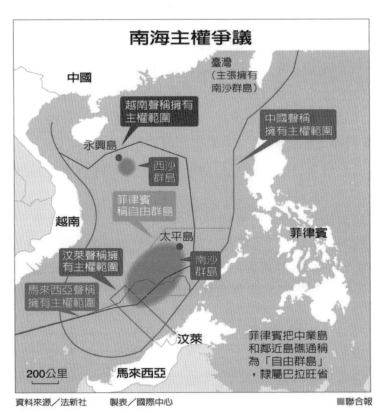

圖 8-3 ▶ 南海主權爭議 I

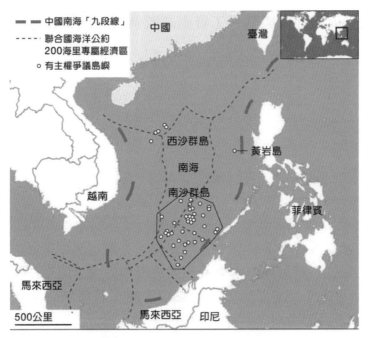

圖 8-4 ▶ 南海主權爭議 II[26]

圖 8-5 ▶ 南海主權爭議 III[27]

26 http://www.google.com.tw。查詢日期：2020 年 11 月 26 日。

27 http://talk.news.pts.org.tw/show/13708。查詢日期：2020 年 11 月 26 日。

案例 2 **當雇主倡議外勞與基本工資應該脫鉤時，該如何保障外勞人權？**

當我國雇主倡議所謂外勞與基本工資應該脫鉤時，政府勞政部門應如何說服雇主？【109 年高考 勞資關係】

問題意識

基本工資之定義？外勞勞動人權之保障？

爭點分析

1. 工資是勞工賴以維生之重要貨幣，勞資間工資議定應由勞動市場供需決定，政府規定之最低工資是保障本勞或外勞最根本的生活照顧。由於勞動力之市場需求增大，臺灣引進之外勞包括家庭幫傭、看護工、漁工或地下道工人等。[28]外勞薪資有無過高，仍有探討空間。

2. 外勞工資脫鉤爭議

基本工資立法目的本來就是要維持勞工基本的生活水準，外籍勞工在臺灣工作，跟我國勞工承受同樣的生活水準和物價，所以他們的工資受到基本工資保障。[29]《勞動基準法》第 21 條有規定，工資由勞雇雙方議定之，但不得低於基本工資。所以受僱於適用《勞動基準法》事業單位的勞工，不論其國籍，雇主給付的工資都不可以低於基本工資。

近年來許多人討論外勞薪資是否應與最低工資脫鉤？可歸納共有兩種見解，贊成脫鉤者認為外勞真正的市場工資遠低於最低工資，如脫鉤可回歸外勞供需市場的價格，並可提高企業的競爭力；[30]反對者認為外勞和本勞都是勞工，應平等對待，同工同酬。勞動部前函示以，外籍勞工來華工作，應遵守我國

---

[28] 1.廠工（工廠外勞可申請的工廠類別區分為 3K5 級（3K 又稱 3D:Dirty,Difficult,Dandger），五級為 A+、A、B、C、D，五級所能申請的外勞比例分別為 A+級(35%)、A 級(25%)、B 級(20%)、C 級(15%)、D 級(10%)，確認工廠所屬的類別後即可知道自己工廠可以請幾位外勞）。臺勞人數以有申請勞保和健保的人數才算數（兼職、無保勞保的員工不算）；2.家庭看護工；3.家庭幫傭；4.漁工。

[29] 勞動部 111 年 9 月 14 日發布，自 112 年 1 月 1 日起實施，每月基本工資調整為 26,400 元，每小時基本工資調整為 176 元。
https://bola.gov.taipei/News_Content.aspx?n=FDEDF5DCB0A26A46&sms=87415A8B9CE81B16&s=70464C835E4688A8，查詢日期：2023 年 5 月 3 日。

[30] 以新加坡為例，該國無法定最低工資，無所謂外勞工資與最低工資「脫鉤」之事。

法令，亦受我國法令保障。勞動基準法對於外籍勞工並無另訂基本工資之規定，凡受僱於適用勞動基準法事業單位之勞工，不論本國勞工或外籍勞工，其工資均不得低於基本工資[31]。

本文認為看市場供需而定，例如：行業別不同應有不同之基本工資規範，即傾向市場決定機制，因為在競爭中各有各的供需，有些企業認為部分行業發給基本工資之對待太高。政府應該就各行業外勞需求進行評估其數量，當然外交之談判條件也不容忽視其主客觀情勢，畢竟依賴外勞的國家同時也有受制於其母國之種種要求。[32]例如：印尼政府表示機票、簽證費、訓練費等將由臺灣雇主負擔。

2020 年 3 月 20 日印尼宣布禁止勞工國外工作，勞動部則以留用移工回應，然而臺灣外籍監護工中印尼籍占近八成，未來供給是否出現問題？值得提高正視度[33]。2020 年與 2021 年之新冠肺炎疫情特別透漏之訊息是未來各國有可能面臨自力更生世代，果真如此，勞動力增減就是國力及國安問題，本國人口政策及計畫宜再強化並鼓勵生育。

---

[31] 行政院勞工委員會 82 年 6 月 8 日台 82 勞動 2 字第 29918 號函。

[32] https://www.bing.com/search?form=MOZTSB&pc=MOZD&q=印尼不要輸出勞工，查詢日期：2020 年 10 月 10 日。

[33] 勞動部表示，外籍監護工除印尼外，還有越南、菲律賓及泰國其他來源國，另外，雇主應盡量期滿續聘現有移工，若真的有聘僱需求，也可承接已在國內等待轉換雇主的移工。勞動部也同步宣布放寬原有產業移工最長 12 年、監護工最長 14 年期限，全部延長三個月，並鼓勵移工暫緩返國休假，若未返國造成機票等損失將給予補償。新增印尼勞工無法來臺工作，將視情況再決定是否對已屆期的移工再延長。

課後練習
EXERCISE

選擇題

( ) 1. 阿美是越南籍之外國人,因非法進入我國,下列敘述何者為非? (A)應依《刑法》第 95 條規定,於刑罰執行完畢或赦免後,予以驅逐出境 (B)驅逐出境,由法院酌情依職權決定之,採職權宣告主義 (C)對於原來在本國合法居留之外國人而言,實為限制其居住自由之嚴屬措施 (D)驅逐出境不必遵循比例原則。

( ) 2. 為避免疫情持續擴散,有減少人員流動之必要,自 110 年 6 月 6 日起,雇主或外國人轉換雇主或工作之程序之敘述下列何者正確? (A)申請轉換雇主或工作:自 110 年 6 月 6 日起,暫停受理申請 (B)雇主與外國人於 110 年 6 月 6 日(含)後始合意接續聘僱者,暫停受理申請 (C)申請期滿轉換自 110 年 6 月 6 日起,暫停受理申請 (D)以上皆是。

( ) 3. 西元 2021 年《越南勞動法》對於工資或工時之規定,下列敘述何者為非? (A)雇主延遲給付薪資,不必增加延遲給付期間內薪資的利息 (B)時薪工作者可按照勞資雙方的協商,選擇在工作當日、當週,或者一次性付清工資 (C)每週正常工時維持 48 小時,但鼓勵每週 40 小時 (D)勞工平日加班以薪資之 1.5 倍計算,夜間及週休日為 2 倍,國定假日則為 3 倍。

( ) 4. 越南之女性勞工之產假為多久? (A) 6 個月 (B) 3 個月 (C) 2 個月 (D) 1 個月。

( ) 5. 越南退休年齡? (A) 2028 年男性勞工滿 62 歲 (B) 2035 年女性勞工滿 60 歲 (C)每年男性勞工退休年齡增加 3 個月,女性增加 4 個月 (D)以上皆是。

( ) 6. 印尼勞工法對於就業平等原則之規定下列何者為真? (A)每一個工人均有相同且無差別待遇的機會去獲得工作 (B)女性勞工有較高就業機會 (C)不論性別都必須按照階級區分工作機會 (D)以上皆對。

（　）7. 印尼的勞動曾發生何事，下列何者為非？　(A)學徒制度的實施應建立在學徒和企業共同簽訂的書面學徒合同之上　(B)學徒合同應至少約定學徒和企業雙方的權利和義務，以及學徒時間長度　(C)無學徒制之規定　(D)雅加達學運燃燒是起於《就業增加法案》變法之戰。

（　）8. 印尼的工會力量相當龐大，過去幾年來工會團體抗爭激烈是為何事？　(A)最低工資調漲問題　(B)職業訓練問題　(C)性騷擾問題　(D)社會保險問題。

（　）9. 2009 年東協國家之經濟發展敘述，何者為非？　(A)在面積方面仍以印尼最大，新加坡跟東帝汶最小　(B) GDP 成長率，以寮國 7.42%為最高，泰國-2.33%為最低　(C)除了越南以外，其他國家的外債逐漸偏高　(D)失業率最高的為印尼與菲律賓，分別為 7.9%及 7.5%。

（　）10. 印尼對於工作關係的規定有哪些？　(A)工作約定之產生可由書面或是口頭方式行之　(B)必須以書面方式約定　(C)合同不能有違公共秩序，道德，和法律、法規　(D)以上皆是。

第九章

消費者保護相關法律

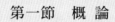

第一節　概　論

第二節　案例探討

LAW & Life

第一節　概　論

　　消費關係屬於私法關係，為私法自治範圍，但是現代社會具有大量生產、大量銷售及大量消費之特徵，弱勢消費者與賣方之糾紛不斷，所以必須立法保護，以維護交易安全，並保障多數不特定人之消費者權益，而非僅限於保障特定消費關係之當事人而已。例如：網路購買物品會有 7 天鑑賞期，但是容易腐敗或客製化商品或已經拆封的個人衛生用品，則例外不適用鑑賞期。

　　商家就其出賣之商品，應提供可合理期待之安全性，對於出售商品之週邊環境，亦應保持無安全上之危險，以便顧客在安全環境中選購商品。因此商家對於門市之購物環境規劃、設計、安排整體購物動線，對於門市購物環境維持與店員維繫門市運作具有指揮監督與管理之權，就商家與其提供之購物環境而言，為《消費者保護法》適用範圍。

　　近年來旅遊糾紛甚多，如發生事故，當事人可以依據《消費者保護法》相關之規定請求賠償，例如：我國國民到菲律賓旅遊事件，因我國及菲律賓間私法糾紛屬涉外事件，要適用《涉外民事法律適用法》第 9 條第 1 項所定之侵權行為地，而我國人到菲律賓旅遊，該國僅係國外旅遊契約履行過程中偶然經過之法域，依《涉外民事法律適用》第 25 條所採最重要牽連關係理論之法理，該侵權行為仍應適用我國法。又《消費者保護法》所規範產品製造人及服務提供人責任，性質上為特殊侵權行為，違反《消費者保護法》之行為地應為製造商或服務提供人之主要營業地，或消費者取得該產品或服務地，故而主營業所及取得服務之地點均在我國，則應負《消費者保護法》之服務提供人損害賠償責任部分，亦應適用我國法。

　　消費者與商家爭議原因：(1)不公平：定型化契約、消費資訊；(2)不安全：產品責任。爭議之救濟管道：(1)消費申訴：各縣市政府消保官協商成立，記錄僅一般和解契約效力；(2)消費調解：各縣市政府消費爭議調解委員會調解成立；(3)消費訴訟：各地方法院民事庭得請求懲罰性賠償金。依據《消費者保護法》第 7-1 條規定，商品或服務是否符合當時科技或專業水準可合理期待之安全者，由企業經營者就其主張之事實，負舉證責任。

第二節　案例探討

案例 1　買到凶宅，是否適用於《消費者保護法》？

阿明買了一間新房子，事後才發現那是一戶凶宅，有無《消費者保護法》之適用？

💡 問題意識

　　鬼屋與凶宅的定義不同。[1]買賣有《消費者保護法》之適用。凶宅買賣屬民間私權糾紛，但是擔任不動產仲介業者，熟悉市場交易模式及行情，明知一般人對於凶宅忌諱，仍以低價購屋，又持偽造契約書、隱匿凶宅重要資訊，販售他人獲不法暴利，則涉犯偽造私文書、詐欺取財罪，以較重的偽造文書判刑[2]。

💡 爭點分析

　　買到凶宅可否以物有瑕疵而主張解除買賣契約？所謂物之瑕疵，係指買賣標的物現有之品質與應有之品質不符，而其不符不利於買受人而言。而決定應有品質之順序，首為當事人所保證之品質，再為契約所預定之效用或價值，最後為通常效用或價值。且買受人應從速檢查其所受領之物，乃法律課以買受人之責任，並據以為買受人得否請求出賣人負瑕疵擔保責任之依據，至於買受人如何檢查其所受領之物，應不能以買受人主張其檢查方法之不同，而異其法律上所課予買受人從速檢查之責任[3]。

1　內政部所訂頒「不動產委託銷售契約書範本」及「成屋買賣契約書範本」所附之「建物現況確認書」，文書內有記載「於賣方產權期間不曾於本建築專有部分曾經發生過凶殺或自殺致死案之情事」雖可做為判斷是否屬凶宅之依據，但該上開範本並無強制性。臺灣花蓮地方法院民事判決 99 年度訴字第 258 號判決。依《消費者保護法》所提之訴訟，因企業經營者之故意所致之損害，消費者得請求損害額三倍以下之懲罰性賠償金；但因過失所致之損害，得請求損害額一倍以下之懲罰性賠償金，為《消費者保護法》第 51 條所明定，旨在促使企業經營者重視商品及服務品質，維護消費者利益，懲罰惡性之企業經營者，並嚇阻其他企業經營者仿效。惟當事人所提起之訴訟，仍須以消費者與企業經營者間就商品，或服務所生爭議之法律關係為前提。臺灣高等法院 99 年度消上字第 10 號判決。

2　160 萬買凶宅轉手隱瞞資訊賣 280 萬，屋主犯詐欺等罪判 1 年 10 月。https://udn.com/news/story/7321/4834603，查詢日期：2020年 10 月 10 日。

3　臺灣花蓮地方法院 99 年度訴字第 258 號判決。

💡 法院見解[4]

1. 房屋為不動產,並為一般人居住使用之場所,若房屋存有非自然身故之情事時(即一般俗稱之凶宅),雖然法律無明確之定義,然就一般交易習慣之認知,係指「曾發生凶殺或自殺事件之房屋」而言。而此一因素,雖未對房屋造成結構或安全上效用之減損,但就我國國情及一般社會大眾而言,多存有嫌惡畏懼之心理,除對居住品質有所疑慮外,在心理層面上亦會造成相當程度之負面觀感及影響,進而影響其市場價格,應認屬物之瑕疵。從房屋交易市場之通常交易觀念而言,屋內是否曾發生有人非自然身故之情事,乃屬房屋交易之重要資訊,若購買者知情,多因心生畏怖而無購買意願,並影響系爭房地之交易價值甚鉅,應認係屬交易上之重大瑕疵。「非自然身故之情事」,係指曾發生凶殺或自殺致死之情事而言,而若房屋內曾經發生過此類情事,在臺灣地區而言,對住戶之心理層面產生嫌惡感,將影響購買意願及房地產之價格,況且系爭買賣標的物現況說明書既將該說明事項列入,亦足以顯見該事項之說明,攸關房地產價格之重要說明事項,從而,被告主張「有無非自然身故之情事」陳明與否,為決定是否買賣房屋重要參考因素,且影響系爭房屋之價格,堪信為真實。

2. 最高法院 87 年台上字第 2907 號判例略以:

「物之瑕疵擔保係為保障交易安全,若買受人知道該瑕疵即不為購買或僅願以較低價購買,即應認有瑕疵。至出賣人有無過失,則在所不問」。

   承上,本案賣方未如實告知買方(阿明)購買之物件是「凶宅」,買方可要求解除契約及要求賣方賠償。[5]另房屋仲介業者提供房屋賣賣消息之傳達、居間引介等服務內容,自屬《消費者保護法》第 7 條所明定之企業經營者,若房屋仲介業者提供之服務未達其專業水準所期待之安全性,足致消費者之財產權受到損害,且未標示者,應負損害賠償責任。

---

[4] 臺灣花蓮地方法院 99 年度訴字第 258 號判決。

[5] 「交易上之重大瑕疵」。依據《民法》第 354 條、第 359 條,買方可以解除該買賣契約或是請求減少價金。如果賣方明知卻故意不告知該屋是凶宅,依《民法》360 條,得不解除契約或請求減少價金而請求不履行之損害賠償。如果賣方有故意為不實的說明(謊稱非凶宅),使買方陷於錯誤而為該買賣契約的話,買方可依《民法》第 92 條之規定,撤銷買受之意思表示,而後依《民法》第 179 條不當得利的規定,請求返還買賣價金。

案例 2　醫病關係適用於《消費者保護法》嗎？

A 為一名醫生，因開刀治療病人 B，但 B 死了，家屬要求損害賠償 500 萬元及懲罰性違約金 1,000 萬元，請問醫病關係有《消費者保護法》之適用嗎？

問題意識

醫療行為無《消費者保護法》之適用。[6]

爭點分析

1. 過去認為有適用

臺北地方法曾有判決認為醫療行為屬《消費者保護法》第 7 條之服務，醫院及醫師負無過失責任，因此有同法第 51 條規定懲罰性賠償金之請求權。

2. 現在認為無適用

臺灣高等法院 91 年上字第 215 號民事判決採目的性限縮，醫療行為不適用《消費者保護法》。另臺灣彰化地方法院民事判決 92 年度重訴字第 165 號判決略以，醫療行為係醫師提供專業智識為病患治病，其目的在於減輕病患之痛苦，或挽救病患寶貴之生命，醫病關係復具有高度之信賴感，病患信賴醫師之專業診斷，而接受必要之手術或藥物治療，以期早日恢復健康，此種情形顯非《消費者保護法》第 7 條第 1 項所謂提供消費商品或服務之情形可擬，若強行將《消費者保護法》第 7 條第 1 項規定之無過失責任制度套用在醫病關係及醫療行為，即有發生前揭臺灣高等法院 91 年度上字第 215 號民事判決意旨所謂「防禦性醫療措施」之虞，病患生命安全之確保將淪為不可知之不確定性，故《消費者保護法》第 7 條第 1 項規範之「提供服務」應排除醫療行為及醫病關係之適用，始屬合理。因此，B 的家屬可以依據侵權行為請求賠償[7]。

---

[6] 肩難產有標準處置程序。過去曾見第一審認為有醫療糾紛有《消費者保護法》之適用，但經二審判定無《消費者保護法》之適用。

[7] 故意或過失，不法侵害他人之權利者，負損害賠償責任。另受僱人因執行職務，不法侵害他人之權利者，由僱用人與行為人連帶負損害賠償責任。但選任受僱人及監督其職務之執行，已盡相當之注意或縱加以相當之注意而仍不免發生損害者，僱用人不負賠償責任。再不法侵害他人致死者，對於支出醫療及增加生活上需要之費用或殯葬費之人，亦應負損害賠償責任。被害人對於第

案例 3 請人代客泊車，車子卻遺失了，可以求償嗎？

阿美開車到 A 飯店住宿（車價金：129 萬元），阿強是幫忙停車人員（代客停車），但阿美的停車卡上之定型化契約記載「本場只供停車，不負任何保管責任」，第二天阿美的車不見了，A 要負責 129 萬元嗎？

問題意識

定型化契約記載「本場只供停車，不負任何保管責任」無約束力。

爭點分析

按《消費者保護法》第 7 條規定：「從事設計、生產、製造商品或提供服務之企業經營者應確保其提供之商品或服務，無安全或衛生上之危險。」「企業經營者違反前二項規定，致生損害於消費者或第三人時，應負連帶賠償責任。」；同法第 2 條規定「消費者：指以消費為目的而為交易，使用商品或接受服務者；企業經營者：指以設計、生產、製造、輸入、經銷商品或提供服務為營業者。」。準此，阿美主張 A 公司附設之停車場雖未另外收費，因其僅對投宿或消費之客人服務，其服務費係隱藏於其他消費價格之中，而阿美與 A 公司有消費關係存在，若因 A 公司提供之服務，有安全上之危險致第三人受有損害，自可請求賠償。

A 公司其停車卡上之定型化契約記載「本場只供停車，不負任何保管責任」，雖其停車卡上之定型化契約記載「本場只供停車，不負任何保管責任」，然其停車之服務費顯已隱藏於其他消費價格中（停車場地及雇用管理人員均須有成本支出），且以現今停車位一位難求、高級轎車隨時有失竊之虞而言，消費者係因 A 飯店有停車場設備始強化其前往消費之意願，亦即 A 公司提供之服務係人員投宿兼車輛保管，且係有對價關係，故 A 公司此項記載對消費者顯失公平，依《消費者保護法》第 12 條第 1 項規定，該記載為無效[8]。

三人負有法定扶養義務者，加害人對於該第三人亦應負損害賠償責任。又不法侵害他人致死者，被害人之父、母、子、女及配偶，雖非財產上之損害，亦得請求賠償相當之金額。《民法》第 184 條第 1 項前段、第 188 條第 1 項、第 192 條第 1 項及第 194 條分別設有規定。

[8] 臺灣高等法院民事判決 89 年度保險上字第 2 號。

課後練習
EXERCISE

選擇題

(　　)1. 有關消費的敘述何者不正確？　(A)消費者不能使用申訴管道　(B)企業經營者就其出賣之商品，固應提供可合理期待之安全性　(C)消費者與企業經營者間因商品或服務所生之爭議，稱為消費爭議　(D)消費者與企業經營者間就商品或服務所發生之法律關係，稱為消費關係。

(　　)2. 有關依照《消費者保護法》第 7 條規定，企業經營者，對於消費者應負無過失責任。其意義及要件何者最正確？　(A)企業經營者有連帶賠償責任　(B)商品或服務流通進入市場時，未符合當時科技或專業水準可合理期待之安全性者，致消費者受傷必須負無過失之損害賠償責任　(C)商品或服務若符合當時科技或專業水準可合理期待之安全性者，該企業經營者即無須負責　(D)以上皆是。

(　　)3. 依照《消費者保護法》第 46 條規定，調解書經法院核定後，具有哪些效力？　(A)該調解書具有與民事確定判決同一之效力　(B)當事人雙方就該消費爭議事件不得再行起訴　(C)調解成立並經法院核定者，如該消費爭議事件已繫屬於法院訴訟終結　(D)以上皆是。

(　　)4. 下列何者要負擔消保法無過失責任？　(A)商品經銷商　(B)醫院　(C)廣告商　(D)商品製造商。

(　　)5. 有關禮券敘述何者正確？　(A)禮券面額必須經過金融機構提供足額履約保證　(B)禮券為記名式者，如發生遺失、被竊或滅失等情事，得申請補發　(C)禮券如有毀損或變形，而其重要內容（含主、副券）仍可辨認者，得請求交付商品（服務）或申請換發　(D)以上皆是。

(　　)6. 魷魚絲吃一半發現包裝內有蟑螂，以下何者正確？　(A)保留發票退貨或可換同種無瑕疵之魷魚絲　(B)送衛生局檢驗　(C)業者懲罰性違約金 1~5 倍　(D)以上皆是。

(　　)7. 下列何種網購物經商家告知者則無 7 天鑑賞期？　(A)易於腐敗、保存期限較短或解約時即將逾期　(B)依消費者要求所為之客製化給付　(C)報紙、期刊或雜誌　(D)以上皆是。

（ 　）8. 請選出禮券應記載事項？ 　(A)使用期限 　(B)消費申訴（客服）專線 (C)未使用完之禮券餘額不得消費 　(D)免除交付商品或提供服務義務，或另加收費用。

（ 　）9. 常見違規廣告有哪些？ 　(A)膠囊錠狀食品：美白瘦身 　(B)膠囊錠狀食品：豐胸、提高免疫力 　(C)壯陽食品含嗎啡 　(D)以上皆是。

（ 　）10. 有關肩難產案例的主要爭議關鍵是下列何事？ 　(A)醫療行為無消費者保護法之適用 　(B)婦女的年齡過高不宜生產 　(C)醫藥費用藥自付 (D)宣導生育高於存款。

第十章

職業災害

LAW & Life

第一節　臺灣地區職業災害法制探討[1]

　　全球化主義認為以國家為中心的思考方式已經落伍，否定國家與威權，強調在全世界套用統一規則，並以全球規模為發展事業之主軸，強調自由貿易與市場經濟。[2]然而全球化雖可減少各國間惡性競爭，但相對的傳染病感染等不利之因素等，也不能避免遭難，例如 2020 年起的新冠肺炎疫情[3]。

　　下表 10-1 說明臺灣地區中小企業之職業災害率偏高，營造業比製造業之事故多；交通事故一直為首要原因；工具設備之使用未達熟稔或不安全或防護不足；年資越少事故率越高，職安之教育訓練不足[4]。

表 10-1 ▶ 臺灣重大職業災害原因分析表（1982 年至 1996 年）[5]

項目	人數／年資	行業／件／人	災害率(%)
行業別	－	製造業	35.28
		營造業	49.49
		運輸倉儲及通信	4.33
職業災害類型	墜落、滾落	2,196 件	36.15
	感電	1,018 件	16.76
	崩塌	638 件	10.50
僱用勞工人數	100 人以上	1,107 件	18.23
	30~99 人	957 件	15.76
	29 人以下	4,010 件	66.01
勞工年資	未滿 1 年者	4,293 人	54.42
	1 年以上未滿 5 年	1,937 人	23.66
	5 年以上未滿 10 年	701 人	8.56
	10 年以上者	931 人	11.37
無勞安教育訓練	6,597 人	8,188 人	80.57

資料來源：莊鎮坤，〈臺灣地區職業災害概況〉，《工業安全衛生》，第 103 期。

---

[1] 馬翠華(2018)，臺灣職業災害保障的現代比較規範研究（博士論文），高雄：國立中山大學。

[2] 吉岡友治(2013)，萌える！思想主義一本就讀懂：將 63 種著名主義擬人化！（高詹燦、劉淳譯），新北：瑞昇文化事業股份有限公司，頁 41-53。

[3] 同上註。

[4] 勞工受傷前在該工作場所的工作年資，以「未滿兩年」占 27.3%最高，「兩年至未滿五年」占 19.1%次之，合計占 46.4%，而以「二十五年至未滿三十年」占 3.8%最低。

[5] 莊鎮坤，前揭文，頁 30-50。

下表 10-2 及 10-3 說明製造業與營造業的職災預防仍有檢討空間。

　　從 2022 年勞保局統計數據顯示，2022 年 1~12 月上下班途中發生事故共 18,183，為職業災害事故發生率之冠。因此，上下班途中應列為第一優先宣導與教育事項。再從 2022 年 7~12 月職業災害統計數據發現，職業傷害與職業病之件數相差 5,371 件，對於職業病的預防應有警訊，仍須鼓勵企業加強注意及防範。再者，罹災前三名列舉如下：一、職業傷害：製造業、營建工程、批發零售；二、生物性危害：製造業、批發零售業、醫療保健業。本文歸納後發現製造業與營造業職業災害的預防措施仍需再精進，以保障勞工生命與身體權益。下表 10-2 為 2022 年 7~12 月災害件數統計表。

表 10-2 ▶ 勞工職業災害件數統計表　　　　　　　　　中華民國 2022 年 7~12 月

	項目	總計	傷病給付	失能給付	死亡給付
總計	職業災害件數	41,959	40,700	927	332
職業傷害	職業傷害件數	23,665	22,434	910	321
職業病	職業病件數	18,294	18,266	17	11

資料來源：https://www.bli.gov.tw/0107801.html

　　下表為 10-3 說明職業災害發生率較高的行業。

表 10-3 ▶ 製造業與營造業罹災件數居高不下

2022 年 7~12 月職業災害發生率前三名的行業分析表			
	職業傷害總數 22434	生物性危害總數 18266	上下班交通事故總數 8,861
111 年 7~12 月罹災前三名行業	製造業 5,950 營建工程 3,379 批發零售 3,562 其他行業不列入-	製造業 3,169 批發零售 2,465 醫療保健 6,217 其他行業不列入-	製造業 2,518 批發零售 1,635 住宿餐飲業 933 其他行業不列入-

作者整理

第二節　職業災害定義

何謂職業災害？通常會想到是勞動者於職場作業中受環境之物體、物質或他人，或本身動作引起人體之傷、殘、死事故。換言之，職業災害係指在勞資關係成立後作業中「因工作或在工作過程中，造成致命或非致命事件」，但勞資關係以勞動力為中心，受空間、時間限制而結合，非勞工與雇主之全人格之結合。因此，工作時間外的勞工私人行為或私生活範圍，非雇主能任意支配，其所受災害，非屬職業災害範圍。[6]以上定義是歸納實務或學理見解而得，我國《勞動基準法》並無法定規範。究其因有三：第一、有意交給主管機關因應經濟發展與社會環境變遷伺機決定，因行政機關要負政治責任；第二、立法或行政機關單純缺漏；第三、因利益衝突朝野無共識，其中第二種與第三種原因均可能交給司法機關權衡判斷。前述立法、行政、司法權分立而相互合作制衡，法院雖專業但仍須依法審判，只是無法律規範，就回歸《勞動基準法》第 1 條或《民法》第 1 條規定，循其他性質不同法律或按照習慣與法理判斷，加上法院審判不受行政機關見解之拘束，法院本身自我判斷，造成分歧，更因無法律規範，自無事後審查機制，致任何政府機關均不必負責或承擔後果，因基準分歧致受災勞工權益保障度有高低或無保障，全由社會上經濟弱勢之受僱、受災國民承擔。就從歷史發展背景而言，職業災害補償機制是大量多災多難的勞工生命累積而成，若行政機關認定是職業災害，而法院否定，兩方機關判定對勞工而言，是「零與合」的對決，其生命與家庭卻緊繫於此，何其痛苦？若能由三權鼎立之機關盡快解決民情、民意、民風之困，方能造民之福，而非單一使用或推動法院之法官趨向與負擔政治風險。

1933 年 6 月 14 日司法院字第 932 號解釋略以，《工廠法》第 1 條，平時僱用工人在三十人以上者適用本法，則臨時工人、包工制工人、論件工人、論日工人及其他流動性質之工人自不包含在內。同法第 45 條所載，工人因執行職務而致傷病，應以其受傷或受病與執行職務有直接因果關係為限。另 1932 年 9 月 17 日司法院字第 792 號解釋略以，《工廠法》第 45 條所謂傷病，是否因執行職務而致，可由醫師診斷定之。基此，早期工人因執行職務受傷病，必須傷病與執行職

---

[6] 最高法院 97 年度台上字第 423 號民事判決。

務間有因果關係存在，且須醫生認定係由執行職務所致之傷病，此部分與前述德國或美國之判斷相類似，均以醫理為事實基準。

　　由於「職業災害」一詞散見《勞動基準法》、《勞工保險條例》、《職業安全衛生法》、《職業災害勞工保護法》等勞動法規，但對於職業災害定義卻無完整統一之規範，僅在《職業安全衛生法》第 2 條第 5 款及其施行細則第 6 條有定義性規範[7]。早在 1989 年最高法院即採用《勞工安全衛生法》之定義（今《職業安全衛生法》），並強調不以勞工提供勞務之上班時間所生災害為限。[8]另最高法院 91 年度台上字第 10 號刑事判決略以，查《勞工安全衛生法》（今《職業安全衛生法》）第 30 條第 1 項規定略以，「職業災害」係指「勞工」就業場所之建築物、設備、原料、材料、化學物品、氣體、蒸氣、粉塵等或作業活動及其他職業上原因引起之「勞工」疾病、傷害、失能或死亡而言，其中「勞工」則指受僱從事工作獲致工資者之謂。所以，職業災害保護對象限於僱傭關係之勞工，不包括委任或承攬關係之勞工。例如寺廟管理人之聘任契約，性質上屬委任契約，除另有約定外，應適用《民法》委任契約，[9]縱有職業原因之傷害存在，自非雇主負擔範圍。再者，縱然工作中遭受職業災害，但其身分為自營作業負責人，亦無補償法令之適用。基此，對「職業災害」加以最具體定義的法律為《職業安全衛生法》。但《勞動基準法》之職業災害不以《勞工安全衛生法》（今《職業安全衛生法》）為唯一之標準。[10]最高法院曾經有判決認為，依據《勞工保險條例》第 34 條及《勞工保險被保險人因執行職務而致傷病審查準則》認定之職業災害，屬於《勞動基準法》之職業災害。[11]雖然許多文獻一再強調「職業災害」之定義應明文訂定，奈何迄今尚無立法解釋。

---

[7] 條文內容：「職業災害，係指因勞動場所之建築物、機械、設備、原料、材料、化學品、氣體、蒸氣、粉塵等或作業活動及其他職業上原因引起之工作者疾病、傷害、失能或死亡」。

[8] 最高法院 78 年度台上字第 1052 號民事判決。

[9] 最高法院 107 年度台上字第 79 號民事判決。

[10] 臺灣高等法院 87 年勞上字第 5 號民事判決。

[11] 最高法院 81 年度台上字第 2985 號民事判決、最高法院 102 年度台上字第 528 號民事判決。另臺灣高等法院 102 年度勞上易字第 10 號判決認：「查，傷病審查準則，係勞委會依勞工保險條例第 34 條第 2 項：「前項因執行職務而致傷病之審查準則，由中央主管機關定之。」規定之授權所訂定之法規命令，用以補充法律（勞工保險條例）就「因執行職務而致傷病」之審查規定之不足有關事項，依《行政程序法》第 150 條之規定，應發生法律效果之效力，且其位階與法律即所授權之勞工保險條例相同。臺灣桃園地方法院 102 年度勞訴字第 25 號判決認為從解釋面而言，凡勞工得據以請求勞工保險職業災害醫療、傷病、失能及死亡等給付及失蹤津貼之事故，即應屬勞動基準法上之職業災害。

承上,《勞動基準法》與《職業安全衛生法》之職業災害的定義是否相同概念?依據《勞動基準法》第 1 條第 1 項後段規定,本法未規定者,適用其他法律之規定。因此,上開兩法似乎應有串聯互補性。茲歸納實務及學者間爭議,主張相同者認為職業災害,係指勞動者提供勞務時,因工作之意外事故,而致其發生死亡、殘廢、傷害或疾病之災害。[12]持不同意見者認為兩者適用行業範圍不同,且《職業安全衛生法》著重於安全衛生設施之管理,與《勞動基準法》目的不同,況且《職業安全衛生法》對職業災害採刑事處罰。由立法目的而論,《職業安全衛生法》旨在維護勞工於作業環境中從事作業活動時之生命安全與健康,雇主應負責工作環境之安全,如顯然超出就業場所以外,實際上已不在雇主控制的範圍,無法期待雇主能控制環境衛生責任。因此《職業安全衛生法》與《勞動基準法》之「職業災害」在概念上或應有所不同,其定義不能一體適用。目前這兩種見解於判決及學理存有紛歧狀況,影響所及是勞工之權益。

綜上,國內實務與學者對於職業災害定義呈紛歧狀,歸納有下列幾種見解:「一、借用《職業安全衛生法》的定義;二、區分有勞工死傷的災害或無勞工死傷的災害;三、職業傷害要判定屬外部作用或突發性,包括職業病」。[13]本文認為《勞動基準法》應有職業災害之立法定義,否則,行政處分機關認定過程,難免不受政治、經濟、社會觀感,或流於主觀,致客觀化標準無法建立,而失左右與平衡及公允。職業災害之定義可列為:凡在僱傭關係存續中,受僱者因工作或與作業中發生有關之事故,不論是否屬於雇主控制範圍,均為職業災害。凡發生事故,致勞工傷病,雇主在民事上負過失賠償責任,在刑法上負刑事責任,在行政上負無過失補償責任。當然,此種定義雖將雇主責任範圍加以擴大,但符合憲法勞動人權之保障規範目的。

110 年 4 月 23 日三讀通過《勞工職業災害保險及保護法》,更落實勞動人權的保障,強化預防、補償、重建三位一體的重要性。另勞工保險條例關於職業災害保險規定以及職業災害勞工保護法不再適用,新法的法制體系如圖 10-1 所示。

---

[12] 《職業安全衛生法》施行細則第 6 條規定,本法第 2 條第 5 款所稱職業上原因,指隨作業活動所衍生,於勞動上一切必要行為及其附隨行為而具有相當因果關係者。

[13] 陳介然、謝靜美、陳曦,2012 年,〈淺談營造業職業災害類型與雇主補償責任〉,http://www.arch.net.tw/modern/month/456/456-1.HTM,查詢日期:2018 年 3 月 13 日。

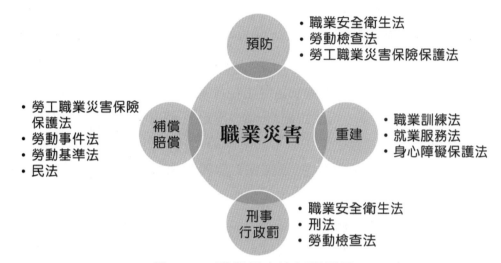

圖 10-1 ▶ 職業災害法制關係圖

第三節　職業災害保險與保護

　　我國勞工保險是以綜合保險方式辦理，包含普通事故保險與職災保險，因勞工保險條例係屬綜合保險規範，故職業災害保險難以單獨調整，致無法提供職災勞工適切保障。又職業災害勞工保護法之性質係屬補充性立法，有財源不穩定、職災預防重建業務難以培養專業人力等問題。爰將職災保險單獨立法，參照德國或其他國家及我國法制擬定之。新法連結預防與重建，讓職災勞工有完整的保障與協助。

　　《勞工職業災害保險及保護法》是以專法形式將《勞工保險條例》中職業災害保險和《職業災害勞工保護法》相關規定整合，於 110 年 4 月 23 日三讀通過，修法重點包含擴大納保範圍、提高投保薪資、提高傷病給付基準，失能年金不以年資計算，改以失能程度區分等，但是施行日期及相關施行細則、子法等仍待政府公告。該法第 109 條規定施行日期由行政院訂定。

　　《勞工職業災害保險及保護法》立法精神在於災前預防與災後補償及重建，十大亮點如下[14]：

---

14 勞動部；自由財經 https://ec.ltn.com.tw/article/breakingnews/3509703

一、擴大強制納保對象，受僱事業單位不分人數強制納保，否則最高處 10 萬元罰鍰。其中外籍家事移工，初估每名外籍家事移工雇主每月負擔職災全額保費 41 元[15]。

二、登記有案的事業單位皆須強制為勞工投保職災保險。過去僅規範 5 人以上事業單位強制納保，新法規範受僱於登記有案事業單位不論僱用人數多少，皆強制納保，包含受「勞基法」規範的技術生、養成工及高中建教生等由雇主全額負擔保費。[16]特別加保對象如工地僱工（點工）、童星等實際從事勞動人員，得由雇主、本人或受領勞務者辦理參與保險。

三、傷病給付部分，前 2 個月傷病給付為薪資 100%，第 3 個月起至請領結束止為 70%。[17]於職災傷病住院期間或因此失能而生活無法自理，可以申請照護補助。輔具需求者，也有器具補助。提供職能復健服務，發給津貼最長 180 日。

四、職災保險費率分為「行業別災害費率」及「上、下班災害單一費率」2 種，前者將由勞動部公告適用行業別及費率表，施行日起每 3 年調整一次，由勞動部視保險實際收支情形及精算結果擬定，報請行政院核定後公告。若僱用員工達一定人數以上的投保單位，行業別災害費率則採實績費率。

五、職災勞工終止醫療後，雇主應擬定復工計畫，協助勞工恢復原職，若無法恢復原職，經勞雇雙方協議應按勞工健康狀況及能力安排適當工作，雇主也必須提供必要的輔助設施，如強化就業能力的器具等。

六、勞動部應捐助成立「財團法人職業災害預防及重建中心」，統籌辦理職業災害預防及職業災害勞工重建業務。

七、失能年金是按照失能程度及按投保薪資之 70%、50%、20%發給。

八、加保期間死亡，遺屬年金按投保薪資 50%發給。不符年金條件可請領一次金。

九、職業病鑑定只能向勞保局申請。

---

[15] 同上註。

[16] 根據勞動部估計，將會增加 14 萬家投保單位、33 萬人納保。

[17] 現行：第一年 70%；第二年 50%。

表 10-4 ▶「勞工職業災害保險及保護法」與現行規定對照表[18]

【承保】

	新法	現行規定
納保範圍	・登記有案事業單位之勞工，不論僱用人數，皆強制納保 ・無一定雇主或自營作業而參加職業工會者，亦強制納保 ・受僱自然人雇主或實際從事勞動之人員，可由簡便加保管道，為特別加保	・5 人以上事業單位，強制納保；4 人以下事業單位，自願加保 ・無一定雇主或自營作業而參加職業工會者，強制納保
保險效力	登記有案事業單位勞工，保險效力自到職日生效，雇主未加保，發生事故仍得請領給付	採申報制，雇主於勞工到職日辦理加保，始生效力；未依規定申報，無給付保障
投保薪資	上限：規劃 72,800 元 下限：基本工資（目前 26,400 元）	上限：45,800 元 下限：基本工資（目前 26,400 元）部分工時者，得自 11,100 元起申報

【給付、津貼與補助】[19]

	新法	現行規定
醫療給付	除依健保支付標準外，由保險人會商健保署另訂，目前已規劃支付健保給付之特殊材料自付差額	依健保支付標準給付診療費用
傷病給付	前 2 個月發給平均投保薪資之 100%。第 3 個月起發給平均投保薪資之 70%，最長 2 年	第 1 年按平均投保薪資 70% 發給，第 2 年減為 50%，最長 2 年
失蹤給付	不限特定作業，凡於作業中遭遇意外事故致失蹤時發給	於漁業、航空、航海或坑內作業中，遭遇意外事故致失蹤時發給

---

[18] 資料來源：勞動部。

[19] 資料來源：勞動部。

表 10-4 ▶「勞工職業災害保險及保護法」與現行規定對照表（續）

【給付、津貼與補助】

	新法	現行規定
失能年金	• 增列部分失能年金 • 年金按失能程度以平均投保薪資一定比率發給，不以年資計（完全失能 70%、嚴重失能 50%、部分失能 20%）	年金須評估終身無工作能力者，按平均投保薪資*年資*1.55％計算，並加發 20 個月補償一次金
遺屬年金	• 加保期間死亡，按平均投保薪資 50%發給，不以年資計 • 不符年金資格，發給遺屬一次金	加保期間死亡，按平均投保薪資*年資*1.55％計算，並加發 10 個月補償一次金
年金競合	得併領，職災年金給付減額發給	擇一請領
相關津貼補助	• 退保後經診斷確定罹患職業病者，發給醫療補助、失能或死亡津貼 • 提供被保險人、退保後經診斷確定罹患職業病者之照護補助、輔助器具補助 • 未加保勞工之照護、失能及死亡補助	

【預防重建】[20]

		新法	現行作法
經費來源		年度應收保費 20%範圍內，編列經費辦理	職災保險基金收支結餘比例提撥支應，財源不穩定
專責機構		成立財團法人職災預防及重建中心統籌辦理	以年度採購委由不同機構或團體辦理，人才經驗難傳承
預防重建措施	明定重建業務	• 明定重建業務範疇（醫療復健、社會復健、職能復健、職業重建） • 個管服務機制法制化，整合資源提供個別化服務	職災重建內涵、個管服務機制未法制化

---

[20] 資料來源：勞動部。

表 10-4▶「勞工職業災害保險及保護法」與現行規定對照表（續）

【預防重建】

		新法	現行作法
預防重建措施（續）	強化職能復健	・提供職能復健服務，包含就業適性評估、擬定復工計畫及生理心理功能強化訓練等。 ・提供勞工最長 180 日之職能復健津貼 ・雇主協助職災勞工復工之輔助設施補助 ・事業單位僱用職災勞工補助	未有積極誘因鼓勵勞資雙方參與
	辦理預防健檢	・持續辦理被保險人在職健康檢查 ・曾從事有害作業（疾病潛伏期長）者，在轉換工作或離職退保後，提供追蹤健檢	僅在職被保險人享有健檢補助
	職業傷病通報	・擴大辦理職業傷病診治整合性服務及職業傷病通報 ・職災勞工、雇主、醫療機構亦得主動通報	以年度採購或補助方式建構職業傷病防治中心及網絡醫院，有服務中斷及人員流動頻繁問題
職業病鑑定		・中央鑑定單軌一級制 ・除受理保險人認有必要案件外，被保險人經認可醫療機構職醫診斷罹患職業病者申請爭議審議時，得請保險人逕向中央主管機關申請鑑定	地方認定與中央鑑定雙軌並行；勞工、雇主或縣市主管機關及保險人，均得申請鑑定，無先後順序，存有行政處分矛盾問題

延伸閱讀 【日本、大陸地區及臺灣地區職業災害爭議與分析】

　　在日本有一名牛郎於 2012 年時，因為被灌酒致酒精中毒死亡，家屬悲痛申請工傷賠償，但被政府部門拒絕後提起爭訟，2019 年 5 月 29 日大阪地方法院最新判決出爐，認定喝酒屬於牛郎的工作內容，因酒精死亡屬於職業災害。[21]另在大陸地區有一件因陪客戶喝酒窒息死亡爭議案件，A 是總經理助理、B 是酒店助理，於 2014 年 4 月 3 日晚間 6 點因吃飯、娛樂、中毒窒息，人社局認為陪酒非正常工作、非工傷條例第 14 條及第 15 條之職業災害，後因人民法院、四川人民法院、四川中級法院、四川高院再審判決表示，該助理是應酬陪酒及餐後檢查客房且其總經理在場，認定是工傷。這兩案均透過法院，才獲得工傷認定，無法及時獲得補償。

　　在臺灣地區，保全公司洪○於 2003 年 1 月 16 日下午 4 點 50 分公出接洽業務，晚上 9 點 30 分在餐廳洽談完畢回家，從餐廳 2 樓滾落 1 樓變成植物人，勞方主張工作日用餐時間或加班值班，如雇主沒規定要在工作場所用餐，是必要外出場所用餐，往返應經途中發生事故為職業災害。業務接洽中小酌是國人習性，但喝酒非職災。因為職災認定限於業務遂行性及業務起因性，必須從因果認定，尤其是事前因素包括事件來龍去脈、事後因素包括事發的前因後果，按照社會觀念的因果、醫學上的因果、法律規定的因果認定之。行政法院判定本案非職災，因該員工是公出兼用餐，而喝酒非日常生活所必需之私人行為，[22]應酬小酌是國人習慣，但喝酒致注意力不集中而滾落致終身失能，可歸責洪某喝酒，非全業務範圍。

　　承上，同樣是喝酒致重殘或死亡，各國對於工作要件之認定確寬廣不一。

---

[21] https://www.sten.com/News.aspx?NewsID=548479，查詢日期：2019 年 5 月 30 日。

[22] 臺北高等行政法院判 95 第 151 號。

第四節　案例探討

案例 1 工人因公殘廢（失能），負責人應為派遣公司還是營造公司？

甲受僱於 A 人力派遣公司，必須依照 A 公司指示前往各建築工地當粗工，甲自 2015 年起被 A 公司派到 B 營造公司建築工地工作。2020 年 9 月 9 日，甲未依照監工的指揮監督與指示綁上安全繩，自顧自地在 3 層樓的鷹架工作，結果因手機響起時拿手機不小心從鷹架摔下，雙腿斷。甲出院後請 A、B 負責損害賠償，A 表示是甲自己的行為不遵守工安規定才殘廢，A 公司不賠。B 說甲是 A 公司的工人，甲應向 A 公司請求，請問甲何去何從？（請依《勞動基準法》說明即可）。

問題意識

派遣工與承攬工的命運是否相同？

爭點分析

派遣三方關係指派遣工、要派公司與派遣公司。派遣工與派遣公司有僱傭關係，派遣工由派遣公司加勞健保及負擔職業災害責任，要派公司與派遣工只有指揮監督，但無僱傭關係。目前勞動派遣有《勞動基準法》之保障。

1. 間接僱傭關係

於勞動派遣關係中，派遣事業係以雇主之身分與勞工訂立勞動契約，經勞工同意，在維持原有勞動契約關係前提下，使該勞工在要派單位指揮監督下為勞務給付，要派單位對該勞工提供勞務之行為有指揮命令權限，能決定工作之進行、工作時間及地點。該派遣制度不同於一般的直接僱傭形態，而係屬於間接僱傭之一種，勞動契約仍存在於派遣公司與勞工之間，僅將勞務給付之請求權轉由要派公司所享有，並由其於勞務給付之範圍內負指揮、監督之責，派遣公司應為派遣勞工法律上之雇主，派遣勞工雖和要派公司所僱用勞工服相同的勞務，且要派公司對派遣勞工有勞務給付請求權，但並非派遣勞動契約上之雇主，因派遣勞工之契約上雇主為派遣公司，故要派公司無庸提供該勞工《勞動基準法》所規定之勞工保險、全民健康保險等之基本保障及薪資，但派遣勞工則須服從要派公司之指揮監督[23]。

---

[23] 高院暨所屬法院具參考價值裁判或足資討論裁判 103，勞上易，5。

2. 《勞動基準法》之規範[24]

(1) 要派單位不得於派遣事業單位與派遣勞工簽訂勞動契約前，有面試該派遣勞工或其他指定特定派遣勞工之行為[25]。

(2) 要派單位違反前項規定，且已受領派遣勞工勞務者，派遣勞工得於要派單位提供勞務之日起九十日內，以書面向要派單位提出訂定勞動契約之意思表示。

(3) 要派單位應自前項派遣勞工意思表示到達之日起十日內，與其協商訂定勞動契約。逾期未協商或協商不成立者，視為雙方自期滿翌日成立勞動契約，並以派遣勞工於要派單位工作期間之勞動條件為勞動契約內容。

(4) 派遣事業單位及要派單位不得因派遣勞工提出第 2 項意思表示，而予以解僱、降調、減薪、損害其依法令、契約或習慣上所應享有之權益，或其他不利之處分[26]。

(5) 派遣事業單位及要派單位為前項行為之一者，無效。

(6) 派遣勞工因第 2 項及第 3 項規定與要派單位成立勞動契約者，其與派遣事業單位之勞動契約視為終止，且不負違反最低服務年限約定或返還訓練費用之責任。

(7) 前項派遣事業單位應依本法或《勞工退休金條例》規定之給付標準及期限，發給派遣勞工退休金或資遣費[27]。

《勞動基準法》第 63-1 條

(1) 要派單位使用派遣勞工發生職業災害時，要派單位應與派遣事業單位連帶負本章所定雇主應負職業災害補償之責任。

(2) 前項之職業災害依勞工保險條例或其他法令規定，已由要派單位或派遣事業單位支付費用補償者，得主張抵充。

(3) 要派單位及派遣事業單位因違反本法或有關安全衛生規定，致派遣勞工發生職業災害時，應連帶負損害賠償之責任。

---

[24] 《勞動基準法》第 17-1 條。

[25] 罰 9~45 萬元。

[26] 罰 9~45 萬元。

[27] 罰 30~150 萬元。《勞動基準法》第 78 條規定，1.未依第 17 條、第 17 條之 1 第 7 項、第 55 條規定之標準或期限給付者，處新臺幣 30 萬元以上 150 萬元以下罰鍰，並限期令其給付，屆期未給付者，應按次處罰。2.違反第 13 條、第 17 條之 1 第 1 項、第 4 項、第 26 條、第 50 條、第 51 條或第 56 條第 2 項規定者，處新臺幣 9 萬元以上 45 萬元以下罰鍰。

(4) 要派單位或派遣事業單位依本法規定給付之補償金額，得抵充就同一事故所生損害之賠償金額。

3. 解決之道

甲受僱於 A 人力派遣公司，必須依照 A 公司指示前往各建築工地當粗工，甲自 104 年起被 A 公司派到 B 營造公司建築工地工作。因此甲是派遣工 A 為派遣公司，B 是要派公司。2020 年 9 月 9 日甲未依照監工的指揮監督與指示綁上安全繩，卻在 3 層樓的鷹架工作，結果因手機響起時拿手機不小心從鷹架摔下，雙腿斷。甲遭受職業災害 A 公司必須負擔職業災害補償責任，B 公司則要負連帶責任。但甲出院後請 A 與 B 負責損害賠償，A 表示是甲自己的行為不遵守工安規定才殘廢，A 公司不賠是錯誤的主張，因為《勞動基準法》第 59 條的責任是無過失責任，也就是說 A 公司一定要補償。B 說甲是 A 公司的工人，甲應向 A 公司請求？法律規定 B 公司要連帶負責，因此 A 公司與 B 公司都要負責。

案例 2 申請職業病失能給付之認定為何？

阿美因主動脈剝離，申請職業病失能給付。經勞保局審查，以阿美工作內容不符合職業促發腦血管及心臟疾病，所請應按普通傷病辦理；又阿美失能程度應符合勞工保險失能給付標準附表第 7-4 項第 7 等級，乃核定發給 440 日普通疾病失能給付。但是阿美不服，申請審議，提起訴願及行政訴訟。

💡 問題意識

職業病的認定相當困難，主動脈剝離不符合職業促發腦血管及心臟疾病，無法認定職災。但勞保爭議審議期間 60 天，阿美因超過時間才提出救濟，形式確定，因此，不論是爭議審議或訴願或行政訴訟，均須注意除斥期間。

💡 爭點分析

所謂請求權，是指權利主體之人基於法律規定，向他方請求為一定作為或不作為的權利。通常請求權會有消滅時效之問題，但相對的形成權有除斥期間。所謂除斥期間(preemption)是指形成權所預定的行使期間。除斥期間存在的目的是

為了維持繼續存在的原有社會秩序。[28]又稱為權利預定存續期間,即預定期間,例如《民法》第 90 條規定,撤銷權自意思表示後,經過一年而消滅。同法第 93 條規定,撤銷應於發見詐欺或脅迫終止後,一年內為之。但自意思表示後,經過十年,不得撤銷。同法第 245 條規定,前條撤銷權,自債權人知有撤銷原因時起,一年間不行使,或自行為時起,經過十年而消滅。

除斥期間最大特點可從最高法院 85 台上 1947 判決知曉,該判決認為《民法》第 244 條第 1 項之撤銷訴權,依同法第 245 條規定,自債權人知有撤銷原因時起,一年間不行使而消滅。該項法定期間「一年」為除斥期間,其時間經過時權利即告消滅。此項除斥期間,縱未經當事人主張或抗辯,法院亦應先為調查認定,以為判斷之依據。基此,除斥期間經過後,當事人就無權利可以請求,法院判決前必先釐清是否除斥期間已屆滿。

本案阿美收到核定函係 101 年 9 月 3 日合法送達,由其母阿鳳代為收迄。因此,阿美申請審議之期間,應自收受該核定之翌日即 101 年 9 月 4 日起算,計至 101 年 11 月 2 日屆滿 60 日,然原告於 101 年 11 月 3 日始撰具勞工保險爭議事項審議申請書並投郵寄送,而被告遲至 101 年 11 月 5 日始收受該申請書。據此,阿美申請審議顯已逾《勞工保險爭議事項審議辦法》第 3 條第 1 項所定之 60 日期間,自屬不合法[29]。

承上,阿美不懂爭議期間的計算,以致喪失救濟機會,實屬惋惜。

案例 3 臨時工職災死亡,雇主是否須負責?

阿強是臨時工,也是高處作業工,風險 5 級,因為 A 工程行是一人商號,所以在職業工會加勞保及健保,阿強自己加意外險,2020 年 8 月 1 日阿強從高處摔下當場死亡,雇主說:工人偶爾來一次,阿強的死與他無關?

💡 問題意識

部分工時人員有《勞動基準法》的適用。如發生工安事件雇主是否要負責?

---

[28] https://zh.wikipedia.org/zh-tw/。
[29] 臺灣臺中地方法院行政訴訟裁定 102 年度簡字第 89 號改編。

💡 爭點分析

　　雇主在預防職業災害方面，是主要負責人，若雇主違反預防職業危害的法令時，須承擔刑事責任，包括有期徒刑、拘役和罰金。《勞動檢查法》第 34 條與《職業安全衛生法》第 6 條對雇主和法人係採雙罰制，責任特重，但這兩個條款是針對雇主讓勞工在不合格場所工作、不接受停工通知、違反安全設備或危險性機械設備的管理，而造成死亡等情形。如一般普通性職業災害，僅科處罰款，屬行政罰，如有不服，得透過訴願及行政訴訟程序提起救濟。至於阿強的遺屬可獲得的金額計算如下：

　　假設阿強平均工資 4,5000 元，依據《勞動基準法》第 59 條規定，其死亡補償金=4,5000×45=202 萬 5,000 元（40 個月死亡補償金＋5 個月喪葬費）[30]。

---

[30] 《勞動基準法》第 59 條規定：勞工因遭遇職業災害而致死亡、失能、傷害或疾病時，雇主應依下列規定予以補償。但如同一事故，依勞工保險條例或其他法令規定，已由雇主支付費用補償者，雇主得予以抵充之：一、勞工受傷或罹患職業病時，雇主應補償其必需之醫療費用。職業病之種類及其醫療範圍，依勞工保險條例有關之規定。二、勞工在醫療中不能工作時，雇主應按其原領工資數額予以補償。但醫療期間屆滿二年仍未能痊癒，經指定之醫院診斷，審定為喪失原有工作能力，且不合第三款之失能給付標準者，雇主得一次給付四十個月之平均工資後，免除此項工資補償責任。三、勞工經治療終止後，經指定之醫院診斷，審定其遺存障害者，雇主應按其平均工資及其失能程度，一次給予失能補償。失能補償標準，依勞工保險條例有關之規定。四、勞工遭遇職業傷害或罹患職業病而死亡時，雇主除給與五個月平均工資之喪葬費外，並應一次給與其遺屬四十個月平均工資之死亡補償。其遺屬受領死亡補償之順位如下：（一）配偶及子女。（二）父母。（三）祖父母。（四）孫子女。（五）兄弟姐妹。

專｜題｜探｜討

職業災害認定標準[31]

按國際勞工組織及學者間的看法，認為職業災害應有三種：一、意外之災害；二、職業病；三、通勤職災，[32]其與實務處理個案之分類相同。職業災害之構成要件必須滿足下列幾個條件：一、勞工有災害發生；二、有執行職務或與工作相牽連；三、因災害致病、傷、殘、死。換言之，職業災害的核心理念在於與工作連結，非因工作所受之傷害，雇主不必承擔責任。至於職業災害認定範圍之狹窄或寬廣，則按其所憑之法律依據而區分。若依據《職業安全衛生法》認定，其範圍較狹窄；若依據《勞工保險條例》認定，則較為寬廣，蓋立法目的及性質不同使然。

一、意外災害認定

職業災害的認定主要有兩個要件，一為「業務執行性」，另一為「業務起因性」。多數司法實務見解認為「業務執行性」係指勞工依勞動契約在雇主管理、支配或指揮監督下提供勞務，勞工之行為必須是在執行職務時發生災害，對於執行職務之判定，包括業務上附隨的必要、合理的行為。「業務起因性」是指勞工所擔任之「業務」與「災害」之間有客觀因果關係存在，即「災害」必須係被認定為業務內在或通常伴隨的潛在危險之現實化，且該危險之現實化為經驗法則一般通念上可認定者。[33]兩要件有其先後判斷順序，通常「業務執行性」先判斷，符合「業務執行性」後，再進入「業務起因性」之判斷。

換言之，《勞動基準法》第 59 條職業災害補償之前提，係在僱傭關係中，以業務與災害間有密切關係及存有潛在危險，如檢視通過，再次判斷傷、病、殘、死之損害與業務有無相當因果關係，即業務行為與意外有責任成立之因果關係，意外與損害間有責任範圍之因果關係，則符合《勞動基準法》第 59 條之範圍，

---

[31] 摘錄自 馬翠華(2018)，臺灣職業災害保障的現代比較規範研究，高雄：國立中山大學，頁 237-245。

[32] 王勝泉(2003)，〈臺灣如何以產物保險降低職業災害〉，《海峽科與產業》，6，頁 22。

[33] 蔡碧原，〈由過勞死引發的法律思考〉，《湖北函授大學學報》，29(16)，頁 98-99。

雇主負補償責任。[34]其中「意外與損害間有責任範圍之因果關係」之檢驗標準，通說採相當因果關係說，其認定程序過程，首要步驟是判斷「條件關聯」，觀察發生過程與規範，尋找條件上之因果關係，遵循「無此行為，必不生此損害」原則(but-for)。次再判斷「條件相當性」，屬價值判斷與法律歸責階段，通常遵循「無此行為，或有此行為，通常不生此損害」之原則，判斷無因果關係，則無補償義務。[35]因此，非謂上班期間內或工作處所之傷害，即為執行職務所致，尚須判斷行為與結果間之相當因果關係。換言之，僅限於執行職務而受傷或死亡或致病。

何謂相當因果關係？以歷年歷次最高法院之見解歸納如下：(1)無此行為必無此結果，則無相當因果關係；(2)條件關係＋相當性＝因果關係，其中「條件關係」係以「若無，則不」判斷，無此行為必無此結果，而「相當性」則是以行為之客觀存在與否為觀察基礎，若以生活經驗判斷會發生同樣結果之可能，就有因果關係；(3)依據經驗法則綜合當下行為的一切事實與以客觀判斷，有此行為之同一條件，可發生同一結果，則該行為對該結果，有相當條件之因果關係，否則為偶發事件，無相當因果關係。採此見解者，強調客觀之觀察，不考慮個案之主觀因素或個案之特殊事實；(4)有損害發生＋有責任原因事實＝相當因果關係。基此，相當因果關係必須符合下列之條件：「條件關係＋相當性」，若無 P 必不發生 Q，故 P、Q 是為條件關係。若有 P，會發生 Q，當兩條件並存，則有相當因果關係。若有 P 不一定發生 Q，則無相當因果關係。例如，雇主未對勞工施以從事工作之教育訓練，就命令他操作沖床，致意外事故發生，而截斷上肢成殘，則受災勞工得向雇主請求賠償[36]。

然而，有時法院之見解確實傾向保護勞工，例如○鵬企業公司泰籍外勞半夜睡覺從上鋪摔下致死，法院認為公司提供之床鋪及宿舍是勞動契約存續中，由雇主提供為勞工就業場所之建物與設備，是雇主監督管理範圍，而睡眠之生理行為屬於就業上必要附隨行為。雖然訴訟中雇主參考許多法院判決，主張相當因果關係，必須按一般經驗法則，有此行為同常有此災害，方有因果關係。但法院沒接受，雇主仍敗訴，並負擔無過失之職業災害補償責任[37]。

---

[34] 臺灣高等法院 87 年度勞上字第 5 號民事判決，認為職業災害係以相當因果關係說為判斷基準，即業務與災害間有密切關係存在，必須視業務內載或通常伴隨的潛在危險的現實化。

[35] 林更盛(2009)，勞動法案例研究，臺北：五南，頁 264-291。

[36] 最高行政法院 100 年度判字第 2216 號行政判決、最高行政法院 101 年度判字第 721 號行政判決。

[37] 最高行政法院 87 年度判字第 920 號行政判決。

因工作爭執，遭受暴力侵害致傷，列入職業災害。例如：高雄○○輪船公司收票員因乘客不滿票價上漲而被打。但勞工在休息時間或提供勞務前或結束後，遭受暴力所受災害是否列入職業災害範圍？1993 年 9 月 6 日臺北公車處馮姓駕駛員駕駛 270 路線公車，行經忠孝東路五段，與 A 騎車相逢，A 為閃公車，撞路旁圍籬，心有憤怒，一直尾隨公車到站停車後，持西瓜刀衝入公車處，猛砍馮姓駕駛員致胸部撕裂傷害，案經一審判非職業災害，二審維持。因《勞動基準法》之職業災害不以《勞工安全衛生法》（今《職業安全衛生法》）為唯一之標準。職業災通說採相當因果關係說，公車駕駛遭人砍傷非駕駛業務內潛在危險。[38]基此，侵害行為發生在雇主指揮監督範圍內，符合「業務執行性」，但不符合「業務起因性」，非屬職業災害。[39]目前勞動部職業安全衛生署訂頒《執行職務遭受不法侵害預防指引》、《職場暴力預防指引》，由雇主為防治責任與義務主體，其目的在於確保職場上勞工生命身體安全之人權保障。

然而，相當因果關係之基準，只著重在事件發生之邏輯性，欠缺社會化、個案差異性與法規目的之考量。近年來各國將職業災害補償轉向社會保險，用以分擔雇主責任及減少勞資糾紛。再者，有些事故無法透過職業災害保險解決，例如戰爭之傷、病、死、殘，縱符合職業災害之判斷標準，仍無法獲賠。因此，若能採取整體性考量或許對於勞工之保障能更落實。亦即，除相當因果關係外，另外綜合開放與彈性原則，斟酌個案事實及預見性予以判斷[40]。

下表 10-5 係就業務執行性與業務起因性關係，區分判斷先後與層次。

表 10-5 ▶ 業務執行性與業務起因性關係表

第一層判斷 「業務執行性」	第二層判斷 「業務起因性」 相當因果關係	結果
有	有	職業災害成立
	無	無
無	無	無

資料來源：最高行政法院 100 年度判字第 2216 號行政判決。

---

[38] 臺灣高等法院 87 年度勞上字第 5 號民事判決。

[39] 田思路、賈秀芬，〈日本過勞死和過勞自殺的認定基準與啟示〉，《中國人力資源開發》，頁 102-103。

[40] 林更盛，前揭書，頁 270-295。

二、業務上疾病之認定

業務上疾病分為災害性與職業性疾病兩種，前者乃因工作與疾病間存有災害因素，判斷上較容易。後者係因工作內附隨有害致病因素，長期累積暴露，逐漸形成之疾病，其「業務執行性」必歷經一段漫長時間，至於「業務起因性」則陷於舉證困境，[41]因有些疾病潛伏期特長。

從歷史演進而言，16 世紀至 17 世紀為職業病立法之空白階段，迄至埃及發現從事木乃伊與建造金字塔之工人會患矽肺病及 1775 年一名英國外科醫師帕希瓦爾·波特爵士發現掃煙囪工人身上有鱗狀細胞皮膚癌之職業癌症，使職業病進入立法之萌芽階段。此階段大約在於 18 世紀初及 19 世紀末，其中 1833 年英國制定《工廠法》將職業病列入職業因素之疾病，自此啟動各國關注與立法。19世紀中葉立法範圍著重於礦山、棉花紡織業、工廠等引起之職業病。迄至 20 世紀初，各國紛紛將職業病納入保險體系，並訂定職業病目錄及配套認定方法，尤其德國為世界第一個將職業病納入保險之國家。迄至 20 世紀 90 年代為職業病立法之發展階段，因工業快速進步，也加速職業性腫瘤與化學中毒之傷亡，各國不得不重視。尤其美國爆發「黑肺病運動」，爰將該病明定為職業病及給予補償。同時美國也是最早制定職業安全衛生與健康法律之國家。判斷職業病通常會涉及醫理，與工作環境之暴露，及致病之因果關係。

所謂職業病是指因累積疲勞及工作壓力兩種元素促成循環系統之病發作成殘疾或死亡。1985 年世界衛生組織提出「職業關聯疾病(work related disease)」，強調職業病是普通疾病與職業因素所生之病連續交互影響所致。世界上職業病目錄最早的文獻記載，係 1925 年 18 號公約，即《工人（職業病）賠償公約》。1964年 121 號公約，即《工傷事故和職業病津貼公約》，增列二十九種職業病，包括工作暴露之傳染病及寄生蟲引起之疾病[42]。

臺灣地區職業病與國際勞工組織相同，係以法定職業病列表為主軸，其認定之主要規範有兩種，即以《勞工保險被保險人因執行職務而致傷病審查準則》與《勞工保險職業病種類表及增列勞工保險職業病種類項目》為判斷準據。其中同準則第 20 條規定略以，勞工之疾病經勞動部鑑定委員會鑑定為執行職務者，為

---

[41] 田思路、賈秀芬，前揭文。

[42] 田思路、賈秀芬，前揭文，頁 100-103。

職業病。暨同準則第 21 條規定略以，如勞工之疾病之促發或惡化與作業有相當因果關係者，視為職業病。又最高法院認為，職業病鑑定委員會鑑定為職業病者，其範圍不以上開職業病種類表第八類第二項核定增列為限。[43]基此，職業病之判斷，除表列疾病外，授權鑑定委員會認定，屬獨立判斷餘地範圍。例如檳榔姐從事販賣工作，穿短裙，長期翹腳遮掩，導致癱瘓不良於行，醫師認定與工作有關，但案經中央主管機關為相反之認定，判斷其損害與執行職務無直接關係，衣服與工作無密切相關或潛在危險，非屬職業災害，不受醫師判斷拘束。有學者認為此種價值判斷雖無法客觀化，但仍過嚴，與上開職業災害傷病準則內工作時間之如廁事故，所受災害或參加訓練或活動致傷，雖與工作無直接關係，但與職業災害之規範相齟齬。另是否為職業災害？尚需判斷是否為雇主直接指示或與之有合理關聯，若有，均為職業災害範圍，兩相比較，此個案比一般職業受災者更嚴格，或許是其職業為賣檳榔之社會觀感因素，致主管機關不能為職業災害之認定[44]。

再者，從勞工疾病之促發或惡化與作業有相當因果關係，為職業病主要判斷標準，亦即職務與疾病間之必有關聯性，強調職務必須具有引發或使疾病惡化之因子外，更需判斷二者間之相當因果關係，[45]因此，過勞之工作者無法受到實質保障，蓋其主因只限於突發事故，忽略某種作業或環境對勞工之身心影響是緩慢的，必須累積到某種程度後，方能引起明顯症狀。亦即「過勞死」或「過勞自殺」[46]是否應列入職業病範圍？過去曾發生之個案，某甲於 2010 年 2 月 1 日奉派出差，住宿於飯店內，第二天上午起床，進入浴室梳洗，發生腦中風，家屬因勞工保險局不發職業災害死亡給付，而訴願及行政訴訟。案經最高行政法院駁回，其理由如下：職業災害之要件，必須基於作業中，或工作當場促發疾病，個人休息起居活動非屬執行職務，限於飯店內會商、電洽公務方為執行職務，本案非職業災害。[47]基此，在八年前之勞工，並無過勞可能，回溯那個時代，是法律保障不足？或無關懷職業災害病因之累積性？值得深思。

---

[43] 最高法院台上字第 528 號民事判決。

[44] 林更盛，前揭書，頁 289-291。

[45] 最高法院 100 年度台上字第 1191 號民事判決。

[46] 例如富士康 14 連跳自殺案件。

[47] 當時 2010 年之勞工保險被保險人因執行職務而致傷病審查準則第 9 條規定，限於突發意外即「當場促發疾病」方可能力入職業傷病考量。但 2011 年 8 月 9 日行政院勞工委員會勞保字第 1000140279 號令修正發布第 21 條條文為：「被保險人疾病之促發或惡化與作業有相當因果關係者，視為職業病」。基此，相當因果關係係以客觀審查為基準。馬萍霙（本名：馬翠華，以下同）(2010)，實戰模擬－勞工行政與勞工立法概要，臺北：學儒數位科技，頁 75-76。

　　按過勞死最早出現於日本，大約在 20 世紀（70 至 80 年代），因工作長期過度疲勞，以致高血壓等疾病，引發腦血管疾病或心血管疾病等急性衰竭循環障礙致死。[48]疲勞分為生理機能與心理機能之疲勞，生理機能疲勞是指人之不適任與精力衰竭的狀態，由機能性障礙轉向器質性障礙，常見於輪班職場重工業及交通運輸業。心理層面之疲勞，常因注意力無法集中，容易產生意外。凡符合「業務執行性」及「業務起因性」之疾病，均能納入職業病範圍，但勞工原有之基礎疾病卻是影響因素之一，致職業病之判斷錯綜複雜，尤其以往之病史或家族史須介入並判斷。另形成疲勞原因包括作業內容、作業環境條件、上班制度、生活條件、對工作適應能力及熟練度、工作壓力等因素也必須列入考量。[49]例如對於執行送瓦斯工作之工人，因心因性休克，疑心血管病變死亡，向勞工保險局申請職業災害給付，經訴願被駁回，最高行政法院認為行政機關未就證據資料詳細調查，逕自採訴外人一面之詞認定「高血壓」是本身疾病，且無超量負荷之工作，無加班事實，將非職業災害之決定予以撤銷。[50]有學者認為搬運瓦斯之工作，應同時考量搬運量與頻率有無超出一般常人之負擔，包括工作時間、工作態樣、工作有無超常情之壓力，或人際關係等因素，更需判斷與工作之相當因果關係，所以，職業病種類表非唯一判斷基準。若該疾病非屬職業病種類表之疾病，方嚴格判斷其「業務執行性」及「業務起因性」之要件。[51]

　　臺灣已引進日本法院見解，訂定《職業促發腦血管及心臟疾病（外傷導致者除外）之認定參考指引》作為過勞職業病之認定標準。其中有關工作型態之工作負荷評估包括不規律的工作、休憩時數、實際工作時數、勞動密度[52]、工作內容、休息或小睡時數、休憩及小睡的設施狀況[53]。再者，作業環境有無異常溫度環境，有無明顯溫差，有無伴隨精神緊張的工作與接近發病前伴隨精神緊張而與工作有關的事件等均列入考量。另危害暴露與罹患職業疾病因果關係之認定，除上開參考指引外，另訂有「工作相關心理壓力事件引起精神疾病認定參考指引」及「職業性肌肉骨骼傷病之認定參考指引」等。其中認定與判斷因素如下：超出

---

[48] 蔡碧原，前揭文，頁 98。

[49] 〈勞工安全衛生研究報告－勞動疲勞測定方法技術與職場疲勞管理指引修正研究〉，《行政院勞工委員會勞工安全衛生研究所》，2017 年 9 月，https://labor-elearning.mol.gov.tw，查詢日期：2017年 12 月 1 日。

[50] 臺北高等行政法院 99 年度訴字第 1535 號判決。

[51] 郭玲惠(2016)，工作壓力與職災之認定，臺北：元照出版公司，頁 182-200。

[52] 勞動密度＝實際作業時間與準備時間的比例。

[53] 例如空間大小、空調或噪音等。

尋常工作的特殊壓力，勞動者發病前與工作有關聯之突發事件，在特定的工作時間內有從事質或量上特別激烈的負擔為認定基準，包括死亡前一天特別長時間過度勞動，或死亡前一星期常態性長時間工作，或發病日前一個月加班時數超過92 小時，或發病日前二至六個月每月加班平均超過 72 小時。曾發生過的案例如下：從事駕駛工作早上 4:30 起床、5:00 出車，開車中發病，腦動脈瘤破裂、蛛網膜下腔出血，如該司機長期加班，被約束時間太長，其發病是工作長期疲勞與本身基礎疾病共同促成，例如日常生活與工作誘發病、體質、生活習慣、氣候等，凡符合「業務起因性」，屬職業疾病[54]。

臺灣地區雖然法制面相當周延，雖有醫學及認定標準，但能獲得職業病的補償者不多，因職業病的判定除專業醫理外，影響因素頗多，特別是新興職業病的判斷相當不易。而學者或專家也表示，臺灣有眾多的中小企業是法律規範及勞動檢查執行力無法深入鞭策之處，需要加強宣導並改善。事實上，正由於中小企業家數過於龐大，很難期待政府的力量能解決，而是應該在法制上鼓勵企業內自動檢查、自律機制的出現，並賦予員工吹哨保護[55]，以加強事前預防的工作。蓋雇主較容易做到保護勞工之休息權、健康權與生命權。但職業病之補償，若要滿足個案需求，必須靠商業保險補足，惟臺灣地區之商業保險是以營利公司為保險人，基於成本考量，將職業病排除承保範圍，在體制完整性，似已缺漏一環，致保障不足。

下圖 10-2 為臺灣職業病鑑定流程：

---

[54] 田思路、賈秀芬，前揭文，頁 104。
[55] 參見《勞動基準法》第 74 條之規定。

職業病鑑定流程：
申請案件→資料蒐集和現場調查→委員第1次書面審查→委員第2次書面審查→職業疾病鑑定委員會審查→函復鑑定結果

被保險人申請給付遇有爭議，且曾經認可醫療機構診斷為職業病，其申請審議時，請保險人申請鑑定

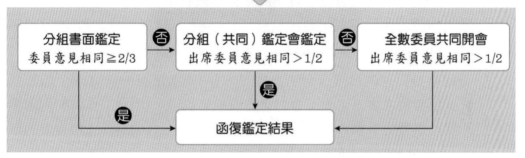

圖 10-2 ▶ 臺灣職業病鑑定流程[56]

三、通勤職災

　　勞工上下班必經途中之意外事故，凡非出於勞工私人行為而違反法令者，應屬職業災害，勞工因上下班途中受傷而申請公傷假時，應就發生之實際情況，詳為陳述或提出其他足資證明之文件，惟雇主認為有必要時得予查證。[57]另外，依照勞工保險被保險人因執行職務而致傷病審查準則，只要勞工沒有非日常生活必需的私人行為或違反重大交通法規（例如：酒駕、闖紅燈或闖越平交道導致事故等），經勞保局審認為通勤災害後會予以職災傷病與醫療費用給付。

---

[56] 110 年 4 月 23 日三讀通過《勞工職業災害保險及保護法》改向勞保申請之。參見勞動部勞保局網站。

[57] 前經內政部勞動部職業安全衛生署 75.06.23(75)台內勞字第 410301 號函釋；行政院勞工委員會 76 年 11 月 6 日(76)台勞動字第 4763 號函釋。

課後練習 EXERCISE

選擇題

( ) 1. 被保險人退保後，經診斷確定於保險有效期間罹患職業病者，得請領何種給付？　(A)職業災害保險傷病給付　(B)職業災害保險醫療給付　(C)職業災害保險失能給付　(D)職業災害保險老年給付。

( ) 2. 若勞工發生職業災害後，自不能工作第幾日起，可領取投保薪資百分之多少的勞工保險職業災害補償費？　(A)第三日；百分之六十　(B)第三日；百分之七十　(C)第四日；百分之六十　(D)第四日；百分之七十。

( ) 3. 有關職業災害的敘述，何者為非？　(A)職業傷害的「意外」即為意料之外所發生之事，工人不會刻意造成職業災害　(B)在工作時間內因工作而與同事發生爭執致對方以生產機器傷害致死　(C)對於人體損傷的事件　(D)由於業務所發生的災害。

( ) 4. 勞工因執行職務關係所致之死亡、失能、傷害或疾病，為職業災害，其中「執行職務」之範圍為何？　(A)業務本身之工作　(B)業務上附隨之必要、合理之行為　(C)執行職務時因他人之行為發生事故而致之傷害　(D)以上皆是。

( ) 5. 下列何者不得視為職業傷害？　(A)非日常生活所必需之私人行為　(B)未領有駕駛執照駕車者　(C)受吊扣期間或吊銷駕駛執照處分駕車者　(D)以上皆是。

( ) 6. 上下班途中發生車禍視為職業災害，但下列行為必須扣除？　(A)經交叉路口闖紅燈者　(B)闖越鐵路平交道者　(C)酒醉駕車者　(D)以上皆是。

( ) 7. 下列何者為重大災害？　(A)發生死亡災害者　(B)發生災害之罹災人數在三人以上者　(C)氨、氯、氟化氫、光氣、硫化氫、二氧化硫等化學物質之洩漏，發生一人以上罹災勞工需住院治療者　(D)以上皆是。

( ) 8. 製鞋業勞工可能面臨之職業災害因素有哪些？　(A)化學性危害　(B)物理性危害　(C)人因工程危害　(D)以上皆是。

（　）9. 依職業災害勞工保護法之規定，下列何種情形，雇主不得預告終止與職業災害勞工之勞動契約？　(A)歇業或重大虧損，報經主管機關核定　(B)業務緊縮　(C)因天災、事變或其他不可抗力因素，致事業不能繼續經營，報經主管機關核定　(D)職業災害勞工經醫療終止後，經公立醫療機構認定身心障礙不堪勝任工作。

（　）10. 下列何者非屬視為職業傷害之情形？　(A)被保險人於工作時間中基於生理需要於如廁或飲水時發生事故而致之傷害　(B)被保險人上、下班，於適當時間，從日常居、住處所往返就業場所之應經途中發生事故而致之傷害　(C)被保險人於執行職務時，因天然災害直接發生事故導致之傷害，且其從事之業務非屬遭受天然災害之危險性較高者　(D)被保險人因執行職務受動物或植物傷害。

MEMO

第十一章

其他案例探討（含調解）

LAW & Life

案例 1　《勞動事件法》和解金免稅？

《勞動事件法》於 2020 年 1 月 1 日起施行，統計至 2020 年 6 月之資料顯示 1,291 件中調解成立有 867 件，占 38.06%。移調案件 400 件中有 322 件成立，占 87.89%。法官自調成立案件 299 件。全臺統計成果前三名者為臺中 209 件、臺北 127 件、桃園 120 件。[1] 2020 年 9 月 10 日法官學院第一期勞動事件委員講習中有委員提出和解金免稅問題，檢視標準如何？僅就侵權行為及不完全給付情況說明之。

🔎 問題意識

　　侵權行為或債務不完全給付或契約不履行之損害賠償，可以透過調解以解決紛爭，不過和解金是否要繳稅屬稅務問題。是否課稅會影響調解意願嗎？

🔎 爭點分析

　　《民法》第 227 條第 2 項規定：「因不完全給付而生前項以外之損害者，債權人並得請求賠償。」《民法》第 184 條第 1 項前段規定：「因故意或過失，不法侵害他人之權利者，負損害賠償責任。」，兩者均以主觀可歸責性為要件，損害賠償有契約或侵權造成之責任承擔。同法第 216 條規定：「損害賠償，除法律另有規定或契約另訂定外，應以填補債權人所受損害及所失利益為限。依通常情形或依已定之計劃、設備或其他特別情事，可得預期之利益，視為所失利益。」基此，損害賠償的範圍有兩種，一為所受損害，可免稅。[2]例如醫病關係中醫生造成病人傷害的和解金免稅。[3]勞工取得公司依《勞工保險條例》第 72 條規定所給付之賠償金免納所得稅；勞工因受職業災害，在醫療中不能工作，雇主依《勞動

---

[1]　2020 年 9 月 10 日法官學院第一期勞動事件委員講習綜合座談資料李國增廳長提供。

[2]　《所得稅法》第 4 條規定略以，下列各種所得，免納所得稅：……三、傷害或死亡之損害賠償金，及依《國家賠償法》規定取得之賠償金。四、個人因執行職務而死亡，其遺族依法令或規定領取之撫卹金或死亡補償。個人非因執行職務而死亡，其遺族依法令或規定一次或按期領取……之撫卹金或死亡補償，應以一次或全年按期領取總額，與第十四條第一項規定之退職所得合計，其領取總額以不超過第十四條第一項第九類規定減除之金額為限。五、公、教、軍、警人員及勞工所領政府發給之特支費、實物配給或其代金及房租津貼。公營機構服務人員所領單一薪俸中，包括相當於實物配給及房租津貼部分。六、依法令規定，具有強制性質儲蓄存款之利息。七、人身保險、勞工保險及軍、公、教保險之保險給付。……。

[3]　甲病人與 A 醫生因醫療糾紛成立和解，由 A 醫生給付病人之慰問金，係 A 醫生因醫療過失致使病人受傷而給付之損害賠償金，免納所得稅。

基準法》規定，按其原領工資數額，所給付之補償金。及醫療屆滿二年仍未能痊癒，經醫院診斷審定為喪失原有工作能力，雇主依《勞動基準法》規定，一次給付 40 個月之平均工資之賠償金，依法免納所得稅。另一為所失利益要課稅。[4]例如無法律上合法權源而使用相同或近似於他人註冊商標之圖樣於同一商或類似商品者及構成商標權之侵害，《商標法》第 61 條明定商標權人對於侵害其商標權者得請求損害賠償，係屬特別針對商標權受侵害之行為而設。A 公司違法侵害外國 B 公司專利權或商標權，而給付其所失利益之損害賠償金。

綜上，訴訟雙方當事人，如達成和解，填補債權人所受損害部分，可免納所得稅；至於填補債權人所失利益部分，則須列為其他所得，課徵綜合所得稅。

案例 2 **《鄉鎮市調解條例》與《勞動事件法》之調解，有何區別？**

阿梅被 A 公司解僱，公司不給資遣費，甚至認為阿梅有不當的行為，違反 A 公司之工作規則，情節重大。阿梅認為自己受冤，於是向區公所申請調解，但不成立。2020 年 9 月 9 日向高雄地方法院提起民事訴訟，該法院依程序先走調解，到底行政上的程序與法院勞動調解程序有何不同？

💡 問題意識

《鄉鎮市調解條例》與《勞動事件法》之調解，有何區別？

💡 爭點分析

1. 依據鄉鎮調解條例規定

鄉、鎮、市公所應設調解委員會，辦理下列調解事件：一、民事事件。二、告訴乃論之刑事事件。[5]鄉、鎮、市長及民意代表均不得兼任調解委員。[6]調解不

---

[4] 《所得稅法》第 8 條規定略以，本法稱中華民國來源所得，係指左列各項所得：一、依中華民國《公司法》規定設立登記成立之公司，或經中華民國政府認許在中華民國境內營業之外國公司所分配之股利。二、中華民國境內之合作社或合夥組織營利事業所分配之盈餘。三、在中華民國境內提供勞務之報酬。但非中華民國境內居住之個人，於一課稅年度內在中華民國境內居留合計不超過九十天者，其自中華民國境外僱主所取得之勞務報酬不在此限。四、自中華民國各級政府、中華民國境內之法人及中華民國境內居住之個人所取得之利息。五、在中華民國境內之財產因租賃而取得之租金。六、專利權、商標權、著作權、秘密方法及各種特許權利，因在中華民國境內供他人使用所取得之權利金。七、在中華民國境內財產交易之增益。八、中華民國政府派駐國外工作人員，及一般雇用人員在國外提供勞務之報酬。

[5] 《鄉鎮調解條例》第 1 條之規定。

[6] 《鄉鎮調解條例》第 5 條之規定。

成立者，當事人得聲請調解委員會給與調解不成立之證明書。前項證明書，應於聲請後七日內發給之。[7]調解經法院核定後，當事人就該事件不得再行起訴、告訴或自訴。經法院核定之民事調解，與民事確定判決有同一之效力；經法院核定之刑事調解，以給付金錢或其他代替物或有價證券之一定數量為標的者，其調解書得為執行名義[8]。

2. 法院調解

　　民事訴訟在起訴之前，可強制調解（《民事訴訟法》第 403 條）或聲請調解，至於事件在第一審及第二審訴訟中，也可以經雙方同意將事件移付調解[9]。在訴訟程序中，法官均得隨時試行和解（《民事訴訟法》第 377 條第 1 項），法官可以自行勸諭在開庭期日時達成和解（《民事訴訟法》第 378 條、第 379 條規定），或依《民事訴訟法》第 420-1 條之規定，經兩造同意後移付調解，另外安排調解期日。移付調解之程序，可由法官自行調解，或指定調解委員為個案進行調解。自 2020 年 1 月 1 日起勞動調解是依據《勞動事件法》相關規定進行調解。由一位法官兩位調解委員組成勞動調解庭。

　　承上，阿梅可以申請區公所調解委員會免費調解，若調解不成立，可以向法院提出訴訟，透過一位法官及兩位調解委員之勞動調解庭之調解，以解決紛爭。

案例 3 汽機車相撞之車禍，傷者如何索求理賠險及傷害險？

甲開車超速與乙機車騎士在高速公路上相撞，乙重傷，甲有保險公司 A 的責任險理賠，乙有 B 保險公司的傷害險。請問甲自何時起應通知 A 公司？B 公司可否以乙故意違規而不賠嗎？

💡 問題意識

　　本題涉及事故發生的偶發性理賠問題。車禍事件是臺灣刑案中比例最高的案件，許多人喜歡超速或在馬路上橫衝直闖或機車騎士為展雄風而上高速公路道

---

[7] 《鄉鎮調解條例》第 30 條第 1 項之規定。

[8] 《鄉鎮調解條例》第 27 條之規定。

[9] 司法院 https://www.judicial.gov.tw/tw/cp-1448-56928-185b3-1.html

上。[10]然而用路人的生命、身體或財產卻陷於危險遭難狀態。因此，守法及允許他人的人權存在，應納入國民教育基本課程。

　　根據世界衛生組織(WHO)預估，預計 2030 年交通事故傷害排名將超過肺癌、糖尿病、高血壓性心臟病、胃癌及愛滋病，上升至第 5 名。國內警政署統計，2022 年的交通意外事故有 375,632 件，有 3,085 人死亡與 498,887 人受傷，意外傷害比率更高。2023 年 2 月止有 66,630 件，其中死亡人數為 526 人。[11]基此，「零事故」之推動與宣導必須更積極。

🔆 爭點分析

1. 保險人的責任

　　保險人對於不可預料或不可抗力之事故所致之損害，負賠償責任。但保險契約內有明文限制者，不在此限。保險人對於由要保人或被保險人之過失所致之損害，負賠償責任。但出於要保人或被保險人之故意者，不在此限。[12]被保險人故意自殺，或因犯罪行為，所致傷害、失能或死亡，保險人不負給付保險金額之責任[13]。

2. 被保險人的通知義務

　　被保險人之死亡保險事故發生時，要保人或受益人應通知保險人。[14]車禍事故發生起五日內，務必攜帶保險卡（單）、行照、駕照、被保險人印章到保險公司申請理賠手續。

3. 處理

　　車禍發生必須保留現場，例如用記號記錄兩車輪胎的位置；或用手機拍照及錄影記錄，再把車駛離，並向 110 報案，可取得車禍事故三聯單並收存妥當。若要申請「醫療給付」，則必須準備好醫院的診斷證明書、醫療費用收據、住院收據等相關文件。車損部分應請保險公司查勘、評定損失價額，以免保險公司減價賠償或拒絕理賠。本案甲自車禍事故後 5 日內出險。另 B 公司不能以乙故意違規而不賠，因為乙雖故意騎車上高速公路，但不是自殺或犯罪。再者，學者對於

---

[10] 勿隨意駛離現場。若車禍中有人死亡或重傷而逃逸，可能被判處《刑法》第 185-4 條，肇事逃逸處一年以上七年以下有期徒刑。

[11] http://csr.cw.com.tw/article/40617。查詢日期：2021 年 7 月 1 日。

[12] 《保險法》第 29 條。

[13] 《保險法》第 133 條。

[14] 《保險法》第 29 條。

《保險法》第 29 條的過失是否包含重大過失雖有不同見解。但是學者通說及實務界看法均認為 B 公司仍要理賠。

案例 4　帶病投保而未獲理賠，業務員該負何種法律責任？

阿強在 2019 年 1 月 1 日向業務員阿美的保險公司 A 投保醫療險，但是阿強向阿美表示自己有肝炎且有就醫記錄，阿美說沒關係 A 公司會准保並在要保書內是勾無肝炎，阿強信賴阿美就簽章買了保險。2020 年 1 月 1 日阿強因肝炎開刀花 30 萬元，向阿美的保險公司 A 請求理賠，未料 A 公司以阿強帶病投保而拒絕理賠【B 型肝炎帶原者】。

💡 問題意識

帶病投保的法律效果？保險公司對於在外招攬保險的業務員，必須提供常年教育訓練的機會。

💡 爭點分析

按從事保險招攬之人，為《保險法》第 8-1 條所稱之保險業務員，屬保險公司之使用人，類推適用《民法》第 224 條債務人之使用人關於故意或過失責任之規定，保險業務員之故意或過失，保險公司應與自己之故意或過失，負同一責任。如保險業務員招攬保險，於被保險人填載要保書上書面詢問事項時，已受據實告知，僅因保險業務員認為仍可投保而未予據實填載，致保險公司未能知悉，則保險公司就保險業務員之過失，應與自己之過失負同一責任，尚不得以要保人或被保險人為不實之說明，而主張解除契約。[15]但有學者認為直接適用《保險法》第 62 條第 1 項第 1 款就可以解決[16]。

阿強在 2019 年 1 月 1 日向業務員阿美的保險公司 A 投保醫療險，阿強明確向阿美表示自己有肝炎且有就醫記錄，阿美說沒關係，以致於阿強信賴阿美就簽章買了保險。因此 A 公司須承擔阿美的責任，2020 年 1 月 1 日阿強因肝炎開刀花 30 萬元，A 保險公司仍要理賠。

---

[15] 最高法院民事判決 93 年度台上字第 708 號。

[16] 《保險法》第 62 條規定，當事人之一方對於左列各款，不負通知之義務：一、為他方所知者。二、依通常注意為他方所應知，或無法諉為不知者。三、一方對於他方經聲明不必通知者。

延伸閱讀　【勞保可以帶病投保？】

　　阿美 30 歲有癌症，2021 年 2 月 3 日第一次找到工作，於 2021 年 6 月申請傷病給付，勞保局以帶病投保不給付，阿美如何處理？

　　勞委會 77 年 4 月 14 日台 77 勞保 2 字第 6530 號函與 79 年 3 月 10 日台 79 勞保三字第 04451 號函—「依勞工保險條例第 19 條規定，被保險人或其受益人請領保險給付，以於保險效力開始後停止前發生保險事故者為限。故有關勞工於加保前發生事故導致之殘廢或死亡，應不予核發任何保險給付」，及「被保險人如經查證於加保前已有嚴重身心障礙、或明顯外在症狀、或已診斷確定罹患紅斑性狼瘡、癌症及尿毒症等疾病者，均不得就該事故請領現金給付及醫療給付」。

　　業經司法院 609 號解釋認為違憲應停止適用。但是加保前已無工作能力的情況不適用該解釋文。

　　故阿美可以填寫爭議審議申請書，請勞保局核給。

案例 5　**公司股東意見不一，該如何處理？**

無限公司 A 之阿強股東與阿美股東對外代表公司所為之意思表示不一致，效力如何？阿強向 B 公司租用電腦租金 12 萬元，但是阿美向 B 公司租用電腦只需 10 萬元。

💡 問題意識

　　股東人數多，但意見不一之爭議，可用章程訂定相關事宜。

💡 爭點分析

　　公司得以章程特定代表公司之股東；其未經特定者，各股東均得代表公司。各股東均有執行業務之權利，而負其義務。但章程中訂定由股東中之一人或數人執行業務者，從其訂定。執行業務之股東須半數以上在國內有住所[17]。

---

[17] 《公司法》第 45 條、第 56 條、第 57 條。

案例 6 公司能擔任保證人嗎？

公司能擔任保證人嗎？有無例外？

💡 問題意識

公司當保證人是不利於公司。

💡 爭點分析

1. 原則不能保證[18]

公司除依其他法律或公司章程規定得為保證者外，不得為任何保證人。公司負責人違反前項規定時，應自負保證責任，如公司受有損害時，亦應負賠償責任。公司不得以經全體股東同意為對外保證。公司除（一）依其他法律規定得為保證、（二）章程規定得為保證兩種情形外，不得為任何保證人，自不得以經全體股東同意為對外保證（經濟部81年10月30日商229491號）。

2. 例外可以保證

按《公司法》第16條第1項規定：「公司除依其他法律或公司章程規定得為保證者外，不得為任何保證人。」準此，公司如符合「其他法律或公司章程規定得為保證」之規定，自得為保證人。又公司如得為保證，其保證責任應由公司負責，而非由代表人承擔。所詢擔任契約保證人之公司，其代表人與契約當事公司之代表人為同一人之情形，與《公司法》第16條第1項規定，係屬二事[19]。

又公司負責人如違反上開規定，則應由負責人自負保證責任，如公司受有損害時，亦應負賠償責任。具體個案，因涉及事實之認定，允屬司法機關認事用法範疇。[20]另司法院大法官59號示以，依《公司法》第23條之規定，公司除依其他法律或公司章程規定以保證為業務者外，不得為任何保證人。公司負責人如違反該條規定，以公司名義為人保證，既不能認為公司之行為，對於公司自不發生效力。基此，公司不負法律責任。

---

[18] 《公司法》第16條。

[19] 經濟部94年12月27日經商字第09402202910號函。本項決議中有關「保證業務」，現行法改為「公司章程規定得為保證」。

[20] 經濟部99年5月6日經商字第09902049030號函。

案例 7　因無法忍受長期家暴而殺夫，自首後應負何種法律責任？

阿美年輕時很漂亮，阿明強姦她致被逼成婚，婚後阿明常常打她，長達七年，為了 2 個小孩，阿美只有忍耐，同時阿明常打阿美的爸爸與媽媽，而且強姦妹妹阿英，在無法忍受下，終於在某日阿美持菜刀殺了阿明並自首，法律責任為何？

問題意識

家庭暴力是指家庭成員間實施身體、精神或經濟上之騷擾、控制、脅迫或其他不法侵害之行為。[21]家庭暴力是嚴重的人權侵犯問題，例如：男子打傷孕妻致胎兒死亡，獲刑事判決及離婚賠錢。[22]每個人與生俱有權利（天賦人權）必須受到法律保護。[23]每件家庭暴力均會帶來心理創傷及親情的撕裂，尤其是兒少年的人格發展必受重大打擊，除法律完備保護外，社會與教育系統的關懷相當重要[24]。

爭點分析

凡是家庭成員被虐、被打及跟蹤與騷擾均列入《家庭暴力防治法》的保護範圍，[25]涉及刑法傷害罪或殺人罪，可以透過直接提出告訴狀，由檢察官偵辦經法官定罪。[26]或者因警察人員發現家庭暴力罪之現行犯時，依職權逕行逮捕。被害

---

[21] 《家庭暴力防治法》第 2 條規定。另家庭暴力被害人職業訓練及就業服務等相關事宜是由勞工主觀機關辦理。家庭暴力一般泛指發生於家庭成員間的暴力虐待行為，包含配偶（如前夫妻、同居人、男女朋友、同性伴侶）、親子、手足、姻親之間的身體語言、精神及性虐待、經濟控制及財物破壞。參見婦幼安全園地，http://women.ilcpb.gov.tw。查詢日期：2020年 10 月 1 日。

[22] https://chinanews.sina.com。查詢日期：2020年 10 月 1 日。

[23] 參見《憲法》第 7 條。

[24] 心理虐待：竊聽、跟蹤、監視、冷漠、鄙視、羞辱、不實指控、試圖操縱被害人等足以引起人精神痛苦之不當行為。參見婦幼安全園地，http://women.ilcpb.gov.tw。查詢日期：2020年 10 月 1 日。

[25] 《家庭暴力防治法》第 3 條規定，家庭成員，包括下列各員及其未成年子女：一、配偶或前配偶。二、現有或曾有同居關係、家長家屬或家屬間關係者。三、現為或曾為直系血親或直系姻親。四、現為或曾為四親等以內之旁系血親或旁系姻親。

[26] 《家庭暴力防治法》第 29 條規定，警察人員發現家庭暴力罪之現行犯時，應逕行逮捕之，並依《刑事訴訟法》第 92 條規定處理。檢察官、司法警察官或司法警察偵查犯罪認被告或犯罪嫌疑人犯家庭暴力罪或違反保護令罪嫌疑重大，且有繼續侵害家庭成員生命、身體或自由之危險，而情況急迫者，得逕行拘提之。前項拘提，由檢察官親自執行時，得不用拘票；由司法警察官或司法警察執行時，以其急迫情形不及報請檢察官者為限，於執行後，應即報請檢察官簽發拘票。如檢察官不簽發拘票時，應即將被拘提人釋放。

者可以案情輕重向家事庭提出通常保護令或暫時保護令或緊急保護令。同法第
31 條規定，無羈押之必要，可命具保、責付、限制住居或釋放。[27]但同法第 30-1
條規定，被告經法官訊問後，認為犯違反保護令者、家庭成員間故意實施家庭暴
力行為而成立之罪，其嫌疑重大，有事實足認為有反覆實行前開犯罪之虞，而有
羈押之必要者，得羈押之。

　　本案阿美可以申請保護令及提告，但阿美卻持刀殺死阿明反為觸犯《刑法》
之殺人罪。惟法官可依據《刑法》自首及量刑之規定減輕其刑[28]。

案例 8　車禍爭執要善用民事調解程序？

甲勞工須負擔配偶丁及三個小孩的生活費，生活清苦，某日被 16 歲的乙
撞傷，但調解中甲只要求醫藥費 70 萬元，其餘不請求，侵權人乙因無父
母，是由祖母丙扶養長大，且讀高中期間，無經濟能力，祖母丙僅能支付
20 萬元，調解委員如何促進雙方共識？【調解案改編】

💡 問題意識

　　「衝突」與爭議不同，衝突是是意識形態，「爭議」是有行動的；未解決的
「衝突」會導致成為「爭議」。遇到法律糾紛或爭議為何要調解？因為調解有助
於紛爭快速解決，獲得賠償[29]。

---

[27] 《家庭暴力防治法》第 31 條規定，家庭暴力罪或違反保護令罪之被告經檢察官或法院訊問後，認
無羈押之必要，而命具保、責付、限制住居或釋放者，對被害人、目睹家庭暴力兒童及少年或其
特定家庭成員得附下列一款或數款條件命被告遵守：一、禁止實施家庭暴力。二、禁止為騷擾、
接觸、跟蹤、通話、通信或其他非必要之聯絡行為。三、遷出住居所。四、命相對人遠離其住居
所、學校、工作場所或其他經常出入之特定場所特定距離。五、其他保護安全之事項。前項所附
條件有效期間自具保、責付、限制住居或釋放時起生效，至刑事訴訟終結時為止，最長不得逾一
年。檢察官或法院得依當事人之聲請或依職權撤銷或變更依第一項規定所附之條件。

[28] 《刑法》第 62 條規定，對於未發覺之罪自首而受裁判者，得減輕其刑。但有特別規定者，依其規
定。《刑法》第 57 條規定，科刑時應以行為人之責任為基礎，並審酌一切情狀，尤應注意下列事
項，為科刑輕重之標準：一、犯罪之動機、目的。二、犯罪時所受之刺激。三、犯罪之手段。
四、犯罪行為人之生活狀況。五、犯罪行為人之品行。六、犯罪行為人之智識程度。七、犯罪行
為人與被害人之關係。八、犯罪行為人違反義務之程度。九、犯罪所生之危險或損害。十、犯罪
後之態度。

[29] 高雄地方法院陳中和院長常提及調解的重要與功效，本文贊同並支持。

爭點分析

一般人都希望居住或置身於一個理想的社會環境中，但是法律與生活息息相關，例如騎車是生活事件，騎車與人相撞是法律事件，因相撞起衝突，因衝突無法建立共識就起爭議，鑒於訴訟冗長費用昂貴，善用調解為善策。

「衝突」的策略、方法及途徑相當多，例如：「雙贏」、「我輸你贏」、「我贏你輸」及「雙輸」。不論何種方式或途徑，透過調解達成雙贏是最理想的途徑。

本案乙是未成年人，騎車撞傷甲致重傷，調解委員憑車禍初判表得知，乙是全責，自應全額負擔損害賠償責任，但是乙無經濟能力，祖母體弱，丙先向調解員說明借 20 萬元，是因為第二天她要到醫院開刀，醫囑可能死在手術台，如她死後，孤身的乙，畢業後的清償能力大概 20 萬元，例如找零工，以分期付款方式償還。然而，雙方差距 50 萬元，雙方均無經濟能力，甲一再強調因體會乙無經濟能力，所以只請求醫藥費 70 萬元，本案歷經二次調解終於簽和解書，兩造同意和解金額為 20 萬元，讚嘆國家設置免費的調解制度，協助窮人解決法律糾紛。欣聞〈調解基本法〉要出爐，符合國際化，近日美國喬治亞州口罩政策不一，法官下令州長與市長調解，[30]足顯調解重要性。

古有諺語：巧婦難為無米之炊，比喻即使非常靈巧的人，做事缺乏必要條件，也難以完成。[31]因此，在無米之下只能運用人際互動及溝通技巧完成不可能任務，畢竟一文錢會逼死一條好漢。本案若調解不成立，兩造勢必到法院歷經冗長的訴訟程序，丙的生命如何等待？或許含恨而離世，空留回憶。

附註

《民法》第 736 條

稱和解者，謂當事人約定，互相讓步，以終止爭執或防止爭執發生之契約。

《民法》第 737 條

和解有使當事人所拋棄之權利消滅及使當事人取得和解契約所訂明權利之效力。

---

[30] https://hk.news.yahoo.com/，查詢日期：2021 年 4 月 1 日。

[31] https://pedia.cloud.edu.tw/，查詢日期：2021 年 4 月 1 日。

《鄉鎮市調解條例》第 11 條

聲請調解，民事事件應得當事人之同意；告訴乃論之刑事事件應得被害人之同意，始得進行調解。

《鄉鎮市調解條例》第 27 條第 1 項第 2 項前段

調解經法院核定後，當事人就該事件不得再行起訴、告訴或自訴。

經法院核定之民事調解，與民事確定判決有同一之效力。

案例 9　父親是街頭遊民，低收入戶的兒女有扶養義務嗎？

阿美是低收入戶，兄弟姊妹有 4 人，父親阿強已 65 歲，都在外跑路躲債，不見身影，2020 年 1 月 3 日社會局通知她，要繳交父親安置費 14 萬元，她說家事法庭在 2020 年 11 月 30 日就免除她的扶養義務，她可以不繳嗎？

💡 問題意識

父親是街頭遊民，兒是低收入戶，誰扶養？家事法庭免除扶養義務的判決，可免除安置費嗎？

💡 爭點分析

我國《民法》親屬篇規定子女必須扶養父母，而扶養程度，應按受扶養權利者之需要，與負扶養義務者之經濟能力及身分定之。[32]但是阿美的父親在她年幼時離家出走，從未扶養阿美，且與阿美並無聯繫之情，多年來音訊全無、亦無電話或地址可資聯繫。但是阿美要免除扶養義務就必須經過法院判決確定，才發生免除效力。【《民法》第 1118-1 條乃形成權，須請求法院裁判為之。】[33]且在法院判決確定前，父親已經被社會局安置在療養機構並積欠公法上債務 14 萬元，所

---

[32] 參見《民法》第 1119 條之規定。

[33] 《民法》第 1118-1 條規定，受扶養權利者有下列情形之一，由負扶養義務者負擔扶養義務顯失公平，負扶養義務者得請求法院減輕其扶養義務：一、對負扶養義務者、其配偶或直系血親故意為虐待、重大侮辱或其他身體、精神上之不法侵害行為。二、對負扶養義務者無正當理由未盡扶養義務。受扶養權利者對負扶養義務者有前項各款行為之一，且情節重大者，法院得免除其扶養義務。前二項規定，受扶養權利者為負扶養義務者之未成年直系血親卑親屬者，不適用之。

以阿美必須償還債務。至於其他兄弟姊妹之分擔必須由其兄弟姊妹協商或以訴訟解決紛爭，但是不能以低收入戶或家事法庭之判決拒絕清償[34]。

案例10　勞保低薪高報是否違法？

20 年前甲與乙結婚後接承父親事業 A 公司，為留住一位技術工丙，甲丙簽署書內記載丙的薪資為 3 萬元，但是投保金額用最高的投保。光陰似箭，甲十五年前死亡，2020 年 10 月丙符合退休條件，申請老年給付，請問勞保局應如何處理？丙收到的勞保給付金額如用 3 萬元的投保級距換算而得，丙能主張用最高 45,800 元換算嗎？【調解案件改編】

🔦 問題意識

勞工加保必須核實，高薪低報或低薪高報均禁止。

🔦 爭點分析

本案甲丙的協議書無效，勞保局發現高薪低報或低薪高報情事，除科處罰款外，丙之老年給付必須用實領薪資 30,000 元之投保級距換算老年給付，不能用 45,800 元換算。丙認為既然公司同意用 45,800 元投保，則必須補足差額，於是申請調解。該差額假如是 90 萬元，A 不願意補足，自然產生勞資爭議。

本案凸顯公司規避勞工保險條例之規定，而簽署違反法令之契約，由於勞動意識抬頭，勞資自治或自主性之約定經歷二十年的代價恐非當初能預見，因二十年前之法律與二十年後的規範必有時空背景差異，唯有一途永保平安：遵守法律規定。

---

[34] 《老人福利法》第 2 條規定：「本法所稱老人，指年滿 65 歲以上之人。」、第 41 條規定：「老人因直系血親卑親屬或依契約對其有扶養義務之人有疏忽、虐待、遺棄等情事，致有生命、身體、健康或自由之危難，直轄市、縣（市）主管機關得依老人申請或職權予以適當短期保護及安置。老人如欲對之提出告訴或請求損害賠償時，主管機關應協助之。前項保護及安置，……主管機關得依職權或依老人申請免除之。第一項老人保護及安置所需之費用，由主管機關先行支付者，主管機關得檢具費用單據影本及計算書，通知老人之直系血親卑親屬或依契約有扶養義務者於三十日內償還；逾期未償還者，得移送法院強制執行。」

案例11 勞保是排富或排窮，沒有判斷標準？

阿強在郵局上班，因癌症受未結婚的妹妹阿英照顧，並給予經濟支援共 8 年，111 年 1 月 1 日阿強死亡，沒結婚的阿強除了妹妹阿英外，並無其他親人，阿強勞保年資有 26 年，阿英可以申領遺屬年金嗎？

💡 問題意識

1. 遺屬是「兄弟、姊妹」，能請領遺屬年金？遺屬年金會停發？

2. 勞保的功德條款有無修改必要性？

💡 爭點分析

現行《勞工保險條例規定》[35]：

1. 兄弟、姊妹如果是「受被保險人扶養」，而且符合下列條件之一，就可以請領遺屬年金：

(1) 未成年。112 年 1 月 1 日以後，其受扶養之兄弟、姊妹未滿 18 歲，可請領遺屬年金給付。

(2) 55 歲以上，而且每個月的工作收入沒有超過基本工資（109 年 5 月以前為月投保金額）。

(3) 領有重度以上身心障礙證明，而且沒有實際從事工作或沒有參加相關社會保險（屬無謀生能力範圍，沒有年齡限制）。

(4) 受監護宣告，而且尚未撤銷（屬無謀生能力範圍，沒有年齡限制）。

2. 停發：

(1) 已經成年。

(2) 每個月工作收入超過基本工資。

(3) 身心障礙程度減輕為中度或輕度。

(4) 監護宣告已撤銷。

(5) 入獄服刑、因案羈押或拘禁。

---

[35] https://www.bli.gov.tw/0017741.html。

(6) 失蹤。

(7) 死亡。

3. 本案的阿英並非受阿強扶養，因此無法申領。26 年所繳的保費成為功德無量的捐款，進入國庫後，再幫助他人。然而，臺灣人口的成長率幾乎是負成長，加上老人人口遽增以及長照人力荒，本文建議應考慮手足之情的照顧者之難能可貴，適時修法，以彌補遺憾。換言之，應按照個案情況審酌其請領資格，而非以扶養與否為判斷基準。

案例12 公司積欠國家稅款，負責人是否該限制出境？

啟○公司滯欠 108 年度營業事業所得稅，108 年 9 月至 12 月營業稅、108 年房屋稅及地價稅（含滯納金及滯納利息）計 13,474,725 元。啟○公司欠繳稅款已達限制欠稅營利事業負責人出境之標準，[36]請問啟○公司的負責人可以限制出境嗎？

💡 問題意識

公司營運應繳之稅款必須優先清償。

💡 爭點分析

依據《稅捐稽徵法》第 24 條第 3 項前段規定「在中華民國境內居住之個人或在中華民國境內之營利事業，其已確定之應納稅捐逾法定繳納期限尚未繳納完畢，所欠繳稅款及已確定之罰鍰單計或合計，個人在新臺幣 100 萬元以上，營利事業在新臺幣 200 萬元以上者；其在行政救濟程序終結前，個人在新臺幣 150 萬元以上，營利事業在新臺幣 300 萬元以上，得由財政部函請內政部移民署限制其出境；其為營利事業者，得限制其負責人出境。」第 49 條前段規定「滯納金、利息、滯報金、怠報金、短估金及罰鍰等，除本法另有規定者外，準用本法有關稅捐之規定。」基此，欠國家稅款過於龐大者，必須限制負責人出境。

另，限制出境規範第 4 點規定「稅捐稽徵機關辦理限制欠稅人或欠稅營利事業負責人出境案件，應按個人、營利事業已確定、未確定之欠繳金額，分級適用

---

[36] 參見行政院訴願決定書院臺訴字第 1090192022 號。

限制出境條件，符合限制出境條件者，應報財政部函請入出國管理機關限制欠稅人或欠稅營利事業負責人出境。」第 5 點第 1 款及第 6 款規定「前點附表用詞定義如下：（一）欠繳金額：已確定案件，指欠繳本稅、滯納金、利息、滯報金、怠報金、各稅依法附徵或代徵之捐及已確定之罰鍰合計數；未確定案件，不計入罰鍰及行政救濟加計利息。……（六）非屬正常營業之營利事業，指營利事業有下列情形之一者：1.已擅自歇業他遷不明。……」第 4 點附表規定，中華民國境內之營利事業欠繳金額已達已確定金額 600 萬元以上未達 2,000 萬元，且本案非屬正常營業之營利事業者，必須限制其負責人出境。

承上，啟○公司滯欠營業稅、房屋稅、地價稅總共新臺幣 13,474,725 元，已達限制出境的條件。

案例13 參加保險要注意的事項？患精神疾病不能加健康保險嗎？

問題一： 保險事故發生後，要保人如怠於通知保險人時，保險人得為如何主張？

問題二： 甲以自己為被保險人，向 A 保險公司投保人壽保險，於要保書之書面詢問事項刻意隱瞞罹患高血壓症之事實。契約簽訂 6 個月後，甲因車禍死亡，A 保險公司於理賠時發現甲隱瞞罹患高血壓症之事實，依法院實務見解，得否拒絕保險給付？

問題三： 甲隱匿其曾經罹患精神疾病之事實，投保健康保險，2 年後甲的疾病復發，保險人能解除契約嗎？【109 司特一試】

💡 **問題意識**

保險事故發生的通知義務人及期限為何？

💡 **爭點分析**

1. 問題一：保險人可主張損害賠償

(1) 《保險法》第 63 條

要保人或被保險人不於第 58 條，第 59 條第 3 項所規定之期限內為通知者，對於保險人因此所受之損失，應負賠償責任。

(2) 《保險法》第 58 條

　　要保人、被保險人或受益人，遇有保險人應負保險責任之事故發生，除本法另有規定，或契約另有訂定外，應於知悉後 5 日內通知保險人。

(3) 《保險法》第 59 條

　　要保人對於保險契約內所載增加危險之情形應通知者，應於知悉後通知保險人。危險增加，由於要保人或被保險人之行為所致，其危險達於應增加保險費或終止契約之程度者，要保人或被保險人應先通知保險人。危險增加，不由於要保人或被保險人之行為所致者，要保人或被保險人應於知悉後十日內通知保險人。危險減少時，被保險人得請求保險人重新核定保費。

　　本案保險人的損害可以向要保人或被保險人索賠。

2. 問題二：A 仍要給付理賠金

《保險法》第 64 條第 2 項

　　要保人有為隱匿或遺漏不為說明，或為不實之說明，足以變更或減少保險人對於危險之估計者，保險人得解除契約；其危險發生後亦同。但要保人證明危險之發生未基於其說明或未說明之事實時，不在此限。

　　本案高血壓與車禍事故無因果關係，A 不得解除契約，仍要理賠。

3. 問題三：保險人不能解除契約

　　聯合國世界衛生組織(WHO) 2010 年報告「全球每 4 人就有 1 人一生中，會經歷不同程度的精神疾病症狀。」2020 年憂鬱症將與癌症與愛滋病並列為世界三大黑死病。醫學之父希波克拉底(Hippocrates)提出精神疾病需要醫學治療[37]。

　　依據《保險法》第 64 條規定，訂立契約時，要保人對於保險人之書面詢問，應據實說明。……，前項解除契約權，自保險人知有解除之原因後，經過一個月不行使而消滅；或契約訂立後經過二年，即有可以解除之原因，亦不得解除契約。[38]

　　本案甲自加保後 2 年再復發精神疾病，保險人仍有給付義務，不能解除契約。

---

[37] https://www.rmim.com.tw。

[38] 《全民健康保險法》是強制性的社會保險，不會因帶病投保而受影響。但是有了健保，需要再買商業健康險嗎？由於全民健康保險法為基本的保障，該法有給付不足或保障不夠的現象。因此，可依據個人經濟能力與需求決定之。

案例14 父母離婚，誰才是親權爭奪的主角？

阿美在民國 105 年出生，2 歲時爸媽吵架要離婚，雙方爭奪阿美，民國 112 年阿美 7 歲，5 年期間，爸媽的調解不斷進行，歷經程序監理人、家事官、社工及調解委員等，不斷詢問與訪視，目的在於阿美由誰擔任親權人最適當，請問調解中應注意那些事項？

問題意識

兒童最佳利益的判斷基準是什麼？

爭點分析

一、 依據憲法第 22 條；111 年憲判字第 8 號【改定親權事件暫時處分案】判決；最高法院 112 台上簡抗字第 84 號判決。

二、 兒童自由自主的表意權必須優先尊重，調解時應注意下列事項：

1. 新舊慣居地的繼續性原則必須釐清。

2. 法庭內或法庭外陳述意見採直接聽取原則。

3. 離婚訴訟冗長，兒童雖曾在法庭上陳述意見，但是審級救濟程序，如歷經 2~3 年，或更長時間，其在一審的意見必因年齡增長或與父母相處關係而有變動，因此必須再給予意見表達與陳述的機會。

三、 本案應再安排訪視與探知阿美自由與自主的意願，尤其子女面對高衝突父母的操控，適度排除其忠誠與離間的矛盾與焦慮，澄清認同父或母的真實依附關係。因此，自 111 年憲判字第 8 號判決確定以來，父母操控或塑造子女假意願之行徑應被弱化，蓋未成年子女才是程序主體。[39]

---

[39] 兩願離婚的未成年子女，其自主自由表意權應受同等對待。

案例15 勞資調解進行中調解人為了績效，可以強制雇主道歉嗎？

阿美 60 歲，是 A 公司之人力派遣點工人員，因工作不力，加上疫情期間，有 2 個月未被點工，阿美向勞工局申請調解，索求工資及加班費，並要求 A 公司的代表人阿強道歉？

💡 問題意識

強制道歉合法嗎？

💡 爭點分析

一、 民法第 195 條第 1 項規定，不法侵害他人之身體、健康、名譽、自由、信用、隱私、貞操，或不法侵害其他人格法益而情節重大者，被害人雖非財產上之損害，亦得請求賠償相當之金額。其名譽被侵害者，並得請求回復名譽之適當處分。基此，強制道歉是回復名譽之適當行為嗎？

二、 大法官釋字 656 號解釋認為以判決命加害人公開道歉，合憲。但是 111 年憲判字第 2 號判決，持相反意見，認為涉及言論自由及思想自由」。憲法也保障不表意自由，而人民的自由思想是良心、思考、理念等內在精神活動，是人類文明之根源與言論自由之基礎，亦為憲法所欲保障最基本之人性尊嚴，應受絕對保障，不容國家機關以任何方式予以侵害。」

三、 近年來勞資糾紛有增無減，除勞工意識提高外，企業管理制度的設計及規劃也有檢討空間，不論勞資和諧與否，強制道歉應不允許。

四、 本案阿美可以索求工資及加班費，但是調解委員不宜強制雇主道歉。

課後練習
EXERCISE

選擇題

( ) 1. 甲所有之房屋，於 2016 年 4 月 1 日遭行政機關違法拆除造成損害。關於甲之國家賠償請求權時效，下列敘述何者正確？ (A)若甲於 2016 年 4 月 1 日即知有損害，其請求權於 2017 年 4 月 1 日以前不行使而消滅 (B)若甲於 2016 年 4 月 1 日即知有損害，其請求權於 2018 年 3 月 31 日以前不行使而消滅 (C)若甲不知有損害，其請求權於 2020 年 3 月 31 日以前不行使而消滅 (D)若甲不知有損害，其請求權於 2021 年 4 月 1 日以前不行使而消滅。

( ) 2. 甲申請建造執照時，得知承辦公務員乙之前配偶居住於基地附近，如核發建照將影響該前配偶之生活品質。為使乙公正處理甲之申請案，依行政程序法規定，下列敘述何者正確？ (A)乙依法應自行迴避本件申請案，若未迴避而作成行政處分，該行政處分違法 (B)甲應向主管機關提出充分證據，證明乙執行職務有偏頗之虞，以申請其迴避 (C)如主管機關認為乙並無應迴避之理由，甲得就此逕行提起行政爭訟尋求救濟 (D)乙於主管機關尚未決定其是否應迴避作成前，如有急迫情形仍應為必要處置。

( ) 3. 行政機關在下列何種情形下締結之契約，不具公法性質？ (A)衛生福利部中央健康保險署與醫事服務機構，針對健保醫療服務之項目及報酬所為之約定 (B)勞動部為增擴辦公空間而向私人承租辦公大樓 (C)甲市政府為辦理都市計畫所需公共設施用地，與私有土地所有權人所為之協議價購契約 (D)教育部與通過公費留學考試之應考人約定公費給付、使用與回國服務等事項之權利義務關係。

( ) 4. 下列何者為行政指導？ (A)直轄市政府主管機關對販賣經稽查或檢驗為偽藥、禁藥者，依法登報公告其商號及負責人姓名 (B)稅捐稽徵機關調查人員為調查課稅資料，依法要求納稅義務人提示有關文件 (C)主管機關函請有線電視系統業者配合政策規劃時程將有線電視系統數位化 (D)直轄市環境保護機關於空氣品質有嚴重惡化之虞時，依空氣污染防制法規定發布空氣品質惡化警告。

（　）5. 國稅局寄發之核課處分通知書未合法送達，該處分是否具有效力發生爭議，應提起何種訴訟？　(A)撤銷之訴　(B)一般給付之訴　(C)公法上法律關係確認之訴　(D)課予義務之訴。

（　）6. 甲參加公務員考試，經錄取後參加訓練，經公務人員保障暨培訓委員會（保訓會）核定訓練成績不及格。甲不服，關於救濟途徑之敘述，下列何者正確？　(A)向保訓會提起復審，未獲救濟後向行政法院提起訴訟　(B)向行政院提起訴願，未獲救濟後向行政法院提起訴訟　(C)向訓練機關提起申訴，未獲救濟後向保訓會提起再申訴　(D)向考試院提起訴願，未獲救濟後向行政法院提起訴訟。

（　）7. 關於董事及監察人候選人提名制度，下列敘述何者錯誤？　(A)採用董事及監察人候選人提名制度之公司，應載明於章程　(B)繼續 1 年以上，持有已發行股份總數 3%股份之股東，始得以書面向公司提出董監事候選人名單　(C)採用董事及監察人候選人提名制度之公司，除符合一定條件之股東可提名外，公司董事會亦可提名　(D)採用董事及監察人候選人提名制度之公司，股東應就董監事候選人名單中選出董事及監察人。

（　）8. 下列何者不具全民健康保險法所定之投保資格？　(A)設籍於臺北市，甫滿周歲之新生兒甲　(B)領有居留證明文件，已於臺灣連續居住 8 個月之日本籍拉麵師傅乙　(C)領有居留證明文件，已於臺灣連續居住 5 個月未就業之英國籍人士丙　(D)領有居留證明文件，已於臺灣連續居住 4 個月，受僱於經登記之補教業者之德國人丁。

（　）9. 關於著作財產權受侵害之民事救濟，不包括下列何者？　(A)排除侵害請求權　(B)判決書登載新聞紙或雜誌請求權　(C)損害賠償請求權　(D)回復名譽請求權。

（　）10. 依據《洗錢防制法》第 3 條所稱特定犯罪，包括最輕本刑為下列何者之刑之罪？　(A) 5 年以上　(B) 3 年以上　(C) 1 年以上　(D) 6 個月以上。

MEMO

課後練習解答

《第一章》

一、選擇題

1.D　2.B　3.B　4.A　5.C　6.D　7.A　8.D　9.C　10.B

解析：

2. 大法官釋字 509 號：

「言論自由為人民之基本權利，憲法第十一條有明文保障，國家應給予最大限度之維護，俾其實現自我、溝通意見、追求真理及監督各種政治或社會活動之功能得以發揮。惟為兼顧對個人名譽、隱私及公共利益之保護，法律尚非不得對言論自由依其傳播方式為合理之限制。」

3. 《憲法增修條文》第 2 條第 5 項規定：

「總統於立法院通過對行政院院長之不信任案後十日內，經諮詢立法院院長後，得宣告解散立法院。但總統於戒嚴或緊急命令生效期間，不得解散立法院。立法院解散後，應於六十日內舉行立法委員選舉，並於選舉結果確認後十日內自行集會，其任期重新起算。」

《第二章》

1.A　2.C　3.D　4.A　5.D　6.B　7.A　8.B　9.B　10.A

解析：

3. 《道路交通管理處罰條例》第 21 條

汽車駕駛人，有下列情形之一者，處新臺幣 6,000 元以上 12,000 元以下罰鍰，並當場禁止其駕駛：

一、未領有駕駛執照駕駛小型車或機車。

二、領有機車駕駛執照，駕駛小型車。

三、使用偽造、變造或矇領之駕駛執照駕駛小型車或機車。

四、 駕駛執照業經吊銷、註銷仍駕駛小型車或機車。

五、 駕駛執照吊扣期間駕駛小型車或機車。

六、 領有學習駕駛證,而無領有駕駛執照之駕駛人在旁指導,在駕駛學習場外學習駕車。

七、 領有學習駕駛證,在駕駛學習場外未經許可之學習駕駛道路或規定時間駕車。

八、 未領有駕駛執照,以教導他人學習駕車為業。

九、 其他未依駕駛執照之持照條件規定駕車。

《道路交通管理處罰條例》第 21-1 條

汽車駕駛人駕駛聯結車、大客車、大貨車,有下列情形之一者,汽車所有人及駕駛人各處新臺幣 40,000 元以上 80,000 元以下罰鍰,並當場禁止其駕駛:

一、 未領有駕駛執照駕車。

二、 領有機車駕駛執照駕車。

三、 領有小型車駕駛執照駕車。

四、 領有大貨車駕駛執照,駕駛大客車、聯結車或持大客車駕駛執照,駕駛聯結車。

五、 駕駛執照業經吊銷、註銷仍駕車。

六、 使用偽造、變造或矇領之駕駛執照駕車。

七、 駕駛執照吊扣期間駕車。

4. 《行政程序法》第 5 條
   行政行為之內容應明確。

5. 《中央法規標準法》第 5 條
   左列事項應以法律定之:

   一、 憲法或法律有明文規定,應以法律定之者。

   二、 關於人民之權利、義務者。

三、 關於國家各機關之組織者。

四、 其他重要事項之應以法律定之者。

6. 依法行政原則乃支配法治國家立法權與行政權之基本原則，亦為一切行政行為必須遵循之首要原則。《行政程序法》第 4 條規定：「行政行為應受法律及一般法律原則之拘束。」

7. 《行政程序法》第 7 條

行政行為，應依下列原則為之：

一、 採取之方法應有助於目的之達成。

二、 有多種同樣能達成目的之方法時，應選擇對人民權益損害最少者。

三、 採取之方法所造成之損害不得與欲達成目的之利益顯失均衡。

第三章

1.C　　2.B　　3.C　　4.A　　5.C　　6.C　　7.D　　8.C　　9.A　　10.C

解析：

1. 指證據得提出於法院調查，以供作認定犯罪事實存否之用所具備之形式資格，而證據能力之有無，即證據是否適格，悉依相關法律定之，不許法院自由判斷。

2. 自白係指被告（或犯罪嫌疑人）承認自己全部或主要犯罪事實之謂。有無符合自白要件，應就其所述之實質內容是否涉及「自己之犯罪事實全部或主要部分的承認或肯定」而有助於犯罪之偵查為判斷。至其動機、詳簡、次數，嗣後有無翻異，皆非所問。（最高法院 108 年度台上字第 2875 號判決意旨參照）

3. 釋字第 392 號理由書指出：「羈押係以確保訴訟程序順利進行為目的之一種保全措施，即拘束被告（犯罪嫌疑人）身體自由之強制處分，並將之收押於一定之處所（看守所）。」例如阿強所涉販賣第三級毒品罪屬最輕本刑為五年以上有期徒刑之重罪，且否認販毒犯行，客觀上足認日後逃匿、規避審判程序及勾串證人之可能性甚高，受害人數非少，所涉販毒犯行，對社會治安影響非小，均有羈押之必要。

9. 係指對於未發覺之犯罪,在有偵查犯罪職權之公務員知悉犯罪事實及犯人之前,向該公務員坦承犯行,並接受法院之裁判而言。

《刑法》第 62 條規定,於 94 年 2 月 2 日修正公布,並自 95 年 7 月 1 日施行,該條將自首必減輕其刑之規定,修正為得減輕其刑之規定,其修正理由即載明:「自首之動機不一而足,有出於內心悔悟者,有由於情勢所迫者,亦有基於預期邀獲必減之寬典者。對於自首者,依現行規定一律必減其刑,不僅難於獲致公平,且有使犯人恃以犯罪之虞。在過失犯罪,行為人為獲減刑判決,急往自首,而坐令損害擴展之情形,亦偶有所見。必減主義,在實務上難以因應各種不同動機之自首案例。我國暫行新刑法第 51 條、舊刑法第 38 條第 1 項、日本現行刑法第 42 條均採得減主義,既可委由裁判者視具體情況決定減輕其刑與否,運用上較富彈性。真誠悔悟者可得減刑自新之機,而狡黠陰暴之徒亦無所遁飾,可符公平之旨,宜予採用。」

第四章

1.C   2.B   3.D   4.C   5.A   6.D   7.B   8.D   9.D   10.C

解析:

1. 《民法》第 1165 條第 2 項規定,遺囑禁止分割的效力以十年為限,若遺囑年限超過十年,則超過部分失其效力。事實上,繼承人對於如何分割遺產常常很難達成一致意見,所以有很多遺產一直是公同共有的狀態。

5. 因婚姻而生之關係是為姻親,例如:繼母與前妻所生的小孩為姻親關係。

6. 《民法》第 152 條(自助行為人之義務及責任)依前條之規定,拘束他人自由或押收他人財產者,應即時向法院聲請處理。前項聲請被駁回或其聲請遲延者,行為人應負損害賠償之責。

7. 限制行為能力人所為之單獨行為無效。

8. 最高法院 91 年度台上字第 635 號民事判決:「按定金之性質,因其作用之不同,通常可分為:(一)證約定金,即為證明契約之成立所交付之定金。(二)成約定金,即以交付定金為契約成立之要件。(三)違約定金,即以定金為契約不履行之損害賠償擔保。(四)解約定金,即為保留解除權而交付之定金,亦即以定金為保留解除權之代價。(五)立約定金,亦名猶豫定金,即

在契約成立前交付之定金，用以擔保契約之成立等數種。」定金是指雙方在履行合約之前，支付一定金額作為擔保。我國的民法用語是「定金」(《民法》第 248 條、249 條)。

10. 《民法》第 66 條（不動產之意義）

I.稱不動產者，謂土地及其定著物。II.不動產之出產物，尚未分離者，為該不動產之部分。所謂定著物，指繼續密切附著於土地，不易移動其所在，依社會交易觀念認為非土地之構成部分，而有獨立的經濟使用價值者。

《民法》第 758 條

不動產物權，依法律行為而取得、設定、喪失及變更者，非經登記，不生效力。

前項行為，應以書面為之。

第五章

1.D　　2.D　　3.C　　4.D　　5.A　　6.A　　7.D　　8.D　　9.D　　10.A

解析：

4. 參見《性騷擾防治法》第 25 條。

第六章

1.D　　2.D　　3.D　　4.D　　5.D　　6.D　　7.D　　8.B　　9.C　　10.D

解析：

2. 例如受僱於巴拿馬籍「銘霞號(MING XIA)」船舶「銘霞號」所屬之船務公司之船務人員，曾經在我國領海私運菸酒被獲，該等人員違反《聯合國海洋法公約》第 19 條第 1 項及第 2 項之規定。

我國嚴禁私運菸酒。按私菸、私酒，指未經許可輸入之菸酒，《菸酒管理法》第 6 條第 1 項第 2 款定有明文；又同法 46 條所謂之「輸入」，係指自國外將私菸或私酒運輸進入我國領土或領海者而言。

3. 參照最高法院 93 年度台非字第 24 號判決意旨。

4. 《聯合國海洋法公約》第 221 條規定本身，並未有即時此一字眼，而是在規範若發生海難，領海國或沿海國可以為相關污染防止之行為。並未說明需採取有效或即時之防止措施。

6. 正常基線法，係以落潮時海水退到離岸邊最遠的哪一條線為基線。直線基線法就是在大陸沿岸突出部或沿海島嶼上選定某些點作為基點，再連接各基點。依《中華民國領海及鄰接區法》第 3 條之規定，我國領海為自基線起至其外側 12 浬間之海域。例如私運管制物品進入我國領海 12 浬以內者，即為進入我國國境，其走私行為業已完成，即屬既遂。

7. (1) 領海基線是測量沿海國領海的起點。根據《聯合國海洋法公約》第 287 條規定，沒有解決的任何爭端可以通過國際法院、國際海洋法法庭、仲裁法庭或特別仲裁法庭加以解決。該條款選擇的順序為：A.國際海洋法法庭；B.國際法院；C.按照附件八組成的處理其中所列各種爭端的特別仲裁法庭。例如：過去莫克斯工廠案（愛爾蘭訴聯合王國）曾提交國際海洋法法庭。

   (2) 臺灣 1999 年公布並於 2009 年修正的中沙群島黃岩島領海基線採用正常基線；在傳統 U 型線內之南沙群島全部島礁均為領土。依中華民國行政院於 2009 年公告修正的《中華民國第一批領海基線、領海及鄰接區外界線》其領海基線範圍包括：臺灣島，澎湖群島、釣魚台群島、東沙群島及中沙群島等島嶼，而金門和馬祖則「留白」處理，沒有被包含在內。

9. 公海自由為國際法原則，但並不禁止各國在公海上行使有限度的管轄權。

第七章

1.C　　2.D　　3.C　　4.D　　5.A　　6.B　　7.B　　8.C　　9.D　　10.B

解析：

1. 《勞資爭議處理法》第 2 條第 5 款明揭「罷工」之定義如下：罷工，即為勞工所為暫時拒絕提供勞務之行為。

2. 《團體協商法》第 6 條第 3 項規定，依前項所定有協商資格之勞方，指下列工會：

一、企業工會。

二、會員受僱於協商他方之人數，逾其所僱用勞工人數二分之一之產業工會。

三、會員受僱於協商他方之人數，逾其所僱用具同類職業技能勞工人數二分之一之職業工會或綜合性工會。

四、不符合前三款規定之數工會，所屬會員受僱於協商他方之人數合計逾其所僱用勞工人數二分之一。

五、經依《勞資爭議處理法》規定裁決認定之工會。

3. 《勞動基準法》第 70 條規定，雇主僱用勞工人數在三十人以上者，應依其事業性質，就左列事項訂立工作規則，報請主管機關核備後並公開揭示之：

一、工作時間、休息、休假、國定紀念日、特別休假及繼續性工作之輪班方法。

二、工資之標準、計算方法及發放日期。

三、延長工作時間。

四、津貼及獎金。

五、應遵守之紀律。

六、考勤、請假、獎懲及升遷。

七、受僱、解僱、資遣、離職及退休。

八、災害傷病補償及撫卹。

九、福利措施。

十、勞雇雙方應遵守勞工安全衛生規定。

十一、勞雇雙方溝通意見加強合作之方法。

十二、其他。

4. 《勞動基準法》第 26 條規定，雇主不得預扣勞工工資作為違約金或賠償費用。

《勞動基準法》第 49 條

雇主不得使女工於午後十時至翌晨六時之時間內工作。但雇主經工會同意，如事業單位無工會者，經勞資會議同意後，且符合下列各款規定者，不在此限：

一、 提供必要之安全衛生設施。

二、 無大眾運輸工具可資運用時，提供交通工具或安排女工宿舍。

前項第一款所稱必要之安全衛生設施，其標準由中央主管機關定之。但雇主與勞工約定之安全衛生設施優於本法者，從其約定。

女工因健康或其他正當理由，不能於午後十時至翌晨六時之時間內工作者，雇主不得強制其工作。

第一項規定，於因天災、事變或突發事件，雇主必須使女工於午後十時至翌晨六時之時間內工作時，不適用之。

第一項但書及前項規定，於妊娠或哺乳期間之女工，不適用之。

解釋字號： 釋字第 807 號。

解釋日期： 民國 110 年 08 月 20 日。

解釋文： 《勞動基準法》第 49 條第 1 項規定：「雇主不得使女工於午後 10 時至翌晨 6 時之時間內工作。但雇主經工會同意，如事業單位無工會者，經勞資會議同意後，且符合下列各款規定者，不在此限：一、提供必要之安全衛生設施。二、無大眾運輸工具可資運用時，提供交通工具或安排女工宿舍。」違反《憲法》第 7 條保障性別平等之意旨，應自本解釋公布之日起失其效力。參照職場夜間工作指引－110 年 11 月 30 日勞職位 1 字第 1101060521。

《勞動基準法》第 40 條

因天災、事變或突發事件，雇主認有繼續工作之必要時，得停止第三十六條至第三十八條所定勞工之假期。但停止假期之工資，應加倍發給，並應於事後補假休息。

前項停止勞工假期，應於事後二十四小時內，詳述理由，報請當地主管機關核備。

5. 工會組成是憲法集會結社權之保障與實踐。司法院大法官釋字第 373 號略以，《憲法》第 14 條規定人民有結社之自由。第 153 條第 1 項復規定國家為改良勞工之生活，增進其生產技能，應制定保護勞工之法律，實施保護勞工之政策。從事各種職業之勞動者，為改善勞動條件，增進其社會及經濟地位，得組織工會，乃現代法治國家普遍承認之勞工基本權利，亦屬憲法上開規定意旨之所在。

9. 雇主依據《勞動基準法》第 11 條，各款情事資遣勞工時，必須出具非自願離職書，由該勞工持憑項公立就業服務機構申請失業給付及失業認定。

《第八章》

1.D　　2.D　　3.A　　4.A　　5.D　　6.A　　7.C　　8.A　　9.C　　10.D

解析：

3. 參見《越南勞動法》第 97 條和第 98 條之規定。

5. 參見《越南勞動法》第 169 條。

6. 參見《印尼勞工法》第 5 條。

7. (1) 參照《印尼勞工法》第 22 條。
   (2) 《就業增加法案》是疫情陰影下的經濟振興對策，但是有認為該法案的範圍極為龐大、同時存在嚴重勞權與環保爭議。

8. 2011 年 11 月底印尼廖島省巴淡市爆發激烈抗爭，數以千計的工人不滿工資談判無法達成協議，演變成流血衝突；2012 年 1 月底印尼 Bekasi 工業區發生工會不滿法院對最低工資調升標準的判決，因而發動大規模示威抗議活動，癱瘓交通設施阻斷廠商生產及貨物運輸，約有 3,000 家高速公路沿線工業區的工廠營運受到影響。印尼雅加達省政府於 2014 年已調高最低工資，從每月 220 萬提高至 240 萬印尼盾最低工資適用於工作未滿一年者，若是滿一年以上者則規定支付其超過最低工資之工資水準。

10. 參見《印尼勞工法》第 51 條、52 條。

第九章

1.A   2.D   3.D   4.D   5.D   6.D   7.D   8.B   9.D   10.A

第十章

1.C   2.D   3.B   4.D   5.D   6.D   7.D   8.D   9.B   10.C

解析：

2. 《勞工保險條例》第 34 條

   被保險人因執行職務而致傷害或職業病不能工作，以致未能取得原有薪資，正在治療中者，自不能工作之第四日起，發給職業傷害補償費或職業病補償費。

   《勞工保險條例》第 36 條

   職業傷害補償費及職業病補償費，均按被保險人平均月投保薪資 70%發給，每半個月給付一次；如經過一年尚未痊癒者，其職業傷害或職業病補償費減為平均月投保薪資之半數，但以一年為限。

   2021 年 4 月 30 日新法《制定勞工職業災害保險及保護法》第 42 條

   被保險人遭遇職業傷病不能工作，致未能取得原有薪資，正在治療中者，自不能工作之日起算第四日起，得請領傷病給付。

   前項傷病給付，前二個月按被保險人平均月投保薪資發給，第三個月起按被保險人平均月投保薪資 70%發給，每半個月給付一次，最長以二年為限。

3. 職業災害之概念認定仍應具備「業務遂行性」與「業務起因性」此二要件。如過勞工所受傷害不具業務遂行性與業務起因性，非屬勞基法定義下之職業災害，則不得依勞基法請求補償。《勞動基準法》第 59 條之補償規定，係為保障勞工，加強勞、雇關係、促進社會經濟發展之特別規定，性質上非屬損害賠償，與勞保條例所規範之職業傷害，具有相同之法理及規定之類似性質。

5. 《勞工保險被保險人因執行職務而致傷病審查準則》第 18 條

下列情事之一者，不得視為職業傷害：

一、 非日常生活所必需之私人行為。

二、 未領有駕駛車種之駕駛執照駕車。

三、 受吊扣期間或吊銷駕駛執照處分駕車。

四、 經有燈光號誌管制之交岔路口違規闖紅燈。

五、 闖越鐵路平交道。

六、 酒精濃度超過規定標準、吸食毒品、迷幻藥或管制藥品駕駛車輛。

七、 駕駛車輛違規行駛高速公路路肩。

八、 駕駛車輛不按遵行之方向行駛或在道路上競駛、競技、蛇行或以其他危
　　 險方式駕駛車輛。

九、 駕駛車輛不依規定駛入來車道。

7. 《職業安全衛生法》第 37 條
事業單位工作場所發生職業災害，雇主應即採取必要之急救、搶救等措施，
並會同勞工代表實施調查、分析及作成記錄。

事業單位勞動場所發生下列職業災害之一者，雇主應於八小時內通報勞動檢
查機構：

一、 發生死亡災害。

二、 發生災害之罹災人數在三人以上。

三、 發生災害之罹災人數在一人以上，且需住院治療。

四、 其他經中央主管機關指定公告之災害。

《勞動部重大職業災害案件作業要點》
職業災害通報表的內容必須記載下列事項：

一、 災情摘要

　　 1. 災害事業單位名稱。

2. 時間及地點。

3. 傷亡情形。

4. 災害經過及現場概況。

二、 災害初步原因分析。

三、 採取之應變措施

1. 罹災家屬慰撫情形。

2. 現場處理及責任追究。

3. 應變處理情形。

四、 防災及工安因應措施

1. 過去已採取之防災作為。

2. 防災具體措施。

8. 化學因素：二氯甲烷、正己烷、苯、甲苯、皮革粉塵（視覺功能障礙、鼻腔鼻竇癌）；物理性危害：噪音（聽力損失高血壓）；人因工程危害：廠房布置、器具設計不良，不適當工作姿勢（下背痛）。

為避免職業災害發生因應措施如下：

(1) 工作場所皆應有整體換氣或局部排氣裝置的通風設備。

(2) 勞工在工作時應確實佩戴個人健康安全衛生防護具，以避免及排除作業環境中對人體有害的因子。

(3) 勞工應定期進行接受健康檢查，應確實保存並記錄。

第十一章

1.D　　2.D　　3.B　　4.C　　5.C　　6.D　　7.B　　8.C　　9.D　　10.D

解析：

5. 《民事訴訟法》第 247 條

確認法律關係之訴，非原告有即受確認判決之法律上利益者，不得提起之；確認證書真偽或為法律關係基礎事實存否之訴，亦同。

前項確認法律關係基礎事實存否之訴，以原告不能提起他訴訟者為限。

前項情形，如得利用同一訴訟程序提起他訴訟者，審判長應闡明之；原告因而為訴之變更或追加時，不受第二百五十五條第一項前段規定之限制。

7. 自然人欲設立股份有限公司時，至少應有 2 位發起人。股份有限公司之股東欲對董事提起裁判解任訴訟時，須具備：持有已發行股份總數百分之三以上股份。

8. 參見《全民健康保險法》第 8 條、第 9 條及同法施行細則第 8 條規定：
在臺居留之港、澳、大陸或外籍人士，在臺灣地區「領有居留證明文件」（指臺灣地區居留證、臺灣地區居留入出境證、外僑居留證、外僑永久居留證及其他經衛生福利部認定得在臺灣地區長期居留之證明文件），應自符合下列投保資格之日起加保：

1. 有一定雇主之受僱者，自受僱之日起加保。

2. 非受僱者，自領有居留證明文件後，在臺居留滿 6 個月（指進入臺灣地區居留後，連續居住達 6 個月，或曾出境 1 次且未逾 30 日，其實際居住期間扣除出境日數後，併計達 6 個月）之日起加保。

3. 自 106 年 12 月 1 日起，在臺灣地區出生之外籍新生嬰兒，在臺灣地區領有居留證明文件者，應自出生之日起投保。但 105 年 12 月 1 日至 106 年 11 月 30 日出生，可選擇投保居留滿 6 個月或自 106 年 12 月 1 日起投保。

4. 配合「外國專業人才延攬及僱用法」於 107 年 2 月 8 日生效施行，對於受聘僱從事專業工作之外國專業人才，其配偶、未成年子女及其滿 20 歲以上，因身心障礙無法自理生活之子女，經領有居留證明文件，應依附該專業人才自領有居留證明文件之日起加保。

10. 《洗錢防制法》第 3 條第 1 項 1-3 款
本法所稱特定犯罪，指下列各款之罪：

一、 最輕本刑為六月以上有期徒刑以上之刑之罪。

二、 刑法第一百二十一條第一項、第一百二十三條、第二百零一條之一第二項、第二百六十八條、第三百三十九條、第三百三十九條之三、第三百四十二條、第三百四十四條、第三百四十九條之罪。

三、 懲治走私條例第二條第一項、第三條第一項之罪。

MEMO

MEMO

MEMO

國家圖書館出版品預行編目資料

法律與生活/馬翠華編著.--二版.--新北市：新文京
開發出版股份有限公司, 2023.09
　　面；　公分

　ISBN　978-986-430-970-2（平裝）

　1. CST：中華民國法律　2. CST：個案研究

582.18　　　　　　　　　　　　　112014469

法律與生活（第二版）　　　　　　（書號：**E446e2**）

編　著　者	馬翠華
出　版　者	新文京開發出版股份有限公司
地　　　址	新北市中和區中山路二段 362 號 9 樓
電　　　話	(02) 2244-8188（代表號）
Ｆ　Ａ　Ｘ	(02) 2244-8189
郵　　　撥	1958730-2
初　　　版	西元 2021 年 08 月 15 日
二　　　版	西元 2023 年 09 月 20 日

法律顧問：蕭雄淋律師
ISBN　978-986-430-970-2

New Wun Ching Developmental Publishing Co., Ltd.
New Age · New Choice · The Best Selected Educational Publications — NEW WCDP

新文京開發出版股份有限公司

新世紀・新視野・新文京 ─ 精選教科書・考試用書・專業參考書